Julian Dakin

Vom Drill
zum freien Sprechen

Übungsformen für Sprachlabor
und Klassenraum

Herausgegeben und übersetzt
von Reinhold Freudenstein

Langenscheidt-Longman
ENGLISH LANGUAGE TEACHING

Titel der Originalausgabe:
The Language Laboratory and Language Learning
© Longman Group 1973

Auflage: 5. 4. 3. 2. 1. Letzte Zahlen
Jahr: 1981 80 79 78 maßgeblich

© 1977 Langenscheidt-Longman GmbH, München
Druck: Druckhaus Langenscheidt, Berlin-Schöneberg
Printed in Germany · ISBN 3-526-50850-X

Inhalt

Zur Einführung

Ehe die englische Originalausgabe dieses Buches erschien, hatte der Autor sein Manuskript einigen Freunden und Kollegen zur kritischen Durchsicht überlassen. Die Anmerkungen/und Kommentare zu seinen Ausführungen konnte er selbst nicht mehr auswerten, da er vor der Veröffentlichung seiner Publikation verstarb. Die Endform der englischen Fassung wurde darum von Anthony Howatt redigiert.

Für eine Übersetzung dieses Buches sprachen mehrere Gründe. Ausländische Fachliteratur wird im deutschsprachigen Raum erfahrungsgemäß wesentlich stärker beachtet, wenn eine deutsche Fassung vorliegt. Dakins Vorschläge und Anregungen verdienen eine solche Beachtung, weil er auf Übungsmöglichkeiten im Sprachunterricht aufmerksam macht, die bisher stark vernachlässigt – und zum Teil sogar: gar nicht gesehen – worden sind. Für das Sprachlabor liefert er die Grundlagen zur Gestaltung einer neuen Generation von Übungsformen. Er tut dies nicht, indem er existierende Übungen verwirft oder die bisherige Entwicklung verleugnet, sondern er unterbreitet Vorschläge in organischem Anschluß an das bisher Erreichte. Dabei gelingt es ihm, die geforderte Verzahnung von Klassenunterricht und Sprachlaborarbeit „im Medienverbund" inhaltlich zu vollziehen. Seine Übungen können sowohl im Klassenraum als auch im Sprachlabor erarbeitet werden. Gleichzeitig überbrückt er die Kluft zwischen unterschiedlichen lerntheoretischen und linguistischen Ansätzen. Dakin integriert kognitive Aspekte in behavioristische Prozesse, und er ist dem Strukturalismus ebenso verpflichtet wie dem Kontextualismus, der Transformationsgrammatik und selbst der Sprechakttheorie. Hier zeigt sich, daß eine Weiterentwicklung der Fachdidaktik – von curricularen Überlegungen bis hin zu methodischen Techniken – nicht von einseitigen Bindungen an einzelne linguistische oder psychologische Schulen zu erwarten ist, sondern nur von einer begründeten Verzahnung des theoretisch Wünschbaren (aus vielen Bezugsbereichen) mit dem praktisch Machbaren unter den institutionellen Bedingungen schulischen und außerschulischen Lernens, wie sie heute gegeben sind. Nicht zuletzt gibt Dakin mit seinem Buch eine Antwort auf die in der Vergangenheit nur unzureichend beantwortete Frage, welche Übungen von fortgeschrittenen Sprachschülern erarbeitet werden sollten.

In mancher Hinsicht wird sich der Leser an die Zeit der sechziger Jahre zurückerinnert fühlen, als kommerziell produzierte Tonbandmaterialien noch nicht zur Verfügung standen und jeder Laborlehrer selbst an die Arbeit gehen mußte, wenn er mediengerechte Materialien einsetzen wollte. Solche Pionierarbeit wird heute wiederum notwendig, denn sie ist eine Voraussetzung dafür, daß hoffentlich in absehbarer Zeit dann diejenigen Übungen für den Fremdsprachenunterricht verfügbar sein werden, die den Lehrer bei seiner Unterrichtsarbeit und den Sprachschüler beim Lernen nach dem heutigen Stand des Wissens wirksam unterstützen.

An manchen Stellen hätte sich der Übersetzer gewünscht, mit dem Autor unklare, problematische oder umstrittene Fragen diskutieren zu können. Dies war aus dem eingangs erwähnten Grund nicht möglich. Darum liegt eine Übersetzung, keine Bearbeitung vor. Dies hat den Vorteil, daß sich jeder Leser selbst von den Ausführungen des Autors anregen lassen und die für seine Unterrichtssituation relevanten Konsequenzen individuell ziehen kann. Wenn das geschieht, ist sicherlich ein wesentliches Anliegen Dakins erreicht.

Für die kritische Durchsicht der deutschen Fassung sei Harald Gutschow (Berlin) sehr herzlich Dank gesagt.

Reinhold Freudenstein

1 Der didaktische Ort des Sprachlabors

Absichten und Ziele dieses Buches

Es geht in dieser Veröffentlichung um zwei Themen, die inhaltlich miteinander verbunden werden sollen: die Verwendungsmöglichkeiten des Sprachlabors und die Gesetzmäßigkeiten des Sprachenlernens. Das Sprachlabor hat in den vergangenen Jahren eine schnelle und weite Verbreitung gefunden: Sprachlabors stehen sowohl in Schulen als auch in Zentren der Erwachsenenbildung. Gleichzeitig sind viele Bücher veröffentlicht worden, in denen laborgerechte Lehrmethoden verkündet werden, und in Sprachlaborkursen sind diese Ideen unterrichtlich aufbereitet worden. Vertreter bestimmter methodischer Richtungen versuchen nicht selten den Eindruck zu erwecken, als seien die allgemeinen Prinzipien des Sprachenlehrens bereits bekannt; Lehrmaterialien, die auf diesen Prinzipien beruhen, sollen ein wirksameres Sprachenlernen ermöglichen. Sicherlich stimmt es, daß man kommerziell vertriebene Materialien mit gutem Erfolg benutzen kann. Jedoch konnte bisher noch nicht nachgewiesen werden, daß irgendein bestimmter Kurs oder eine spezielle Methode mit Sicherheit effektiver ist als andere Lehrgänge oder Verfahren. Gleich gute – und zuweilen auch gleichermaßen enttäuschende – Ergebnisse können mit Kursen gewonnen werden, die auf ganz unterschiedlichen Grundkonzepten beruhen. Das Sprachlabor hat zwar bei Lehrern und Schülern inzwischen einen gewissen Grad an Popularität erreicht; aber dennoch kann bis heute nicht unwidersprochen behauptet werden, daß Laborunterricht erfolgreicher sei als die Arbeit ohne Medien im normalen Klassenraum.

Gültige Prinzipien für das Sprachenlernen sind weit davon entfernt, klar formuliert und einfach anwendbar zu sein; im Gegenteil: zum größten Teil wissen wir überhaupt nichts über sie. Auch der didaktische Ort und der Wert des Sprachlabors sind noch längst nicht endgültig erkannt. Auch von den Ausführungen in diesem Buch können keine letzten Antworten und prinzipiellen Lösungen erwartet werden. Unser Ziel ist vielmehr, die zur Diskussion anstehenden Fragen so weit wie möglich auszuloten, damit die Grenzen dessen, was wir nicht wissen, klarer erkennbar werden. Lehrer und Leser, die nicht im Sprachlabor arbeiten, sollen einiges darüber erfahren, was sie von diesem Medium erwarten dürfen. Denjenigen, die bereits in einem Sprachlabor arbeiten, zeigen wir, wie sich die Möglichkeiten dieses Unterrichtsmittels voll ausschöpfen lassen. Schließlich werden dem Lehrer, der eigene Materialien erstellen möchte, dazu viele Hinweise und Beispiele an die Hand gegeben. Da Sinn und Zweck eines jeden Übungstyps beschrieben werden, wird gleichzeitig die Grundlage dafür geschaffen, daß die selbsterstellten Labormaterialien den besonderen Bedingungen einer bestimmten Unterrichtssituation möglichst optimal entsprechen.

Dieses Buch ist keine Bedienungsanleitung für den Umgang mit einem Sprachlabor. Solche Handbücher gibt es bereits; sie informieren über Auswahl, Kauf, Benutzung, Wartung und technischen Betrieb eines Labors. Es wird auch nicht beabsichtigt, einen Leitfaden der Sprachlaborarbeit zu erstellen, wenngleich im letzten Kapitel zwei Benutzungsstrategien vorgestellt werden. Unser Hauptanliegen ist vielmehr eine umfassende, durch Beispiele belegte Darstellung laborgerechter Lehrtechniken. Dabei wird vorausgesetzt, daß der Leser bereits weiß (oder leicht ermitteln kann), *was* er unterrichten will. Sein Interesse konzentriert sich darauf, *wie* das Sprachlabor ihm helfen kann, seine Ziele zu erreichen. Und schließlich geht es ihm auch darum, die Grenzen der Laborarbeit zu erkennen. Sie werden am Ende eines jeden Abschnitts oder Kapitels ausführlich erörtert.

Ein weiteres Ziel dieses Buches ist es, den Leser mit der Art des Lernens vertraut zu machen, auf die er seinen Unterricht gründen sollte. Zu diesem Zweck führen Probelektionen in unbekannte Sprachen ein; die Beispiele aus dem Englischen sind leicht verständlich und bedürfen darum keiner besonderen Erklärung. Das Sprachlabor – das besagt schon der Begriff – ist ein Instrument zum Experimentieren. Wir können diese Experimente sowohl an uns selbst als auch an unseren Schülern durchführen. Durch das Experimentieren mit unseren Schülern erfahren wir, ob wir mit dem, was wir uns vornehmen, zum Ziel gelangen oder nicht. Durch die reflektierte Betrachtung unserer eigenen Probleme und Mißerfolge beim Lernen können wir Prinzipien zu entwickeln versuchen, die uns helfen werden, unseren Unterricht zu verbessern. Unsere Erfolge beim Lehren hängen nämlich vom Verstehen des Lernprozesses ab.

Wir wollen mit den folgenden Ausführungen das Interesse von Lehrmaterialien auf die Lernenden verlagern, und wir laden den Leser dazu ein, selbst zum Lernenden zu werden. Unter diesem Gesichtspunkt spielt es so gut wie keine Rolle, ob er bereits ein Sprachlabor verwendet hat oder vielleicht sogar niemals in ihm unterrichten wird. Alles, was wir über das Lernen lernen können, besitzt seinen Wert, unabhängig davon, wie wir lehren wollen. Die in diesem Buch diskutierten Übungsformen und Techniken, die das Interesse des Lesers finden, können sowohl im medienfreien Unterricht als auch im Sprachlabor zum Einsatz gelangen. Die Möglichkeit, Zugang zu einem Sprachlabor zu haben, bringt lediglich die Frage ins Spiel, wo sie am wirksamsten zur Anwendung gelangen können. Das Sprachlabor bietet nämlich Übungsvoraussetzungen, die im Klassenunterricht nicht vorliegen.

Leistungen des Sprachlabors

Was Sprachlaborarbeit bedeutet, läßt sich am besten anhand jenes Systems erläutern, bei dem jeder Schüler über ein eigenes Tonbandgerät verfügt (HSA-System). An das Tonbandgerät ist ein Kopfhörer angeschlossen, der es ermöglicht, daß der Schüler Tonbandmaterialien abhören kann, ohne dabei die anderen Schüler zu stören. Über ein Mikrofon kann er auch seine eigene Stimme aufnehmen. Er kann sich ferner seine Tonaufzeichnungen anhören, um Fehler herauszufinden oder seine Sprechleistungen mit den Modellantworten zu vergleichen, die bereits auf dem Tonband fixiert sind. Über eine Wechselsprechleitung kann der Lehrer die Schülerarbeit mithören und überwachen, und er kann überdies immer dann, wenn sich Probleme ergeben, mit einem Schüler sprechen, ohne damit die Arbeit anderer Schüler zu unterbrechen.

Die Technik eines Sprachlabors gewährleistet also, daß ein Schüler von seinen Klassenkameraden bzw. anderen Teilnehmern seiner Lerngruppe isoliert werden kann. Dies vollzieht sich in verschiedener Hinsicht.

1. *Jeder Schüler ist ständig gefordert.* Er braucht nicht untätig herumzusitzen, während Mitschüler Fragen beantworten oder dem Lehrer auf andere Weise zeigen, was sie leisten können. Er kann ununterbrochen arbeiten: entweder durch das Abhören des Tonbandmaterials oder anhand von Versuchen, sein eigenes Sprechen zu verbessern.

2. *Jeder Schüler kann seine Lerngeschwindigkeit selbst bestimmen.* Niemand wird gebremst oder überfordert, weil er sich dem Lerntempo einer Klasse anpassen müßte. Jeder kann sein Tonbandgerät anhalten, wenn er sich unsicher fühlt, er kann einen Übungsabschnitt so oft er möchte wiederholen und sich mit einer Aufgabe so lange beschäftigen, bis er mit seiner Leistung zufrieden ist.

3. *Jeder Schüler arbeitet mit seinen eigenen Lehrmaterialien.* Niemand braucht sich das gleiche Sprachmaterial zur gleichen Zeit wie der Rest der Klasse anzuhören, und auch die Übungen können unabhängig von anderen Lernenden erarbeitet werden. Jeder Schüler kann solche Aufgaben gestellt bekommen, die seinen Erfordernissen und Interessen entsprechen.

4. *Jeder Schüler ist für seine Leistungen selbst verantwortlich.* Es bleibt ihm die Peinlichkeit erspart, daß andere Schüler seine Fehler hören. Er muß vielmehr lernen, sich selbst zu korrigieren, wenn er etwas falsch gemacht hat, und er kann den Rat seines Lehrers einholen, wenn er sich selbst nicht mehr weiterzuhelfen weiß.

5. *Jeder Schüler wird vom Lehrer individuell betreut.*

Nun ist es allerdings wesentlich einfacher, diese Möglichkeiten zu benennen und aufzulisten, als von ihnen auch tatsächlich Gebrauch zu machen. Jeder Lehrer, der sie in seinem Unterricht ausschöpfen möchte, sieht sich vor gewaltige Aufgaben gestellt. Er muß über genügend Lehrmaterialien verfügen, um jeden einzelnen Schüler ununterbrochen beschäftigen zu können. Aber er kann von seinen Schülern nicht erwarten, daß sie alle während der Sprachlaborstunden gleich viel Stoff bearbeiten, und das muß er bei der Planung des nachfolgenden Klassenunterrichts entsprechend berücksichtigen. Zusätzlich zu dem Lernstoff, der von allen Schülern innerhalb eines gegebenen Zeitraums beherrscht werden sollte, muß er eine Fülle von lehrgangsbegleitenden Materialien für Adressaten mit besonderen Schwierigkeiten oder Interessen bereitstellen. Da ihm für die individuelle Betreuung einzelner keine unbegrenzte Zeit zur Verfügung steht, muß das Lehrmaterial so beschaffen sein, daß die Schüler mit so wenig Überwachung wie möglich arbeiten können. Schwierigkeiten, Mißverständnisse und Fehler, die aufgrund von Erfahrungen im Klassenunterricht bei der Laborarbeit auftreten könnten, müssen nach Möglichkeit vorhergesehen und eingeplant werden. Jeder einzelne Lernschritt muß sorgfältig vorbereitet und auf Tonband aufgenommen werden.

Das Sprachlabor befreit also den Schüler auf Kosten der stärkeren Inanspruchnahme des Lehrers. Es individualisiert den Lehrvorgang, aber gleichzeitig gestaltet es ihn unpersönlicher. Um das Sprachlabor wirksam einsetzen zu können, muß zunächst entschieden werden, welche Lerninhalte sich der Schüler selbständig bei nur sporadischer Überwachung durch den Lehrer aneignen kann und welche Aufgabenstellungen die Interaktion zwischen Lehrer und Schüler – oder zwischen einzelnen Schülern – voraussetzen und sich darum für die Erarbeitung im Klassenraum besser eignen. Wir müssen also entscheiden, was vorausgeplant und isoliert behandelt werden kann und was sich nur im Direktunterricht realisieren läßt.

Arbeitsmöglichkeiten im Sprachlabor

Können wir z. B. den gesamten Unterricht ins Sprachlabor verlegen? Welche Folgerungen ergeben sich daraus? Bei der Einführung eines neuen Lernstoffs, sei es nun ein

Grammatikkapitel oder ein Gedicht, sind vier Unterrichtsabschnitte zu berücksichtigen: die Darbietung, das Einüben, das Vertiefen und das Testen. Um entscheiden zu können, welche dieser Lernphasen sich sinnvoll im Sprachlabor behandeln lassen, müssen sie im einzelnen beleuchtet werden.

Die Darbietung

Führt ein Lehrer beispielsweise eine neue grammatische Erscheinung ein, so kann er das auf zwei verschiedenen Wegen tun: er kann den neuen Stoff *erklären*, oder er kann ihn situativ *veranschaulichen*.[1] In beiden Fällen geht es darum, dem Schüler Beispiele einer neuen Struktur oder Regel vor Augen zu führen.

Der Lehrer kann den Stoff *erklären*, indem er isolierte Beispielsätze anführt oder auch noch bereits Bekanntes, das zu Verwechslungen Anlaß geben könnte, zum Vergleich mit heranzieht. Isolation oder Kontrast sollen bewirken, daß dem Schüler die Neuartigkeit des Unterrichtsgegenstands bewußt wird. Der Lehrer sagt im Grunde: „Hier wird etwas Neues dargeboten." Die Bedeutungserschließung erfolgt über Mimik, Bilder, Übersetzung oder einen minimalen Kontext.

Beim Verfahren der *Veranschaulichung* wird er den Schülern nicht sagen, daß er eine neue Struktur benutzt; vielmehr wird er Beispiele für das Neue in seine Äußerungen so einfließen lassen, daß es ganz natürlich aufgenommen und verstanden wird. Die Vergangenheitsform z. B. kann man unauffällig und doch angemessen einführen, indem man den Schülern Geschichten erzählt. Zuweilen kann man sie sogar dazu bringen, die neuen Strukturen selbst zu „erfinden". Schauen wir zum Vergleich auf eine Zeichen- oder Malklasse: früher oder später wollen die Kinder mehr Papier und Farben haben. Genau zu diesem Zeitpunkt, wenn das Verlangen nach Neuem aufkommt, aber noch nicht in der Fremdsprache verbalisiert werden kann, bleibt es dem Lehrer überlassen, seinen Schülern Strukturen wie *I want X* oder *Can I have some more Y?* wie selbstverständlich an die Hand zu geben.

Sowohl Erklärung als auch Veranschaulichung setzen die Interaktion zwischen Lehrer und Schülern voraus.

Das Einüben

Nach der Einführung einer neuen Struktur oder Regel muß der Lehrer dafür Sorge tragen, daß sie geübt wird. Das bedeutet, daß die Schüler als Antwort auf eine Frage oder als Reaktion auf eine Sprechaufforderung eigene Beispielsätze zu formulieren haben. Wir werden auf die verschiedenen Möglichkeiten, Sprechaufforderungen zu gestalten, in den Kapiteln über die Übungen im Fremdsprachenunterricht zu sprechen kommen. Was uns hier unmittelbar berührt, sind die im Klassenraum praktizierten Übungsverfahren, die wiederum die Interaktion zwischen Lehrer und Schülern voraussetzen. Der Lehrer hört auf das, was ein Schüler sagt, bestätigt oder verbessert es, und die Schüler müssen sowohl auf die nächste Sprechaufforderung als auch auf die Lehrerreaktion achten, die auf die letzte Schüleräußerung hin erfolgt ist. Wenn etwas nicht verstanden wird, kann der Lehrer noch einmal Erklärungen oder weitere Beispiele geben. Er kann das, worauf es ankommt, in der Fremdsprache oder – wenn nötig – auch in der Muttersprache erläutern. Beim Einüben und auch beim Vertiefen eines sprachlichen Phänomens reagieren die Schüler oft auf unerwartete Weise oder verworren. Sie können noch

11

Schwierigkeiten mit der Bildung einer neuen Struktur haben, oder aber es stellt sich heraus, daß sie deren Funktion völlig mißverstehen.

Das Vertiefen

In dieser Phase sollte der Lehrer die Kontrolle über die Schülerarbeit lockern. Den Schülern wird die Aufgabe gestellt, Geschichten zu erzählen, Bilder zu beschreiben, über ihre täglichen Erlebnisse, Erfahrungen aus der Vergangenheit oder Pläne für die Zukunft zu berichten, und dabei können sie dann ihre individuellen Anliegen und Vorlieben zum Ausdruck bringen. Derartige Aufgabenstellungen lassen sich natürlich nur dann sinnvoll erfüllen, wenn dabei über die gerade eingeführte neue Struktur hinaus all das in die Äußerungen mit einbezogen wird, was schon zu einem früheren Zeitpunkt gelernt worden ist. Der Lehrer sollte die Schüler bei ihrem Vortrag keinesfalls unterbrechen; er kann auch gar nicht jeden einzelnen Fehler verbessern. Lieber sollte er rückfragen, wenn er etwas nicht verstanden hat, Einhilfen geben, wenn ein Schüler beim Vortrag ins Stocken gerät, oder einspringen, wenn eine Gedanken- oder Atempause eintritt; viele sprachlich falschen Äußerungen, die im Zusammenhang eines freien Vortrags vorkommen, können erst später – wenn überhaupt – behandelt werden. Die Phase der Vertiefung ist demnach der Platz der Interaktion realer Konversation zwischen einem Schüler und seinen Zuhörern, wobei der Schüler erstmals die Sprechaufforderungen, auf die er reagieren möchte, selbst auswählen kann. Bei der Anordnung und Entwicklung seiner Äußerungen ist er weitgehend auf sich selbst gestellt.

Das Testen

Wenn ein Lehrer formell testet, was die Schüler gelernt haben, dann muß er seine Steuerungsfunktionen völlig einstellen und die Schüler sich selbst überlassen. Dies ist notwendig, wenn der Test ermitteln soll, was gelernt worden ist, was noch gelernt werden muß und was noch einmal behandelt werden sollte.

Stufen des Lehrens und Phasen des Lernens

Betrachten wir nun einmal etwas genauer die Situation des Schülers, während der Lehrer darbietet, einübt, vertieft und testet. Ich habe darauf hingewiesen, daß der Schüler in den beiden letzten Phasen in zunehmendem Maße auf sich selbst gestellt ist. Aber eigentlich ist er das ja immer. Wir unterrichten eine ganze Klasse, aber jeder Schüler muß allein lernen. Wenn wir den Lehrprozeß aus der Sicht des Schülers betrachten, dann erkennen wir auch hier vier Stufen, die den wechselnden Lehrabsichten entsprechen. Bei der Darbietung eines neuen Unterrichtsgegenstands muß der Schüler den Lehrer *verstehen*. Wenn der Lehrer zum Einüben übergeht, muß der Schüler den neuen Stoff *lernen*. Beim Vertiefen der neu erworbenen Kenntnisse schließlich kommt es darauf an, daß der Schüler sie *beherrschen* lernt. [2] Bei all dem gilt es, das Neue mit dem bereits Bekannten zu verbinden. Und schließlich soll sich der Schüler nicht nur richtig, sondern auch möglichst gut äußern können.

Für den Schüler – wenn nicht auch für den Lehrer – ist das Testen ein kontinuierlicher Prozeß, der sämtliche anderen Maßnahmen begleitet und sich mit ihnen deckt. Geht es darum, etwas zu verstehen, werden gleichzeitig Intelligenz und Sprachkenntnis überprüft. Geht es um das Sprechen, so werden auch die Erinnerung an Regeln und die Fähigkeit, sie als Reaktion auf einen Stimulus oder in neuen Situationen anzuwenden, getestet. Solange der Schüler weiß, daß der Lehrer sich ihm zuwendet, kann er sofort erfahren, ob er bestimmte Aufgaben richtig oder falsch gelöst hat. Der Wert des formellen Testens hingegen ist für den Schüler nicht unmittelbar einleuchtend, wobei nicht ausgeschlossen werden soll, daß ein Test möglicherweise ein Lernanreiz sein kann. In der Regel aber kann der Schüler, der einen Test schreibt, nicht damit rechnen, sogleich mitgeteilt zu bekommen, wie gut oder wie schlecht er im einzelnen abgeschnitten hat. Bei der Gegenüberstellung der Stufen des Lehrens und der Phasen des Lernens kann man erkennen, daß der Lehrprozeß die ständige Interaktion zwischen Lehrer und Schüler voraussetzt, während beim Lernprozeß jeder einzelne Schüler ununterbrochen gefordert wird. Unsere nächste Frage lautet nun: Kann man alle Stufen des Lehrens automatisieren, d. h. können sie von technischen Geräten wie dem Sprachlabor übernommen werden? Bei den Phasen des Lernens erübrigt sich diese Fragestellung. Vollzöge sich das Lernen automatisch, dann dürfte kein Schüler jemals versagen.

Probleme des Lernenden

Die notwendige Folge eines jeden Versuchs, etwas zu lehren, ist ein gewisses Maß an Mißerfolg auf seiten des Schülers. Darum rührt unser Hauptinteresse am Sprachlabor von der Hoffnung her, Frustration und Versagen weitgehend zurückdrängen zu können, und zwar dadurch, daß jeder Schüler den Stoff selbständig und ohne Zeitdruck erarbeitet. Dies kann im Sprachlabor jedoch nur dann gelingen, wenn wir zunächst die Gründe für Schülerversagen ausmachen und versuchen, sie in unsere Planungen mit einzubeziehen.

Lehren ist ein sich ständig entwickelnder und erweiternder Prozeß des Darbietens, Übens, Vertiefens und Testens, und er spiegelt sich im Bereich des Lernens in einer eigenständigen Progression von Verstehen, Lernen und Beherrschen. Dieser Zusammenhang wird oft gestört, weil sich der Schüler auf jeder Stufe mit unterschiedlichen Problemen auseinandersetzen muß. Auf der Stufe *Darbietung – Verstehen* stellt sich das *Problem der Bedeutung*. Wie kann der Lehrer die Inhalte neuer Unterrichtsgegenstände klarmachen, wie kann der Schüler sie erfassen? Soll der Schüler neu Gelerntes auf andere Situationen richtig übertragen können, muß er zuvor eindeutig verstanden haben, worum es geht. Auf der Stufe *Einüben – Lernen* stellt sich das *Problem des Erinnerns*. Wie kann man sicherstellen, daß der neue Stoff nicht vergessen sein wird, wenn man ihn in Anwendungssituationen außerhalb des Klassenraums braucht? Auf der Stufe *Vertiefung – Beherrschung* stellt sich das *Problem der Kommunikation*. Wie kann der Lehrer die Fähigkeit zu wirksamer Kommunikation in ständig neuen Situationen lehren, wie kann der Schüler sie lernen? Kommunikation ist im wesentlichen etwas Persönliches: der Ausdruck individueller Bedürfnisse, Gefühle, Erfahrungen und Kenntnisse, und zwar in Situationen, die nie identisch sind. Mögen wir uns auch noch so oft wiederholen, so ist doch vieles von dem, was wir selbst über alltägliche Kleinigkeiten sagen, in gewisser Hinsicht neuartig. Wir hören oder produzieren Äußerungen, die nie zuvor in genau derselben Form gesprochen oder verstanden worden sind, und die darum auch vom Lehrer nicht eingeübt oder vom Schüler vorgelernt werden können. Während eines Tonbandinterviews sagte ein achtjähriges Mädchen: ,,My guinea pig died with its legs crossed."[3] Keinem Lehrer würde es einfallen, eine derartige Aussage als ernstzunehmendes Übungsmaterial im Klassenraum oder im Sprachlabor zu präsentieren. Das Beispiel vom Meerschweinchen mit den übereinandergeschlagenen Beinen verdeutlicht, daß wir niemals im voraus all das wissen können, was unsere Schüler einmal sagen wollen.

Die Erörterung der Lehr- und Lernstufen scheint von der Ausgangsfrage weggeführt zu haben: Was kann man sinnvollerweise im Sprachlabor tun? Deutlich werden sollte, daß im Sprachlabor nicht die Probleme des Lehrers, sondern die des Schülers gelöst werden müssen.

Die Rolle des Sprachlabors

Die Ausgangsfrage kann jetzt neu formuliert werden: Lassen sich mit dem Sprachlabor die Probleme der *Bedeutung*, der *Erinnerung* und der *Kommunikation* lösen? Einige Experten glauben, das Sprachlabor werde mit allen drei Problemen fertig; andere konzentrieren ihre Laborarbeit auf zwei, wieder andere auf nur eines der genannten Problemfelder. Ein Spanischlehrer[4] beispielsweise hat einen vollständigen Lehrgang im Sprachlabor durchgeführt, wobei er besonders programmierte Unterrichtsmaterialien benutzte. Es gibt Sprachkurse, bei denen die Darbietung des neuen Stoffes und das Üben im Sprachlabor durchgeführt werden, während die Vertiefung unter Anleitung des Lehrers im Klassenraum erfolgt.[5] Etliche Sprachlehrgänge gehen seit einiger Zeit davon aus, daß das Sprachlabor im wesentlichen der Platz der Übung sei und sich darum nicht für die Darbietung oder die Vertiefung eigne.[6]

Diese unterschiedlichen Ansätze haben ein gemeinsames Merkmal: immer vollzieht sich das Üben im Sprachlabor. Der Schüler soll Wörter, Wendungen, Sätze oder Dialoge wiederholen oder auswendig lernen. Auch werden ihm eine Vielzahl von Strukturmuster- und Rollenspielübungen angeboten, die ihn dazu anhalten sollen, das Lernmaterial zu manipulieren. Übungsverfahren dieser Art sind im nächsten Abschnitt zusammengestellt. In späteren Kapiteln soll der Frage nachgegangen werden, inwieweit sich diese Übungstechniken für ein wirksames Lernen im Sprachlabor eignen. Hier soll zunächst noch überlegt werden, ob die Probleme des Verstehens und der Kommunikation mit Hilfe des Sprachlabors angemessen angegangen werden können.

Bei der Darbietungsphase im Klassenraum haben wir die Möglichkeit, die Schüler zu beobachten, ihre Reaktionen zu verfolgen und sie zu fragen, unseren Versuch der Bedeutungsvermittlung auszuweiten oder einen neuen Anlauf zu unternehmen. Im Sprachlabor führen wir in neue Inhalte über Bilder, Übersetzungen und Erklärungen ein; sind sie aber erst einmal in einer Tonbandlektion fest eingeplant, dann lassen sich keine spontanen Veränderungen mehr vornehmen. Hinzu kommt, daß oft die Gefahr besteht, Bilder falsch zu erschließen[7], Erklärungen mißzuverstehen und bei Übersetzungen Fehldeutungen vorzunehmen.[8]

Auch in der Vertiefungsphase sind dem Sprachlabor deutlichere Grenzen gesetzt als dem Vorgehen im Klassenraum. Zwar ist es möglich, dem Schüler über ein Tonbandgerät etwas Neues zu übermitteln, aber es ist absolut unmöglich, daß ein Tonbandgerät auf eine Schüleräußerung reagiert. Nur die Hälfte des Kommunikationsprozesses kann reproduziert werden. Für einen echten Dialog braucht man zwei Menschen – das Tonbandgerät können wir dafür nicht gebrauchen.

Übungsformen

Wir betrachten das Sprachlabor demnach hauptsächlich als ein Übungsgerät. Sprachmaterial, das im Klassenraum bereits eingeführt worden ist, kann wiederholt und gründlich eingeübt werden. Auch das Verstehen der gesprochenen Sprache läßt sich natürlich im Sprachlabor entwickeln, und das Beherrschen des neuen Sprachmaterials kann der Schüler in simulierten Dialogen erproben, bei denen mindestens eine Konversationsrolle bereits im voraus festgelegt ist. Aber die Hauptaufgabe des Sprachlabors muß es sein, dem Schüler Gelegenheit zu geben, das einzuüben, was ihm zuvor im Klassenraum dargeboten worden ist. Dafür stehen mindestens sechs verschiedene Übungsformen zur Verfügung: 1. Hörübungen; 2. formale Drillübungen (*meaningless drills*); 3. inhaltsbezogene Drillübungen (*meaningful drills*); 4. Verständnisübungen; 5. Übungen zur Sprachproduktion; 6. Übungen zum Problemlösen.

Hörübungen unterscheiden sich von *Verständnisübungen* dadurch, daß sie keine äußeren Reaktionen auf seiten des Lernenden verlangen. Der Schüler hört sich einfach etwas im Sprachlabor an, genau so wie er einer Schallplatte oder einer Rundfunksendung zuhören würde. Das Hören dient der Aufnahme von neuen Informationen oder ist eine Erinnerungshilfe bei Stoffen, die man noch nicht ganz beherrscht. Bei *Übungen zur Sprachproduktion* formt der Schüler – anders als bei *Drillübungen* – Sätze unterschiedlichen grammatischen Typs. Bei Drillübungen dürfen immer nur gleiche oder ähnliche Strukturen verwendet werden. Ein Beispiel für eine Sprachproduktionsübung im Klassenraum ist die Übersetzung eines Lektionstextes. Die üblichste Drillübung im Klassenraum dürfte die Arbeit mit *Substitution Tables* sein. Mit *Substitution Tables* können *formale Drillübungen* durchgeführt werden; sie werden auch als Strukturmusterübungen, *Pattern Drills* oder *Pattern Practice* bezeichnet. Ich bin mir nicht sicher, ob man mit solchen Drills tatsächlich Strukturen oder *Patterns* üben kann; die Diskussion um diese Frage ist noch nicht abgeschlossen. Eines aber scheint mir sicher zu sein: solche Übungen sind rein formaler Art. Ein Schüler, der nicht die geringste Ahnung vom Englischen hat, kann mit Hilfe der folgenden einfachen *Substitution Table* viele grammatisch richtige Sätze bilden, wobei wir hier einmal von der korrekten Aussprache absehen wollen:

I	have	already	seen	it
You		just	heard	them
We		not yet	read	
They			eaten	

Die Aufgabenstellung läßt keinerlei Fehler zu; ein Satz entsteht, indem aus jeder Spalte irgendein Wort ausgewählt wird. Selbst wenn wir diese *Substitution Table* komplexer gestalten, indem wir in der ersten Spalte *he* und *she* und in der zweiten Spalte *has* hinzufügen, kann der Schüler immer noch richtige Sätze bilden, ohne zu wissen, wovon er spricht, wenn er dabei lediglich eine grammatische Regel anwendet: er muß wissen, daß die 3. Person des Personalpronomens das Verb *has* fordert. Erst dann, wenn Wörter wie *the book, the record, the film* oder *the apple* in der letzten Spalte auftauchen, stellen wir dem Schüler eine Aufgabe, deren richtige Erledigung die Kenntnis bestimmter sprachlicher Inhaltsbezüge voraussetzt. Sagt er z. B. *I have just eaten the record* oder *He has already read the apple*, so kann man solche Äußerungen nur dann korrigieren, wenn man auf die Bedeutung der Wörter *eat, read, record* und *apple* eingeht.

Alle bisher angesprochenen Übungen geben die Möglichkeit, Sätze zu verstehen oder hervorzubringen. Einige Übungsformen verbinden das Verstehen mit dem Hervorbringen. In diese Katagorie fallen die *Übungen zum Problemlösen*. Bei ihnen gilt es, sowohl die Darbietungstechnik als auch den Übungsverlauf zu bedenken. Als Beispiel für ein Sprachlernproblem, das im Anfangsunterricht auftritt, sei auf die Verwendung der beiden Formen des unbestimmten Artikels *a* und *an* verwiesen. Hier könnte der Lehrer einfach eine Regel formulieren. Es könnte aber auch sein, daß seine Schüler sie nicht verstehen, z. B. wenn sie die Wörter *Konsonant* und *Vokal* in ihrer Muttersprache noch nicht kennen. Über Beispielsätze, Hilfen und Korrekturen kann der Lehrer die Regel aber dennoch von seinen Schülern entwickeln lassen, und zwar auf ähnliche Art, wie dies im muttersprachlichen Unterricht geschieht. Die Kunst, Probleme einer Lösung zuzuführen, liegt in der Auswahl und Darbietung von Beispielen. Dem Schüler muß zunächst bewußtwerden, daß ein Problem vorliegt, und dann muß er über die dazu notwendigen Stufen sorgsam so weit geführt werden, bis er die Lösung gefunden hat. Der Einsatz des Sprachlabors ist nur dann zu vertreten, wenn die Lernresultate dies rechtfertigen. Es ist unwahrscheinlich, daß es den Lehrer im Klassenraum jemals vollständig wird ersetzen können. Unser Unterricht würde vermutlich nicht besser, sondern schlechter, setzten wir das Sprachlabor für die Darbietung neuen Materials oder bei der Vertiefung eines Stoffgebiets ein. Hier sind persönliche Interaktion und Improvisation unverzichtbar. Der Wert des Sprachlabors muß darin gesehen werden, daß es konzentrierte individuelle Übungsmöglichkeiten bietet. Ehe die bereits angeführten Übungsformen eingehender erörtert werden, sollen im folgenden Kapitel der Schüler und der Lernstoff, den wir ihm beim Sprachenlernen vorsetzen, betrachtet werden. Dies geschieht deshalb, weil es wenig Sinn hat, darüber zu sprechen, *wie* wir üben, solange wir nicht wissen, *was* übenswert ist und *warum* es auf eine bestimmte Art und Weise geübt werden soll.

ANMERKUNGEN

[1] Möglichkeiten für die Darbietung neuen Sprachmaterials sind u.a. nachzulesen bei S. P. Corder: *The Teaching of Meaning*. In: H. Fraser, W.R. O'Donnell (Hrsg.): *Applied Linguistics and the Teaching of English*. London: Longman 1969. H. Gutschow: *Englisch an Hauptschulen*. Berlin: Cornelsen-Velhagen & Klasing [8]1973. R. Lado: *Moderner Sprachunterricht*. München: Hueber [5]1977. F. Leisinger: *Elemente des neusprachlichen Unterrichts*. Stuttgart: Klett [5]1971. F. Schubel: *Methodik des Englischunterrichts an weiterführenden Schulen*. Frankfurt: Diesterweg [5]1971.

[2] Die Begriffe – *to understand, to learn, to control* – sind einer Diplomarbeit von D. Bradley, *An Investigation of Reading*, Edinburgh 1966, entnommen.

[3] Zitiert nach R. J. Handscombe: *Linguistics and Children's Interests*. In: H. Fraser, W.R. O'Donnell (Hrsg.): *Applied Linguistics and the Teaching of English*. London: Longman 1969.

[4] F. R. Morton: *The Language Laboratory as a Teaching Machine*. Publications of the Language Laboratory. Ann Arbor: University of Michigan 1961. Eine ausführliche Beschreibung der Benutzung des Sprachlabors als Lehrmaschine durch Morton findet sich bei R. Freudenstein: *Unterrichtsmittel Sprachlabor*. Bochum: Kamp [4]1975, S. 98ff.

[5] Dazu gehören u.a. *Basic Conversational French* (New York: Holt, Rinehart and Winston 1963), *Entender y Hablar* (New York: Harcourt, Brace & World 1961) sowie viele Kurse auf audiovisueller Grundlage.

[6] Als Beispiel sei auf *A Modern Course in Business English* (London: Oxford University Press 1967) oder *Realistic English* (London: Oxford University Press 1968) verwiesen. Auch die in der Bundesrepublik Deutschland vertriebenen lehrbuchbegleitenden Tonmaterialien sind in der Regel als Laborbänder für die Übungsphase konzipiert.

[7] Zu Problemen der Bildgestaltung siehe u.a. H. S. Ankerstein (Hrsg.): *Das visuelle Element im Fremdsprachenunterricht*. Stuttgart: Klett 1972. S. P. Corder: *The Visual Element in Language Teaching*. London: Longman ⁵1973. H. Gutschow: *Das visuelle Element in fremdsprachlichen Unterrichtswerken*. In: *Praxis des neusprachlichen Unterrichts*, 2/1968, S. 160ff. Nachdruck in R. Freudenstein, H. Gutschow (Hrsg.): *Fremdsprachen, Lehren und Erlernen*. München: Piper ²1974, S. 263ff. L. Schiffler: *Einführung in den audiovisuellen Fremdsprachenunterricht*. Heidelberg: Quelle & Meyer 1973. A. Wright: *The Role of the Artist in the Production of Visual Materials for Language Teaching*. In: *International Journal of Educational Science*, 1/1967, S. 139ff.

[8] Probleme des Übersetzens erörtert ausführlich S.P. Corder in seinem in Anmerkung 1 aufgeführten Beitrag.

17

2 Bedingungen des Sprachenlernens

Voraussetzungen

Im voranstehenden Kapitel sind sechs Übungsformen benannt worden. Wie wirksam sie sich als Labormaterialien erweisen, ist anhand einer kritischen Bewertung ausgewählter Beispiele aufzuzeigen. Ein methodischer Weg zur Erreichung dieses Ziels wäre es sicherlich, diese Übungen zunächst vorzustellen und danach zu beurteilen. Aber eine Beschäftigung mit Grundlagen, Bedingungen und Problemen des Übens ist vermutlich instruktiver und gewinnbringender, wenn wir dabei von einigen allgemeinen Lehrprinzipien ausgehen. Es könnte nämlich sein, daß jede Übungsform im Prozeß des Sprachenlernens eine ganz spezifische Rolle spielt. Ehe wir uns diesen Rollen zuwenden, hilft uns vielleicht eine grundsätzliche Betrachtung des Gesamtprozesses weiter. In diesem Kapitel geht es deshalb um die Bedingungen des Sprachenlernens. Es sollen zwei lerntheoretische Schulen vorgestellt werden, die von unterschiedlichen Ansätzen ausgehen. Diese beiden Theorien werden mit dem Lernverhalten von Sprachschülern in Verbindung gebracht. Und schließlich soll der Leser Gelegenheit erhalten, sein eigenes Vorgehen beim Lernen einer Sprache zu beobachten.

Die Analyse eines Lehrprozesses kann nur auf indirektem Wege erfolgen, weil dieser Lehrvorgang selbst ein indirekter Prozeß ist. Wilhelm von Humboldt hat gesagt: „Die Sprache läßt sich nicht eigentlich lehren, sondern nur im Gemüthe wecken." Anders gesagt: wir können beim Lehren lediglich die Voraussetzungen dafür schaffen, daß eine Sprache gelernt werden kann. Um die Bedingungen des Sprachenlernens kennenzulernen, befragen wir die Lernpsychologen. Sie bieten uns letztlich die Wahl zwischen zwei Bedingungsgefügen, von denen jedes für sich in Anspruch nimmt, ausreichende und notwendige Voraussetzungen zum Lernen zu schaffen. Eine der beiden Richtungen wird von den traditionellen Behavioristen vertreten, die andere von Psychologen, die man der Einfachheit halber Kognitivisten nennen kann.[1]

Die Voraussetzungen des Behavioristen

In behavioristischer Sicht sind für das Lernen in unserem Zusammenhang zwei Gesetze und ein Prinzip maßgebend:

1. Das Gesetz der Übung
2. Das Gesetz der Wirksamkeit
3. Das Prinzip der Verhaltensformung

Das erste Gesetz besagt, daß ein „Organismus" aktiv und mehrfach *reagieren* muß, um lernen zu können. Je öfter er reagiert, um so besser wird er das Gelernte behalten. Der Stimulus, auf den er zu reagieren hat, ist dabei unwesentlich; es kann sich um einen elektrischen Schlag, um Glockengeläut oder um das Aufleuchten einer Lampe handeln. Mit dem zweiten Gesetz wird festgestellt, daß sich Lernen wirksamer vollzieht, wenn eine Reaktion belohnt wird – sei es durch Schmerzerleichterung oder durch Nahrung. Mit anderen Worten: wesentlich ist das, was auf eine Reaktion hin als Konsequenz erfolgt. Sind die Konsequenzen unerfreulich, dann kann dadurch das Lernen verhindert werden. Das Gesetz der Wirksamkeit hängt eng mit der Überzeugung zusammen, Versagen und Fehler müßten auf jeden Fall vermieden werden; damit ist das Prinzip der „Verhaltensformung" angesprochen. Die Reaktionen eines Organismus werden stufenweise „geformt", wie es in Skinners Terminologie heißt; jeder Lernschritt wird so klein gehalten, daß er mühelos bewältigt werden kann, und darum kann er auch belohnt werden. Auf diese Weise wird über die Aneinanderreihung belohnter Lernschritte zum erwünschten Endverhalten hingeführt.

Behavioristische Verfahren im Klassenraum

In der Unterrichtspraxis nehmen die behavioristischen Gesetze im allgemeinen die Form von Grundregeln an:
1. Die Schüler sollen Gelegenheit erhalten, gleiche Strukturmuster wiederholt äußern zu können.
2. Die Äußerungen sollen korrekt erfolgen können, d.h. mögliche Fehlerquellen sind auszuschließen.
3. Aus diesem Grund müssen Strukturmuster in progressiver Reihenfolge dargeboten werden: sie sollen überschaubar geordnet und einzeln nacheinander eingeführt werden.
Die optimale Reihenfolge für die Anordnung von Strukturmustern erfolgt unter Berücksichtigung von Faktoren wie Lernschwierigkeiten, Verständlichkeit, Gebrauchshäufigkeit in der Fremdsprache, Veranschauungsmöglichkeit, Unterschiede zur Muttersprache u.a.[2]
Die beiden wichtigsten Verfahren des behavioristischen Ansatzes beim Sprachenlernen sind demnach das Wiederholen und das systematisierte Üben. Dieses Üben ist in Wirklichkeit nichts anderes als eine raffinierte Form des Wiederholens. Der Schüler hat nicht etwa einen einzelnen Satz, sondern ein Strukturmuster zu wiederholen, und zwar so, daß dabei dessen konstituierende Bestandteile systematisch ausgetauscht werden. Der Strukturmusterdrill „formt" jede erwartete Schülerantwort auf genau die gleiche Weise, in der die strukturale Progression das Voranschreiten von einer Struktur zur nächsten festlegt.
Für den behavioristisch orientierten Lehrer ist das Sprachlabor auf den ersten Blick ein ideales Unterrichtsmittel. Indem es dem Schüler die Möglichkeit gibt, ununterbrochen selbständig zu arbeiten, erlaubt es ein Maximum von aktiven sprachlichen Äußerungen und Wiederholungen. Jede richtige Schülerantwort kann durch das Hören der korrekten Lösung vom Tonband belohnt oder bestätigt werden. Das einzige Problem scheint darin zu bestehen, die Schüleräußerungen so zu formen, daß keine Fehler auftreten können.

Kognitive Voraussetzungen

Die Prinzipien kognitiven Lernens lassen sich ebenfalls unter drei Gesichtspunkten zusammenfassen:

1. Die Notwendigkeit, Erfahrungen zu machen
2. Der Doppelprozeß von Angleichung und Eingewöhnung
3. Die Existenz von Entwicklungsstufen

Einschlägige Erfahrungen werden als Voraussetzung für das Lernen betrachtet. Für die Kognitivisten ist der menschliche Geist keine *tabula rasa*; Denk- und Lernprozesse gehen nicht von einem absoluten Nullpunkt aus. Geistiges Wirken wird vielmehr als gegeben vorausgesetzt, und ihm wird die Fähigkeit zugesprochen, sich wandeln und anpassen zu können. Piaget sieht in der *Anpassung* einen Prozeß, der in zwei Richtungen verläuft. Einerseits ist der Organismus in der Lage, sich an neue Erfahrungen *anzugleichen*, sie zu assimilieren. Andererseits ist er aber gleichzeitig auch bereit, sich in neue Erfahrungsbereiche *einzugewöhnen*, d.h. sie sich zu eigen zu machen. Diese Begriffe lassen sich am Beispiel des menschlichen Hörens veranschaulichen. Es gibt Töne, die so hoch oder so tief liegen, daß wir uns ihnen selbst bei intensivem Hinhören nicht angleichen können – unser Ohr nimmt sie nicht auf. Andererseits erfolgt die Angleichung an die Klänge unserer eigenen Sprache mühelos und nahezu unbewußt, und unsere Reaktionen stellen sich so gut wie von selbst ein. Auch die Töne einer unbekannten Sprache können wir hören, sie aber so lange nicht sinnvoll aufnehmen, bis unser Gehör sich „eingewöhnt" hat, um sie zu unterscheiden und als Wörter abzugrenzen. Im Gegensatz zum bloßen Hören bestimmter Einzeltöne bedeutet das Hörverstehen einer fremden Sprache, den gedanklichen Mechanismus zu aktivieren sowie neue Regeln und Begriffe zu lernen. Diese Eingewöhnung macht zugänglich, was zuvor unverstanden und nicht erfaßbar war.

Piaget weist darauf hin, daß im Verlauf der geistigen Entwicklung eines Kindes der Prozeß der Eingewöhnung nicht von unseren Lehrabsichten bestimmt wird, sondern von den Lernmöglichkeiten, über die ein Kind auf verschiedenen Stufen seiner Entwicklung jeweils verfügt. Ein Kind besitzt also so etwas wie einen individuellen, inneren Lehrplan; nach ihm richtet es sich, wenn Erfahrung und Ermunterung hinzutreten, beim Durchlaufen seiner Entwicklungsstufen.

Kognitive Verfahren im Klassenraum

In der Primarschule sind die drei erwähnten kognitiven Prinzipien bereitwillig akzeptiert worden. Auch hier gibt es Grundregeln für die unterrichtliche Praxis:

1. *Die Schüler sollen in der Sprache, die sie lernen, Erfahrungen sammeln können.* Sie sollen Gedichte lernen, man soll ihnen Geschichten erzählen und mit ihnen sprechen.

2. *Die Schüler sollen zu Handlungen angehalten werden.* Sie sollen malen, modellieren, spielen, Geschichten schreiben oder Aufführungen vorbereiten. Auf diese Weise wird in neuen Situationen geübt, was bereits zuvor gelernt worden ist (Prozeß der Angleichung); gleichzeitig werden weitere Situationen geschaffen, für deren Bewältigung das vorhandene sprachliche Potential nicht ausreicht – darum muß es modifiziert oder erweitert werden (Prozeß der Eingewöhnung).[3]

3. *Der Lehrer sollte sich nicht strikt an einen festliegenden Lehrplan halten.* Das Geschehen im Klassenraum, interessante Ereignisse des Tagesgeschehens, die unterschiedlichen Bedürfnisse der Kinder und die Fehler, die sie machen, sollten bestimmend dafür sein, welcher Wortschatz und welche Strukturen in einer Stunde eingeführt oder geübt werden.

Im Konzept einer kognitiven Lehrstrategie wird das Sprachlabor als Fortsetzung und Erweiterung des Geschehens im Klassenraum betrachtet. Die Schüler sind daran gewöhnt, selbständig oder in kleinen Gruppen zu arbeiten, und der Lehrer überwacht nur gelegentlich, was sie tun. Auch im Sprachlabor hören sie Geschichten, lösen Probleme und führen Verständnisübungen sowie Übungen zur Sprachproduktion durch, die mit ihren Bedürfnissen und Interessen im Einklang stehen. Solche Übungen sind natürlich nicht nur für Primarschüler geeignet. In den Kapiteln 6 und 7 werden ähnliche Übungsformen für ältere und fortgeschrittenere Sprachschüler vorgestellt.[4]

Zum Problem der Drillübungen

Im Rahmen unserer kurzen Einführung in den Ansatz kognitiven Lernens sind Drillübungen bisher nicht erwähnt worden. Das heißt nicht, daß sie mit diesem Konzept unvereinbar wären. Ihr Stellenwert ändert sich allerdings: sie sind hier eine mehr spielerische Übungsform – ein Übungstyp, der dem Lehrer mehr methodische Phantasie abverlangt, wenn die Übung wirkungsvoll sein soll. Beim kognitiven Lernen stehen Hören, Üben und Problemlösen im Mittelpunkt des Interesses; Drills spielen keine zentrale Rolle. Dies ist der erste wichtige Unterschied zwischen der behavioristischen und der kognitiven Lehrmethode.
Die Möglichkeiten und Grenzen von Drillübungen werden in den Kapiteln 4 und 5 im einzelnen untersucht. An dieser Stelle geht es um allgemeine Lehrprinzipien. Und die Einstellung zu Drillübungen ist letztlich eine Frage des Prinzips. Damit ist das Phänomen ,,Fehler`` angesprochen.

Behindern Fehler das Lernen?

Für den Behavioristen liegt die Bedeutung einer Drillübung in der Tatsache, daß sie es dem Schüler erlaubt, ein Strukturmuster fehlerfrei einzuüben. Fehler sind unerwünscht. Werden sie nicht sofort verbessert, könnte der Schüler sie wiederholen und sich damit eine falsche Form aneignen. Wird ein Schüler zu oft verbessert, könnte er entmutigt werden. Darum ist es am besten, Fehler von vornherein zu vermeiden. Beim kognitiven Vorgehen hingegen spielen Fehler im Lernprozeß eine entscheidende Rolle. Sie weisen den Schüler darauf hin, daß er etwas Neues lernen muß. Stellt er fest, daß er trotz Einsatz all seines Wissens bei der Selbstkorrektur nicht weiterkommt, dann wird ihm klar, daß er mit einem Problem der Eingewöhnung konfrontiert ist. Dies soll an einem Beispiel verdeutlicht werden.

Shanace und die Passiv-Transformation

Während eines Unterrichtsexperiments[5] wurde Shanace, ein neunjähriges Mädchen aus Pakistan, aufgefordert, sich eine Geschichte über einen widerspenstigen Hund anzuhören. Diese Geschichte enthielt mehrere Passiv-Sätze wie
1. The dog was chased by the farmer.
2. The sheep were chased by the dog.
3. The dog was chased by the cows.
4. The door was shut by Tom.

21

Danach wurde Shanace und ihren Klassenkameraden die Aufgabe gestellt, die Geschichte zu erzählen, indem sie eine Reihe von Fragen nach dem Muster „Who chased whom?" beantworten sollten. Shanace beantwortete die Fragen 1 bis 3 wie folgt:
1. The dog chased the farmer.
2, The sheep chased the dog.
3. The dog chased the cows.

Bis hierher hatte sie die Passiv-Sätze so behandelt, als stünden sie im Aktiv. Dies entsprach ihrem bisherigen grammatischen „Wissen", nach dem das erste Hauptwort eines Satzes sowohl Subjekt als auch Handlungsträger ist. Auf diese Weise konnte sie eine Version der Geschichte erzählen, die ebenso plausibel wie das Original ist. Beim vierten Satz jedoch kann dieses Verfahren nicht mehr angewendet werden; es entstünde nämlich ein unsinniger Satz:
4. The door shut Tom.

Shanace zögerte und wurde unsicher. Schließlich murmelte sie so etwas wie „Tom doing it". Völlig selbständig begann sie dann sämtliche Sätze noch einmal zu bilden, und diesmal wandelte sie die Originalsätze in die richtigen Aktiv-Formen um. Sie hatte eine neue Regel entdeckt: die Passiv-Transformation.

Die Rolle des Fehlers im Lernprozeß

Das voranstehende Beispiel zeigt, wie ein „Problem" beim Sprachenlehren erfolgreich gelöst werden kann. Das Problemlösen ist eine der Alternativen, die beim kognitiven Lernen an die Stelle von Drillübungen treten. Es ist ein wesentliches Kennzeichen von Aufgabenstellungen zum Problemlösen, daß der Schüler Gelegenheit erhält, Fehler zu machen und aus Fehlern zu lernen. Die Prinzipien, um die es hier geht, lassen sich nunmehr klar beschreiben:
1. Im Konzept des Behaviorismus sind optimale Lehrerfolge dann zu erwarten, wenn die Unterrichtsstunden und Sprachlabormaterialien so angelegt sind, daß die Schüler keine Fehler machen können.
2. Beim kognitiven Ansatz sind optimale Lehrerfolge dann zu erwarten, wenn die Unterrichtsstunden und Sprachlabormaterialien so angelegt sind, daß die Schüler bestimmte Fehler machen dürfen, über die sie einsichtig lernen und aus denen sie neue Regeln ableiten können.
Die Haltung, die ein Lehrer zum Problem des Fehlers im Sprachlernprozeß einnimmt, beeinflußt nicht nur seine Einschätzung der Funktionen von Drillübungen und Aufgabenstellungen zum Problemlösen. Sie sollte sich gleichzeitig auf die Gestaltung des ganzen Lehrplans auswirken.

Der äußere und der innere Lehrplan

Ein fremdsprachlicher Lehrgang auf behavioristischer Grundlage ist so angelegt, daß Fehler nach Möglichkeit vermieden werden. Es wird jeweils nur eine neue Struktur eingeführt, und sie wird immer so ausgewählt und angeordnet, daß die Schüler unter Vermeidung von Schwierigkeiten im – von außen gesetzten – Lehrplan voranschreiten können. Beim kognitiven Lernen wird davon ausgegangen, daß jeder Schüler über ein eigenes Lernpotential verfügt, das es individuell zu entfalten gilt. Aufgabe des Lehrers ist es, diesen „inneren Lehrplan" durch die Vermittlung von Erfahrungen und Aufgabenstellungen zum Problemlösen wirksam werden zu lassen.

Die Vorstellung, daß jeder Schüler in seinem Inneren über einen eigenen Lehrplan verfügt, mag zunächst befremdlich erscheinen. Wir sind daran gewöhnt, daß der Lehrer – und nicht der Schüler – bestimmt, was unterrichtlich geschieht. Dennoch gibt es zwei Hinweise, die darauf schließen lassen, daß ein Schüler aus dem Lernangebot des Lehrers lediglich das auswählt, was er zu lernen bereit ist.

Es gibt z. B. bestimmte Schwierigkeiten bei Aussprache und Grammatik, die man im fremdsprachlichen Anfangsunterricht nicht ausklammern kann. Obwohl man sie noch so gründlich üben läßt, machen einige Schüler dennoch immer wieder die gleichen Fehler. Gibt man schließlich das Üben und die Fehlerkorrektur verzweifelt auf, kann es passieren, daß die Fehler plötzlich verschwinden – bei einem Schüler früher, bei einem anderen später. Die Fallstudie Jeetos, die weiter unten vorgestellt wird, beschreibt eine Schülerin, die noch nach Monaten intensiver Drillübungen nicht begriffen hatte, wie die Verlaufsform der Gegenwart im Englischen gebildet wird. Ihr Lernproblem löste sich schließlich ohne weiteres Üben von selbst. Dieses Verhalten weist darauf hin, daß Schüler oft erst dann bestimmte Formen lernen können, nachdem andere Stoffe, die wir bewußt für einen späteren Zeitpunkt eingeplant haben, dargeboten worden sind.

Der zweite Hinweis ergibt sich aus der Tatsache, daß junge Muttersprachler sowie Fremdsprachenschüler aller Altersgruppen und unterschiedlicher sprachlicher Herkunft oft die gleichen Fehler machen. Diese Fehler decken den gesamten Bereich der Grammatik ab. So trifft man etwa überall auf die falsche Flexionsform *He goed there. Why he did that?* ist ein „Transformations"-Fehler, den man sowohl bei dreijährigen englischen Kindern als auch bei älteren indischen Schülern im vergleichbaren Lernstadium des Englischunterrichts beobachtet hat. *He is a short* zeigt den falschen Gebrauch des unbestimmten Artikels – ein Fehler, der bei einem amerikanischen Kind vorkam, das von Geburt an taub war, und ebenso bei einem indischen Mädchen, das im schriftlichen Ausdruck den Sprechgewohnheiten jenes Amerikaners erstaunlich ähnlich war. Und schließlich hat auch das kleine Einwanderermädchen Shanace in ihrem „Passiv"-Experiment nicht schlechter abgeschnitten als fast alle ihre gleichaltrigen schottischen Klassenkameraden in einer Schule in Glasgow.

Sicherlich gibt es auch einige Fehler, die aus muttersprachlichen Gewohnheiten resultieren. Meist betreffen sie die Aussprache; aber auch Wortschatz und Grammatik können von ihnen berührt werden. Immer dann jedoch, wenn Muttersprachler und Fremdsprachenschüler dieselben Fehler machen, dürfen wir annehmen, daß sie aus dem gleichen Grund auftreten. Sind die Fehler der beiden Lerngruppen überdies durch eine gemeinsame Entwicklungsgeschichte verbunden, d. h. tauchen sie zur gleichen Zeit und in der gleichen Reihenfolge im Lernprozeß auf und verschwinden auch wieder auf ähnliche Weise, dann folgen diese Lerngruppen sicherlich auch demselben inneren Lernrhythmus, der durch Vorkenntnisse und Lehrmethoden nur teilweise beeinflußt werden kann.

Ein Lehrer, der dem kognitiven Ansatz folgt, kann demnach behaupten:
1. Unterrichtsstunden und Sprachlabormaterialien sollten dazu dienen, vor allem aufgrund von Schülerfehlern herauszufinden, welchen Lernstand ein Schüler erreicht hat. Auf dieser Grundlage kann er dann weiter gefördert werden. Man kann ruhig eine beliebige Anzahl neuer Strukturen gleichzeitig einführen; dabei wird sich zei-

gen, welche von ihnen ein Schüler aufnehmen kann. Jeder Sprachschüler sammelt seine eigenen Lernerfahrungen, und darum sollte sich jeder einzelne auch mit unterschiedlichen Problemen auseinandersetzen können.[6]

Andererseits vertritt ein Lehrer der behavioristischen Schule die Ansicht:
2. Unterrichtsstunden und Sprachlabormaterialien richten sich nach einem sorgfältig abgestuften, von außen gesetzten Lehrplan, der die Einführung jeweils einer neuen Struktur in einer festliegenden Reihenfolge vorsieht. Alle Schüler lernen den gleichen Stoff eines fremdsprachlichen Lehrgangs; nur ihre Lerngeschwindigkeit kann dabei verschieden sein.

Aus diesen einander entgegengesetzten Auffassungen ergeben sich unterschiedliche Funktionsbestimmungen für die Arbeit mit dem Sprachlabor. In dem einen Fall ist es ein Fließband, vergleichbar dem Tonband in einer Spule, das sich gnadenlos in eine Richtung fortbewegt; Unterschiede zwischen den Schülern bestehen nur darin, daß sie möglicherweise an verschiedenen Stellen des Bandes arbeiten. Im anderen Fall ist das Sprachlabor so etwas wie eine Bibliothek mit einem reichen Angebot an Büchern der verschiedensten Art: einige sind schwer, andere einfach zu lesen; einige haben einen hohen Informationswert, nach anderen greift man um des Vergnügens willen. Der Schüler kann in bestimmte Abteilungen eingeführt werden, er kann aber auch selbst auswählen, was er lesen möchte. Das einzige, was alle Bücher gemeinsam haben, ist die gleiche Sprache, in der sie verfaßt sind.

Beide Einrichtungen – das Fließband und die Bibliothek – scheinen das gleiche Ziel zu verfolgen: dem Schüler Gelegenheit zu geben, eine Sprache zu lernen. Bei näherem Hinsehen jedoch ist die Zielsetzung verschieden. Bei der behavioristischen Methode werden Strukturen dargeboten. Der kognitive Ansatz will erreichen, daß dem Schüler grammatische Regeln und deren Anwendungsmöglichkeiten bewußt werden.

Strukturen oder Regeln?

Wenn wir alle Sätze zusammenstellten, die mit Hilfe der *Substitution Table* in Kapitel 1 gebildet werden können, dann hätten wir damit eine Reihe von Beispielsätzen für eine bestimmte grammatische Struktur gewonnen. Die Sätze haben die gleiche grammatische Struktur und unterscheiden sich lediglich durch wechselnde Personalpronomen sowie einen verschiedenen Wortschatz voneinander:

> I have already seen the film.
> You have already heard the record.
> We have just read the book.
> He has just eaten the apple, etc.

Einige Linguisten sagen von diesen Sätzen, daß sie das gleiche grammatische Muster veranschaulichen. Diese Aussage gilt aber nur für diejenigen, denen die Sprache bereits bekannt ist. Einem einsprachigen Navaho-Indianer wäre das Muster ebenso wenig einsichtig, wie wir auch die Muster seiner Sprache nicht erkennen könnten. Wir können zwar die Wolldecken bewundern, die er angefertigt hat, und er kann sich an unseren Tapeten erfreuen. Sprachmuster aber sind etwas völlig anderes als visuelle Muster, die jedem Menschen zugänglich sind. Sprachmuster existieren nur für das geübte Ohr des Hörers.[7]

24

Wie kann man wissen, daß bestimmte Sätze strukturell gleich sind und sich nach dem gleichen Muster richten? Auf diese Frage gibt es nur eine Antwort: Wir erkennen das Muster, weil sich die Sätze aus Elementen der gleichen grammatischen Kategorien (Personalpronomen, Adverb, Zeitform des Perfekt usw.) zusammensetzen, und diese Kategorien treten in einer bestimmten Reihenfolge auf, wobei sie sich nach grammatischen Regeln richten, die besagen, daß das Subjekt am Anfang steht, Verb und Objekt folgen usw. Wenn uns die Regeln bekannt sind, können wir auch das Muster erkennen und nach ihm weitere Sätze produzieren. Auch in unserer Muttersprache können wir Regeln folgen und selbst dann anwenden, wenn wir nie Grammatik gelernt haben und die Regeln nicht formulieren können.

Der Sprachschüler befindet sich in einer anderen Lage. Wenn wir ihm die Regeln nicht nennen, muß er sie erfinden. Um das Muster erkennen und die Struktur produktiv anwenden zu lernen, muß er aus einem Beispielsatz selbständig Schlüsse auf eine unbekannte Regel ziehen. Es ist kein Wunder, wenn er bei diesem Sprung ins Ungewisse oft an einer falschen Stelle landet.

Kompetenz und Performanz

Die Aufgabe des Sprachschülers, aus Beispielen eine Regel zu erschließen, wird oft mit den beiden Begriffen *Kompetenz* und *Performanz* umschrieben.[8] Beispiele gesprochener Sprache, die ein Schüler hört, sind Äußerungen, die jemand auf der Ebene der Performanz von sich gibt. Wenn der Schüler diese Äußerungen nicht nur nachsprechend wiederholen, sondern auch verstehen, variieren und modifizieren können soll, dann muß er dabei von Annahmen über die grammatische Struktur von Sätzen in der Fremdsprache ausgehen[9], und er muß ferner eine Ahnung von den Regeln haben, die die Variation einer Satzstruktur ermöglichen. Ist er in der Lage, neue Äußerungen selbst richtig hervorzubringen, dann können wir von ihm sagen, daß er einen Teil des Sprachsystems beherrscht bzw. eine gewisse Kompetenz erworben hat; dann kennt er nämlich die entsprechenden Regeln, d. h. er weiß, wie er sie anwenden muß. Wenn wir davon sprechen, daß der Schüler die Regeln *kennt*, dann kann dies allerdings nicht mehr als nur eine Umschreibung des tatsächlichen Sachverhalts sein. Was in ihm wirklich vorgeht, entzieht sich unserer Beobachtung. Wir können lediglich seine Performanz beobachten und aus ihr die Folgerung ableiten, daß der Schüler sich so verhält, *als ob* ihm die Regeln bekannt seien.

Die Überprüfung der Regelkenntnis

Wenn ein Schüler eine sprachliche Äußerung, die er nie zuvor gehört hat, korrekt produziert, dann kann er sie nicht nur kopiert haben – er muß vielmehr eine bestimmte Regel kennen. Dies ist sowohl für Außenstehende als auch für den Schüler selbst der sicherste Nachweis, daß Regelkenntnisse vorhanden sind, und auch unter diesem Gesichtspunkt wird wiederum deutlich, wie wichtig der Fehler im Sprachlernprozeß ist. Nasira, ein neunjähriges Mädchen aus Pakistan, versucht etwas mitzuteilen und schreibt: *She is very crying*. Ohne es zu wissen, unternimmt sie mit diesem Satz ein sprachliches Experiment. Aus den Reaktionen ihres Lehrers entnimmt sie, daß die Regeln, nach denen die ihr bereits bekannten Sätze wie *She is very sad* oder *It is very inter-*

esting gebildet werden, bei einem Verb wie *cry* keine Anwendung finden können. Unter Heranziehung sorgfältig ausgewählter Beispiele könnte der Lehrer ihr auch zu zeigen versuchen, daß *very* nur zur Verstärkung von Adjektiven, Adverbien der Art und Weise sowie von Partizipien transitiver Verben wie *interest, frighten, amuse* und *tire* verwendet werden kann; hinzu kommt, daß diesen Verben nur ein Objekt folgen kann, das ein Lebewesen bezeichnet. Sicherlich wäre es nicht klug, wenn der Lehrer die hier verwendete Terminologie benutzen würde; möglicherweise kann Nasira aus den Beispielen auch noch nicht die richtigen Schlußfolgerungen ziehen. Scheint sie jedoch verstanden zu haben, worum es geht, und ist sie in der Lage, ihre eigenen Fehler zu verbessern sowie weitere Beispiele fehlerfrei zu formulieren, dann kann der Lehrer noch auf eine andere Weise überprüfen, wie sicher sich Nasira fühlt. Er kann sie bitten, ihr sprachliches Vorgehen zu erklären.

Grammatische Erklärungen – ja oder nein?

Unter den gerade geschilderten Umständen bedeutet „Erklärung" soviel wie die Formulierung einer Regel. Man kann eine Regel kennen, indem man sich nach ihr richtet, ohne jedoch gleichzeitig auch in der Lage zu sein, sie in Worte zu fassen. Soll man angesichts dieser Tatsache überhaupt Erklärungen geben? Tut man es nicht, läuft man Gefahr, daß die Schüler sich nach eigenen Erklärungen richten. Als Shanace und ihre Klassenkameraden von der Annahme ausgingen, daß *The dog was chased by the cows* und *The dog chased the cows* die gleiche Aussage beinhalten, hatten sie eine plausible Erklärung dafür, warum im ersten Satz die Wörter *was* und *by* verwendet wurden: „Weil es sich um eine lange Geschichte handelt." Sie erklärten auf *stilistische* Weise, was einer grammatischen Erklärung bedurft hätte.

Ashim, ein achtjähriger indischer Junge, der erst seit zwei Monaten Englisch lernte, sah ein, daß zwischen *car* und *cars* offensichtlich ein Unterschied bestand. „Man sagt *car*, wenn es ein Mann ist, und *cars*, wenn es eine Frau ist." Ashim wußte genau, was das Wort *car* bedeutete! Seine Erklärung war zwar grammatischer Art, nur war sie falsch. Diese Beispiele zeigen, daß Schüler tatsächlich voreilige Schlußfolgerungen ziehen. Damit unnötige Fehler vermieden werden, sollte man solche Folgerungen herauszufinden versuchen und richtigstellen, falls sie nicht stimmen. Noch etwas anderes spricht dafür, Schülererklärungen auf die Spur kommen zu wollen. Es gibt Schüler, die immer wieder den gleichen Fehler machen, auch wenn sie noch so viel üben. Dies soll am folgenden Beispiel verdeutlicht werden.

Jeeto und das Verb „to be"

Jeeto war die zwölfjährige Tochter indischer Einwanderer und hatte seit neun Monaten Englischunterricht auf der Schule erhalten. Sie liebte es besonders, Geschichten zu schreiben. In einer dieser Geschichten – sie umfaßte 14 Sätze – kamen die folgenden Aussagen mit dem Verb *to be* vor: *He is a fat. Today is a very cold. I'm very sorry. Your chair is a broken. Your plate is broken. He is a sitting on floor. He is sitting on the chair. He is a eat a dinner. Your dinner is fall down. This is a my story.*

Zum Vergleich einige gesprochene Äußerungen anderer Kinder: *She is a girl. She is girl. She is a Shila. She is Shila.*

Die überzeugendste Erklärung für den scheinbar willkürlichen Gebrauch des unbestimmten Artikels sowohl in richtigem als auch in einem falschen Kontext liegt darin, daß Jeeto bewußt so vorging. Sie assoziiert den Artikel nicht mit einem Substantiv, sondern faßt ihn als eine mögliche Form des Verbs *to be* auf. Sie glaubt, daß die dritte Person dieser Verbform entweder *is* oder *is a* lautet und daß darum beide Formen deckungsgleich sind. Diese Folgerung hat Jeeto vermutlich aus einer kontrastiven Drillübung abgeleitet:

> This is mother, Peter, Shila, etc.
> This is a woman, boy, girl, etc.

Jeeto kannte genau den Unterschied zwischen Eigennamen und anderen Substantiven. Bei der Drillübung hatte sie aber nicht erkannt, daß sie lernen sollte, wann der Artikel gebraucht werden kann und wann nicht. Auch zusätzliche Drillübungen der gleichen Art würden hier nicht weiterhelfen. Was an dieser Stelle notwendig wird, ist eine Erklärung, die Jeeto verstehen oder selbst formulieren kann. Wittgenstein fordert von einer Erklärung, daß sie ein Mißverständnis beseitigen oder vermeiden soll; sie soll dem Schüler helfen, das zu verstehen, was er letztlich schon weiß.[10]

Regeln und Anwendungsstrategien

Jeeto und Shanace haben beide den gleichen Fehler gemacht: sie haben eine grammatische für eine stilistische Variante gehalten. Beide Arten lassen sich am Beispiel der Präpositionen *since* oder *for* veranschaulichen. Der Engländer kann sagen:

> 1. I've been waiting for ten minutes.
> 2. I've been waiting ten minutes. •
> 3. I've been waiting since six o'clock.

Nicht möglich sind hingegen:

> 4. I've been waiting six o'clock.
> 5. I've been waiting for six o'clock (in der Bedeutung: *from* six o'clock).
> 6. I've been waiting since ten minutes.

Die Sätze 1 und 2 sind stilistische Varianten. Die Präposition *for* kann je nach den Absichten des Sprechers verwendet oder ausgelassen werden. In Satz 4 wird deutlich, daß auf die Präposition *since* nicht verzichtet werden kann. Der grammatische Kontrast zwischen *since* und *for* zeigt sich in den Sätzen 5 und 6. Diese Sätze sind sich inhaltlich zwar ähnlich, aber sie sind nicht austauschbar, da verschiedene Typen der Zeitbestimmung vorkommen.

Im allgemeinen geht man davon aus, daß stilistische Varianten frei austauschbar sind. Sehr oft aber wird in bestimmten Situationen einem bestimmten Ausdruck der Vorzug gegeben. So trifft man z. B. in Berichten über wissenschaftliche Untersuchungen häufig auf die Passiv-Form. Die Verwendung des Aktiv wäre grammatisch zulässig; stilistisch aber wäre dies ungewöhnlich oder unangebracht. In extremen Fällen kann der falsche Gebrauch einer stilistischen Variante dem Hörer sogar eine Überraschung bereiten, wie Eliza Dolittle in Shaws *Pygmalion* erfahren muß.

Wenn wir uns fragen, welche Äußerungen bei bestimmten Anlässen – während eines Interviews, wenn man sich vorstellt, wenn man um die Hand eines Mädchens anhält –

angemessen sind und welche nicht, dann kann man dafür sicherlich keine festen Regeln bestimmen. Es gibt spezielle Situationen, in denen das sprachliche Verhalten stark durch gesellschaftliche Normen gesteuert wird; in anderen Fällen dagegen haben wir nur sehr vage Vorstellungen über die Auswirkungen dessen, was wir sagen. Normalerweise machen wir unsere sprachlichen Anwendungsstrategien davon abhängig, in welcher Situation wir uns befinden und mit wem wir sprechen.

Die Geschichten von Shanace und Jeeto zeigen, daß sich Schüler schon zu einem frühen Zeitpunkt im Spracherlernungsprozeß über die Möglichkeiten der stilistischen Variation im klaren sind. Sobald sie zu sprechen beginnen, müssen sie in grammatischer und stilistischer Hinsicht Entscheidungen treffen. Weil es dabei leicht zu Verwechselungen kommen kann, muß der Lehrer genau überlegen, wie er den Schülern am besten hilft, damit sie grammatische Regeln und Performanzstrategien voneinander unterscheiden können. Nicht die Wörter *was* und *by* deuten auf den Anfang einer langen Geschichte hin, sondern der Ausdruck *Once upon a time.*

Drei Fragen

In den voranstehenden Abschnitten haben wir uns mit Fehlern beschäftigt. Wir sind der Frage nachgegangen, ob man aus Fehlern lernen kann. Der Blick auf Schülerfehler hat dann zu mehreren Fragen über unsere Lehrabsichten geführt:

1. *Lehren wir Strukturmuster oder Regeln?* Für den Behavioristen können Strukturmuster durch Wiederholen und Üben gelernt werden. Sie sind eine Sache rein mechanischer Verhaltensformung. Dennoch kann aber trotz intensiven Übens der Fall eintreten, daß ein Schüler die Regel nicht erkennt, von der die Form einer Struktur und deren Abwandlung bestimmt werden. Das Erkennen einer Regel ist keine mechanische Aufgabe. Dazu bedarf es intensiver Beobachtung. Beim kognitiven Lernen gibt der Lehrer darum dem Schüler durch Hörübungen Gelegenheit, sprachliche Erfahrungen zu sammeln. Er schärft die Beobachtungsgabe des Schülers, indem er ihm Probleme zu lösen aufgibt. Sobald eine Regel bekannt ist, können Drillübungen durchaus nötig werden, damit der Schüler die erkannten Gesetzmäßigkeiten anzuwenden lernt.

2. *Sollen wir Erklärungen geben oder verlangen?* Beim behavioristischen Vorgehen sind Erklärungen nicht notwendig, weil man auch ohne sie wiederholen und üben kann. Macht ein Schüler aber ständig die gleichen Fehler, die darauf schließen lassen, daß er Regeln falsch anwendet, dann kann man nicht einfach auf Erklärungen verzichten. Beim kognitiven Verfahren besteht die Funktion von Erklärungen darin, dem Schüler zu helfen, seine Erfahrungen zu ordnen, indem er seine Beobachtungen in Worte kleidet.

3. *Sollen wir sowohl Performanzstrategien als auch Grammatik lehren?* Bei einigen Fehlern, die wir untersucht haben, sind wir darauf gestoßen, daß wir dem Schüler nicht nur beibringen müssen, wie er eine Regel erkennt oder eine Struktur beherrscht. Er muß auch lernen, wann eine Struktur benutzt werden kann und wann nicht. Weiß er das nicht, dann könnte er Äußerungen von sich geben, die zwar grammatisch korrekt, aber situativ unangebracht sind. Um angemessene Performanzstrategien ausbilden zu können, benötigt man Verfahren, die diffenzierter entwickelt sind als die Strukturmusterübung. Dazu gehören freiere Übungsformen wie z. B. das Rollenspiel.

In diesem Kapitel sind zwei grundverschiedene Einstellungen gegenüber dem Phänomen „Fehler" und zwei unterschiedliche Lehrplanauffassungen erörtert worden. Es ist
von der Funktion des Wiederholens und Übens auf behavioristischer Grundlage die
Rede gewesen, und auch die Hörpraxis, das Problemlösen und andere Übungsformen
des kognitiven Ansatzes sind gestreift worden. Die beiden Richtungen vertreten unterschiedliche Ansichten über den optimalen Einsatz des Sprachlabors. Man kann sich nun
einer dieser Ansichten anschließen, oder man kann versuchen, beide miteinander zu
verbinden. Der eine mag sich mehr zur einen, ein anderer zur anderen Richtung hingezogen fühlen. Aber auch dann, wenn wir mit einer bestimmten Strategie gute Ergebnisse erzielen, sollten wir nicht darauf verzichten, auch andere Wege auszuprobieren.
Es könnte sein, daß sie sich als noch wirksamer erweisen. Wir sollten erst dann eine Po-
sition endgültig aufgeben, wenn sie zu keinem Erfolg führt.
Die folgenden Kapitel stellen Übungsformen vor, die der Leser in seinem eigenen Unterricht oder im Sprachlabor ausprobieren kann. Zuvor soll er aber Gelegenheit erhalten, die Wirksamkeit einiger dieser Übungsformen an sich selbst zu erfahren. Zu diesem Zweck wird eine Unterrichtsstunde in einer künstlichen Sprache erteilt.

Novish

Ein Lernexperiment zum Problem des Spracherwerbs

1. Dieses Lernprogramm macht Sie mit einer künstlichen Sprache bekannt, die wir *Novish* nennen wollen. Das Vokabular wird Ihnen kaum Schwierigkeiten bereiten, da es dem Englischen entlehnt und z. T. auch dem Deutschen recht ähnlich ist. Daher braucht der Wortschatz nicht übersetzt zu werden. Die Aufgabenstellungen beziehen sich vielmehr auf die Satzstrukturen. Beantworten Sie zunächst bitte immer erst die Fragen, ehe Sie Ihre Antworten im folgenden Lernschritt überprüfen – sonst kann das Experiment nicht klappen.

2. Hier sind einige belebte und unbelebte Objekte abgebildet, und dies sagt ein *Novish*-Sprecher, wenn er sie sieht:

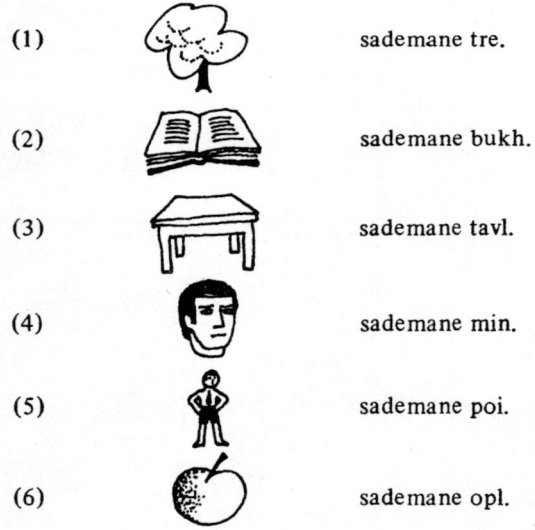

(1)   sademane tre.

(2)   sademane bukh.

(3)   sademane tavl.

(4)   sademane min.

(5)   sademane poi.

(6)   sademane opl.

Die Aussprache der Wörter braucht uns hier nicht weiter zu beschäftigen. In Verbindung mit den Bildern ist es recht einfach, ihre Bedeutung zu erschließen. Was aber könnte der Ausdruck *sademane* bedeuten?

3. Wenn Sie der Meinung sind, daß *sademane* so etwas wie *Dies ist ein* ... bedeutet, dann ist Ihre Antwort – zumindest zunächst – durchaus akzeptabel. Natürlich können Sie noch nicht sagen, ob der Ausdruck *sademane* aus einem Wort oder aus mehreren Wörtern besteht, und Sie können ebenfalls noch nicht beurteilen, ob es in *Novish* Artikel gibt, wie Sie sie aus Ihrer Muttersprache kennen. Achten Sie deshalb einmal darauf, wie sich *sademane* in den folgenden Beispielen verändert.

(7)  sademanena gal.

(8)  sademanena ku.

(9)  sademanena kot.

Unter welchen Bedingungen erscheint in den letzten drei Beispielen die Endung
-na? Würden Sie beim nächsten Beispiel *sademane* oder *sademanena* verwenden?

(10)  ....weimin.

---

4. Die richtige Antwort lautet: *sademane weimin*. Vor dem Wort *weimin* wird die Endung -na also nicht verwendet. Warum nicht? Wann taucht diese Endung auf?
Schauen Sie sich bitte die Beispiele (7) bis (9) noch einmal an. Die in ihnen verwendeten Substantive haben etwas gemeinsam, das sie von den zuvor angeführten Substantiven unterscheidet. Was ist es?

---

5. Die Wörter *gal, ku* und *kot* beginnen sämtlich mit dem Laut /k/ oder /g/. Welche
Endung muß demnach vor dem Substantiv im folgenden Beispiel benutzt werden?

(11)  ....kupoi.

---

6. Da die Endung -na immer vor einem Wort auftaucht, das mit /k/ oder /g/ beginnt,
lautet die richtige Antwort *sademanena kupoi*. Die Endung -na ist also phonologisch
bedingt und hat mit dem Genus eines Wortes – wie etwa im Französischen oder
Deutschen – nichts zu tun. Betrachten Sie nun bitte die folgenden Bilder und lesen
Sie, was über sie ausgesagt wird.

(12)   Ki tavl sademane?
      Ye sadestil tavl.

(13) Ki bukh sademane?
      Ye sadestil bukh.

(14) Ki hus sademane?
Ye sadestil hus.

Sie werden sicherlich im jeweils ersten Satz das Fragezeichen bemerkt haben, und auch die veränderte Wortstellung in den Fragen ist Ihnen vermutlich nicht entgangen. Was bedeutet Ihrer Meinung nach das Wort *ki*?

---

7. Wenn Sie der Meinung sind, daß es sich bei *ki* um ein Fragewort handelt, dann soll Ihnen an dieser Stelle nicht widersprochen werden. Mit anderen Worten: die Frage

   Ki hus sademane?

   könnte ins Deutsche übersetzt werden als

   . . . . ?

---

8. Die Frage lautet also etwa

   Ist dies ein Haus?

   Und wenn es sich um ein Haus handelt, dann müßte die Antwort auf *novish* lauten:

   . . . .

---

9. Es wird Ihnen nicht entgangen sein, daß es bei einer Antwort auf eine Frage auf *novish* nicht heißt

   Ye sademane hus.

   Die richtige Antwort lautet vielmehr:

   Ye sadestil hus.

   Diese Endung taucht jedoch bei der Beantwortung von Fragen nicht immer auf. Betrachten Sie bitte die folgenden Beispiele:

(15)   Ki poi sademane?
           Ye sadegru poi.

(16)   Ki weimin sademane?
           Ye sadegru weimin.

(17)   Ki min sademane?
           Ye sadegru min.

Wie würden Sie die nächste Frage beantworten?

(18)   Ki gal sademane?
           Ye .... gal.

10. Richtig ist:

Ye sadegru gal.

Wie beantworten Sie diese Frage?

(19)   Ki tren sademane?
Ye .... tren.

---

11. Die richtige Antwort lautet:

Ye sadestil tren.

Wenn Sie die beiden letzten Aufgaben richtig gelöst haben, dann haben Sie eine Vorstellung vom Unterschied zwischen *sadegru* und *sadestil*. Überprüfen Sie Ihre Kenntnis, indem Sie die folgende Frage beantworten:

(20)   Ki opl sademane?
Ye .... opl.

---

12. Die korrekte Antwort ist:

Ye sadegru opl.

Wenn Ihre Antwort falsch war, dann denken Sie einmal darüber nach, was Äpfeln und Menschen gemeinsam ist und was Züge und Tische von ihnen unterscheidet.

---

13. Sowohl Äpfel als auch Menschen können *wachsen*, und der Unterschied zwischen Dingen, die wachsen, und solchen, die nicht wachsen, ist bei der Beantwortung von Fragen auf *novish* von Wichtigkeit. Wenn Sie sich die Beispiele (12) bis (20) noch einmal ansehen, werden Sie unschwer erkennen, daß der Ausdruck *sadegru* immer bei der Beantwortung von Fragen in bezug auf belebte Objekte auftritt, *sadestil* hingegen im Zusammenhang mit unbelebten Dingen. Etwas verwirrend ist in dieser Hinsicht lediglich der Gebrauch von *stil* (still, unbeweglich) in Verbindung mit beweglichen Objekten (wie Zügen), die nicht wachsen können. Schauen Sie sich nun bitte die folgenden Beispiele an:

(21)    Ki poi sademane?
Nu sadegru poi, sadestil tavl!

(22)    Ki weimin sademane?
Nu sadegru weimin, sadestil bukh!

(23)  Ki tavl sademane?
Nu sadestil tavl, sadegru poi!

(24)  Ki hus sademane?
Nu sadestil hus, sadegru ku!

Sie werden bemerkt haben, daß die Wörter *sadegru* und *sadestil* regelmäßig dann verwendet werden, wenn sie Objekte bezeichnen, die wachsen bzw. nicht wachsen können. Jetzt aber steht in den Antworten nicht das Wort *Ye* – wie in den Beispielen (12) bis (20) – an erster Stelle, sondern das Wort *Nu*. Welche Bedeutung könnten diese beiden Wörter wohl haben?

---

14. Wenn Sie glauben, *Ye* und *Nu* bedeuten *Ja* und *Nein* (bzw. leiten die Beantwortung einer Frage positiv oder negativ ein), wie muß es dann wohl in den beiden folgenden Sätzen heißen?

(25)  Ki hus sademane?
.... sadestil hus.

(26)  Ki gal sademane?
.... sadegru gal, sadestil hus!

---

15. Die erste Antwort sollte *Ye* enthalten, die zweite *Nu*. Wie steht es mit den beiden nächsten Sätzen?

(27) Ki bukh sademane?
.... sadestil bukh, sadestil tavl!

(28) Ki weimin sademane?
.... sadegru weimin, sadegru ku!

---

16. Bei der Beantwortung der beiden letzten Fragen sollte *Ye* verwendet werden, nicht *Nu*. Warum? Was bestimmt den Gebrauch von *Ye* und *Nu*, wenn sie nicht zur einfachen Bestätigung oder Negation einer Ja-Nein-Frage herangezogen werden? Wir könnten diesem Problem anhand weiterer Beispiele im einzelnen nachgehen; eine Erklärung des Phänomens mit Hilfe der Übersetzung bringt uns aber schneller zum Ziel.

Am Anfang dieses Lernprogramms haben wir Sie in dem Glauben gelassen (und hätten Ihnen auch ohne Heranziehung der Übersetzung gar nicht widersprechen können), daß *sademane poi* dem deutschen Satz *Dies ist ein Junge* entspricht. Das ist auch grundsätzlich nicht falsch und dürfte in den meisten Fällen als ein angemessenes Äquivalent gelten. Bei einer genauen Übersetzung jedoch müssen wir sagen:

Dieses Objekt gehört zur Klasse der Jungen.

Die Frageform lautet auf *novish*:

Ki poi sademane?

Im Deutschen würde es entsprechend heißen müssen:

Gehört dieses Objekt zur Klasse der Jungen?

Wenn es dazugehört, stimmen wir mit dem Fragenden überein und sagen:

Ja, es wächst wie ein Junge. Ye sadegru poi.

Hier gilt es daran zu erinnern, daß wir bei Fragen dieser Art immer angeben müssen, ob das zur Diskussion stehende Objekt wachsen kann oder nicht. Wenn der Fragende auf ein Mädchen zeigt und wissen will, ob sie die gleichen Eigenschaften besitzt wie ein Junge, dann müssen wir hinsichtlich der Fähigkeit des Wachsens mit ihm übereinstimmen, hinsichtlich der weiteren Unterscheidung ihm jedoch widersprechen. Die korrekte Antwort lautete demnach in diesem Fall:

Ja, es wächst wie ein Mädchen, (aber) es ist ein Junge.

Ye sadegru gal, sadegru poi.

Nur dann, wenn in einer Frage etwas, das wachsen kann, mit einem Objekt verwechselt wird, das diese Eigenschaft nicht besitzt, wird auf *novish* voller Widerspruch angemeldet:

Gehört dieses Objekt zur Klasse der Jungen?
Nein, es wächst nicht wie ein Junge, es ist unbeweglich wie ein Buch.
Nu sadegru poi, sadestil bukh!

---

17. Die Probleme, denen Sie hier bei der Einführung in *Novish* begegnet sind, können mit den Schwierigkeiten verglichen werden, die ein Schüler zu meistern hat, wenn er eine Fremdsprache lernt. Der Unterschied zwischen *sademane* und *sademanena* ist den beiden Formen *a* und *an* des unbestimmten Artikels im Englischen ähnlich. Der grammatische Unterschied zwischen *gru-* und *stil-*Substantiven basiert auf ebensoviel natürlicher Logik und kennt bei der Anwendung ebensoviel Ungereimtheiten wie die Zuordnung von Substantiven zu Geschlechtern im Französischen oder Deutschen. Mit dem Problem der Beantwortung von Fragen, die in der Verneinung stehen, müssen sich Schüler des Englischen in vielen Ländern auseinandersetzen, wenn man sie z. B. fragt·
Isn't it raining?
Won't you have another cup of tea?
I'm a fool, aren't I?

Wenn es Sie eher betrübt als amüsiert hat, daß Sie die eine oder andere Frage dieses Lernprogramms zunächst falsch beantwortet haben – seien Sie gewiß, daß auch muttersprachige Kinder, wenn sie *Novish* lernen müßten, die gleichen Fehler machen würden, die Ihnen vermutlich unterlaufen sind. Wichtig sind die Schlußfolgerungen, die sich aus unserem Experiment ergeben:

1. *Man kann auch unter falschen Voraussetzungen zu richtigen Ergebnissen gelangen.* So kann man z. B. raten, oder man hat die Regeln einer Sprache völlig mißverstanden. Es muß nicht unbedingt das Ergebnis erfolgreichen Lernens sein, wenn man die „richtige" Antwort – selbst mehrfach und aus verschiedenem Anlaß – findet.

2. *Man kann Fehler machen, ohne die Gründe dafür zu kennen.* Die Vorgabe der richtigen Antwort muß nicht notwendigerweise eine Lernhilfe sein. Darum sollten wir die Aussage mit Vorsicht aufnehmen, Schüler erhielten im Sprachlabor vom Tonband sofort *Kenntnis* darüber, ob sie richtig oder falsch geantwortet hätten. Richtig ist hingegen, daß wir den Schüler mit der korrekten Antwort lediglich *bekannt machen*. Dies bedeutet nicht, daß er auch weiß, *warum* er eine Aufgabe richtig oder falsch gelöst hat.

3. *Man kann etwas falsch machen, obwohl man eigentlich weiß, wie es richtig gemacht werden müßte.* Diese Aussage legt uns nahe, weder Fehler noch richtige Antworten allzu ernst zu nehmen. Fehler können aus bloßer Nachlässigkeit gemacht werden. Selbst Muttersprachler versprechen sich gelegentlich, oder es unterlaufen ihnen Fehler, weil sie ganz einfach etwas vergessen haben. Die Kenntnis einer Regel in dem Sinne, sie formulieren zu können, garantiert noch keineswegs ihre richtige Anwendung. Auch nach der Eingewöhnung in sprachliche Gegebenheiten muß deshalb dafür gesorgt werden, daß der Prozeß der Sprachaufnahme durch intensives Üben ununterbrochen weitergeführt wird.

4. *Ob man sprachlich richtig oder falsch reagiert – ohne Erklärungen bringt man es nicht weit.* Wenn man eine Fremdsprache lernt, reicht dafür der mechanische Prozeß von Versuch und Irrtum nicht aus. Immer wieder werden gedankliche Vertiefung oder Intuition gefordert, und auch ein gewisser Grad an Allgemeinbildung muß vorausgesetzt werden. Denken Sie daran, wie hilfreich bei der Einführung in *Novish* die Kenntnis von Dingen war, die wachsen bzw. nicht wachsen können! Aus diesem Grund können Maschinen niemals Sprachen lernen – man kann sie lediglich so programmieren, daß sie den Anschein erwecken, als besäßen sie Sprachkenntnisse. Und aus dem gleichen Grund ist es töricht, Sprachschüler so zu behandeln, als wären sie Maschinen. Tut man es dennoch, dann besteht die Gefahr, daß sie sich tatsächlich wie Maschinen benehmen.

Die hier erörterten Prinzipien bilden den Hintergrund für die in den folgenden Kapiteln dargestellten Übungsformen, die jeder Leser im Unterricht mit seinen Schülern selbst erproben kann.

ANMERKUNGEN

[1] Mit der Einteilung in „kognitive" und „behavioristische" Verfahren soll auf den grundsätzlichen Unterschied im theoretischen Ansatz zweier lernpsychologischer Schulen verwiesen werden. Ein Behaviorist wie Skinner befaßt sich ausschließlich mit der Beschreibung und – wenn möglich – Messung des beobachtbaren Verhaltens seiner Untersuchungsobjekte, seien es Menschen oder Tiere. Kognitive Psychologen wie Piaget und Vygotsky hingegen versuchen, aus dem beobachtbaren Verhalten ihrer Untersuchungsobjekte Rückschlüsse auf des Wesen und die Entwicklung intellektueller „Substanz" sowie kognitiver Prozesse zu ziehen. Zur unterschiedlichen Einschätzung des Sprachlernprozesses vgl. B. F. Skinner: *Verbal Behavior*. New York: Appleton-Century-Crofts 1957. J. Piaget: *The Language and Thought of the Child*. New York: The New American Library (Meridian Books) 1955; deutsche Ausgabe: *Sprechen und Denken des Kindes*. Düsseldorf: Schwann 1972. L. S. Vygotsky: *Thought and Language*. Cambridge, Massachusetts: M.I.T. Press 1962; deutsche Ausgabe: *Denken und Sprechen*. Berlin: Akademie-Verlag 1964.

[2] Kriterien für die Erstellung einer linguistischen Progression werden kritisch erörtert von H. G. Widdowson: *The Teaching of Englich Through Science*. In: J. Dakin, B. Tiffen, H. G. Widdowson (Hrsg.): *Language in Education*. London: Oxford University Press 1968.

[3] Einige Hinweise für den Lehrer, wie er Schüler aktiv in das Unterrichtsgeschehen einbeziehen kann, finden sich in Kapitel 1 (vgl. S. 11 f.). Ausführlich wird dieses Verfahren *(teaching by involvement)* beschrieben von J. und F. Stoddart: *The Teaching of English to Immigrant Children*. London: University of London Press 1968.

[4] Die Kapitel 4 und 5 des in Anmerkung 2 angeführten Beitrags von Widdowson enthalten Vorschläge für einen kognitiv orientierten Lehrplan im Sekundarschulbereich für Schüler in Indien und Pakistan.

[5] Die Untersuchung wurde durchgeführt von D. Bradley; s. Kapitel 1, Anmerkung 2.

[6] Die detaillierte Beschreibung eines lernerorientierten Lehrplans gibt R. F. Mager: *On the Sequencing of Instructional Content*. In: *Psychological Reports* 1961, S. 405–412.

[7] Eine ins einzelne gehende Erörterung dieses Gedankens findet sich bei J. P. Thorne: *On Hearing Sentences*. In: J. Lyons, R. J. Wales (Hrsg.): *Psycholinguistics Papers*. Edinburgh: University Press 1966.

[8] Auf beide Begriffe wird in den *Psycholinguistics Papers* (vgl. Anmerkung 7) näher eingegangen.

[9] Eine sehr präzise Unterscheidung zwischen den Begriffen Äußerung *(utterance)* und Satz *(sentence)* trifft J. Lyons: *Introduction to Theoretical Linguistics*. Cambridge: University Press 1968.

[10] L. Wittgenstein: *Philosophical Investigations*. Oxford: Blackwell 1958.

3 Hörübungen

Hören und Hörverstehen

In Kapitel 2 ist bereits auf den Unterschied zwischen dem bloßen *Hören* einer Sprache, die wir nicht kennen, und dem *Hörverstehen* einer bekannten Fremdsprache hingewiesen worden. Das Hörverstehen umfaßt eine Hälfte des Kommunikationsprozesses. Es setzt beim Hörer die Bereitschaft und die Kompetenz voraus, verstehen zu wollen und zu können, was gesagt wird. Beim Unterricht auf behavioristischer Grundlage spielen Übungen zum Hörverstehen sowohl im Klassenraum als auch im Sprachlabor kaum eine Rolle. Das Hörverstehen wird hier lediglich bei den Übungsanweisungen aktiviert. Im übrigen benutzt der Sprachschüler seine Ohren allein zum bloßen Hören: er hört Antworthilfen, er hört richtige Antworten. Weder die Beispiele noch die Antworten braucht er inhaltlich zu verstehen. Und da es sich immer nur um mögliche Äußerungen, nicht um Aussagen in einer bestimmten Situation handelt, sind sie auch gar nicht dazu gedacht, spezifische Mitteilungen weiterzugeben. Dies soll natürlich nicht heißen, daß sie immer ohne jeglichen Mitteilungswert sind; nur: sie besitzen keinen Informationswert.

Im behavioristischen Kontext ist der Lehrer verständlicherweise sehr zurückhaltend hinsichtlich der Erziehung zum Hörverstehen. Bei der Vermittlung neuen Stoffs während einer Konversation, beim Erklären oder auch beim Erzählen müssen oft Strukturen und Vokabeln benutzt werden, die den Schülern noch nicht bekannt sind. Da bei diesem Vorgehen notwendigerweise vieles dem Zufall überlassen bleiben muß, steht es in absolutem Widerspruch zu einer vorgeplanten linguistischen Progression; die Schüler, so heißt es, könnten auf diese Weise zu schnell verwirrt werden. Deshalb sorgen die Behavioristen am liebsten dafür, daß die Schüler höchstens eine Struktur mehr hören, als sie bereits produzieren können. Das Erlernen einer Fremdsprache steht damit im Gegensatz zum Gebrauch der Muttersprache. In der Muttersprache hören und verstehen wir viele Wörter, Strukturen und stilistische Varianten, auch wenn wir sie selbst noch nie verwendet haben. Wenn wir sie oft genug hören und es dann notwendig werden sollte, sie zu benutzen, dann verwenden wir sie, ohne sie je bewußt gelernt zu haben. Diese Tatsache veranlaßt den Lehrer, der kognitiv orientiert ist, das Hörverstehen bei der Einführung und beim Üben einer Zweitsprache als ein legitimes Lehrverfahren einzusetzen.

Hörverstehen in der Einführungsphase

In der gleichen Anfängerklasse wie Jeeto (vgl. hierzu Kap. 2, S. 26 f.) saß auch ein neunjähriger italienischer Junge namens Joseph, der mit der Verlaufsform in der Gegenwart ebenfalls nicht fertig wurde. Eines Tages wurde er gefragt, wo Jeeto wäre, und anstelle seines üblichen *She is a swim* sagte er diesmal *She might have gone swimming*. Vielleicht hatte er diese Struktur im Fernsehen gehört oder von seiner Lehrerin übernommen, die sie in irgendeinem Zusammenhang einmal ohne bestimmte Absicht benutzt haben muß. Im Gegensatz zur Verlaufsform in der Gegenwart verwendete er diese Struktur ohne Üben und Wiederholen richtig und mühelos. Diese Geschichte zeigt, daß Wortschatz und Strukturen zuweilen auch unabhängig vom Lehrer und seinem Lehrplan ge-

lernt werden, indem der Schüler anderen, die sprechen, ganz einfach aufmerksam zuhört.
Wenn wir unseren Schülern Gelegenheit geben wollen, selbständig zu lernen, dann sollten wir ihnen im Sprachlabor, das sich dafür gut eignet, viele einfache und interessante Hörmaterialien darbieten. Das Prinzip, den Zugang zu einer Fremdsprache über Hörverstehen zu vermitteln, ist bereits in Lehrgängen verwirklicht worden, die heute als altväterlich gelten. Es gibt Schallplattenkurse, die in den ersten 50 bis 60 Lektionen vom Schüler nichts anderes verlangen, als sich Konversationen anzuhören, die er im Textbuch mitlesen kann. Das Verstehen wird dabei durch schriftliche Übersetzungen gewährleistet[1], und die Überprüfung erfolgt durch anekdotenhafte oder humorvolle Rückfragen. Die verlangte Schülerantwort besteht aus nichts anderem als einem vergnügten Lachen. Auf einem solchen Weg wird dem Schüler tatsächlich eine Lernchance „ohne Mühe"[2] geboten.

Hörverstehen als Übungsmittel

In der Einführungsphase trägt die Hörverstehensübung dazu bei, den Schüler mit der Sprache vertraut zu machen. In der Übungsphase dient sie durch Wiederholen als Erinnerungshilfe. Der Schüler kann die gleiche Geschichte oder Konversation so oft hören, wie er möchte. Dabei braucht die Wiederholung durchaus nicht im Zurückspielen des gleichen Materials zu bestehen. Es gibt z.B. Kurse, die den Lernstoff innerhalb einer Lektion mehrfach umwälzen; nach einem Ausgangsdialog folgen acht oder neun zusätzliche Konversationen, in denen die gleiche Sprache in unterschiedlichen Situationen verwendet wird.[3]
Wiederholungen innerhalb einer Geschichte können in zwei Formen auftreten. Märchen machen von der *zyklischen* Wiederholung Gebrauch.[4] Dabei werden die gleichen Ereignisse unter jeweils neuen Umständen und mit anderen Personen wiederholt. Lieder wie *Zehn kleine Negerlein* oder *The Twelve Days of Christmas* sind Beispiele für die *kumulative* Wiederholung. Hier werden die gleichen Aussagen unverändert wiederholt, jedesmal aber wird etwas Neues hinzugefügt. Beide Wiederholungstechniken kommen in den Textbeispielen dieses Kapitels vor.
Wiederholen erleichtert das Erinnern. Das Verstehen garantiert es nicht. Verfahren zur Entwicklung des Verstehens werden im Kapitel über die Analyse von Verständnisübungen erörtert. Aber selbst dann, wenn wir davon ausgehen, daß die in diesem Zusammenhang auftretenden Probleme gelöst werden können, bleiben viele Fragen über die Konstruktion und Progression von Hörmaterialien offen und unbeantwortet. Welches Sprachmaterial z.B. sollten die Schüler zu hören bekommen? Zunächst jedoch soll gezeigt werden, was die Schüler *nicht* hören sollten.

Übungen für Gedächtnisschwache

Es gab einmal einen Kurs, der für Fremdsprachenschüler im Primarschulbereich gedacht war. Der Autor hielt ihn für struktural, situativ, kontextuell und logisch. Am Anfang einer jeden Lektion wurde eine kurze Konversation zwischen zwei englischen Kindern wiedergegeben. Im ersten Dialog erkundigten sie sich, wie sie heißen, indem sie die direkte Frage stellten:
      What is your name?

In Lektion 2 treffen sie wieder aufeinander, kennen sich aber offensichtlich nicht mehr, denn sie inszenieren das Rumpelstilzchenspiel:

Is your name John?	*No, it isn't.*
Is your name Henry?	*No, it isn't.*
Is your name Sebastian?	*etc.*

Da sie durch Raten nicht ans Ziel gelangen, kehren sie schließlich zur direkten Frage von Lektion 1 zurück. Auch in Kapitel 3 leiden sie wieder an Gedächtnisschwund. Sie wiederholen das Ratespiel, bis ihnen schließlich die richtige Antwort dämmert und sie zufriedenstellend antworten: ,,Yes, it is." In den Lektionen 4 und 5 ändert sich der Inhalt. Jetzt bestehen die Dialogteile aus den folgenden Äußerungen:

Is that a bag?	*Yes, it is.*
Is it a book?	*No, it isn't.*
Is it a table?	*No, it isn't.*
What is it?	*It's a bag.*

In Lektion 6 stellt sich dann heraus, daß der Junge und das Mädchen Bruder und Schwester sind.

,,Struktursprache"

Die Kinder, von denen im vorangegangenen Abschnitt berichtet worden ist, sprechen nicht miteinander, sondern praktizieren *Struktursprache*. Mit diesem Begriff wird der Prozeß beschrieben, so zu sprechen, wie eine Strukturmusterübung angelegt ist. In der Struktursprache geht es nicht darum, Informationen zu übermitteln – höchstens solche, die man ohnehin schon kennt, z.B. wie man heißt oder wie man allgemein bekannte Dinge benennt. Dies mag der Grund dafür sein, warum Schüler nicht darauf zu achten scheinen, *was* gesagt wird. Die Konversationen sind nur deshalb so ausführlich wiedergegeben worden, um die Befürchtung zu untermauern, daß Schüler auch im Sprachlabor nicht zuhören, wenn wir ihnen Sprachmodelle dieser Art vorsetzen. Verbinden wir jedoch das Wort *Übung* mit den Begriffen *Hörverstehen* bzw. *Rede*, dann nimmt es jeweils eine völlig neue Bedeutung an. Das Sprechen, genauer: die Form der Struktursprache, kann man rein formal und ohne Beachtung des Inhalts üben; davon wird im nächsten Kapitel die Rede sein. Das Hörverstehen kann man auf diese Art nicht üben. Entweder hört der Schüler auf etwas, das er – zumindest teilweise – versteht, dem er Informationen entnehmen kann bzw. das ihm Freude bereitet, oder aber er hört unbekannte Laute an seinem Ohr vorüberrauschen, die ihm absolut nichts sagen.

Konversation und gesprochene Prosa

Die beiden Kinder des oben beschriebenen Kurses reden *gesprochene Prosa*. Zwar ist jede im voraus schriftlich fixierte Konversation ein Beispiel gesprochener Prosa; die zitierte Unterhaltung aber ist besonders unglaubwürdig. Sie kann nicht als *Konversation* bezeichnet werden.[5] Es liegen Welten – in phonetischer, phonologischer, grammatischer und stilistischer Hinsicht – zwischen einem festliegenden, geprobten Bühnendialog oder einem Tonbandkurs[6] und der gesprochenen Sprache, die wir in alltäglichen Situationen um uns herum hören. Sicherlich sollen wir unsere Schüler auch dazu erziehen,

40

den Wert eines dramatischen Dialogs zu erkennen und anzuerkennen; wir dürfen aber ebenfalls nicht versäumen, sie sprachlich so auszurüsten, daß sie sich an einer echten Konversation beteiligen können. Sie können uns im Klassenraum zuhören, vor allem aber bietet ihnen das Sprachlabor die einzige Möglichkeit, sich in Ruhe anzuhören, wie Muttersprachler wirklich sprechen. Gesprochene Prosa mag dazu als Vorbereitung dienen. Einen gleichwertigen Ersatz stellt sie nicht dar.

Das Sprachlabor als Mittel der Hörschulung

In der Vergangenheit ist das Sprachlabor hauptsächlich dazu benutzt worden, Schüler zum Sprechen zu bringen. Als ein Mittel der Hörschulung ist es ziemlich vernachlässigt worden. Gerade in diesem Bereich aber – vielleicht sogar nur in diesem Bereich – ist es dem Klassenraum fraglos überlegen. Im Sprachlabor hört der Schüler nicht nur seinen Lehrer sprechen, sondern es wird ihm eine Vielzahl von Stimmen und Akzenten dargeboten. Er kann wirklichkeitsnahe Äußerungen in Situationen hören, die im Klassenraum nur simuliert werden können. Er kann sich eine Konversation so oft anhören, wie er möchte. Und wenn eine genügend große Auswahl an Materialien zur Verfügung steht, dann kann er sich diejenigen heraussuchen, die seinen Interessen und seinem Kenntnisstand entsprechen.

Es steht hier nicht zur Diskussion, *ob* man das Sprachlabor zur Schulung des Hörverstehens einsetzen soll, sondern *wie* dies am besten geschieht. Es ist unser Ziel, Schüler in die Lage zu versetzen, echte Konversation zu verstehen und sich an ihr zu beteiligen. Damit dieses Ziel erreicht werden kann, ist es sicherlich ratsam, mit gesprochener Prosa zu beginnen. Wenn wir z.B. unsere eigenen Hörmaterialien entwerfen und aufnehmen, dann können wir sowohl den Inhalt als auch die Strukturverwendung selbst bestimmen. Wir können darauf achten, daß die Sprache für eine bestimmte Lerngruppe nicht zu schwierig ist, daß sie in Stil, Wortschatz und Grammatik keine unnötigen Probleme aufwirft. Die Strukturierung des Hörmaterials kann so erfolgen, daß sich Neues aus dem Kontext erschließen läßt. Ferner kann man durch den planvollen Einsatz der Wiederholung erreichen, daß die Schüler sich an das neue Sprachmaterial leichter erinnern. Reime und Kindergeschichten sind oft so angelegt, daß Wiederholungen vorgenommen werden, ohne die Aufmerksamkeit des Zuhörers abzulenken. Gleichzeitig erinnern sie daran, wie wichtig es ist, Hörmaterialien interessant zu gestalten – man sollte gern und gespannt nach ihnen greifen. Das Problem liegt darin, den Schüler zum aktiven, verstehenden Hören zu bringen. Er wird nichts lernen, wenn er sich langweilt, seien die Hörmaterialien auch noch so sorgfältig angelegt.

Die drei folgenden Geschichten stellen Versuche dar, das Hörverstehen auf eine Art und Weise zu schulen, die den Schülern zusagt. Die Geschichten sind ursprünglich für Kinder geschrieben worden, können aber auch Erwachsenen dargeboten werden. Man kann sie den Sprachschülern zuerst im Klassenraum vortragen und dabei visuelle Hilfen wie z.B. die Flanelltafel heranziehen. Wenn einem Schüler eine Geschichte gefällt, dann kann er sie sich im Sprachlabor noch einmal anhören. Zu einem späteren Zeitpunkt können die Geschichten ein drittes Mal – und zwar in schriftlicher Form – als Leseübung dargeboten werden.

Die Geschichten sind einer Serie von über 100 Texten entnommen, von denen sich einige bereits im ersten Englischjahr verwenden lassen. Das erste Beispiel gehört zu den frühen Texten der Serie. Die Geschichte ist einfach und macht häufig von der zyklischen Wiederholung Gebrauch. Dies erleichtert dem Schüler das Verstehen und hilft ihm gleichzeitig, sich mit dem verwendeten Wortschatz und den Strukturen vertraut zu machen. Wenn hinter der Geschichte überhaupt eine bestimmte Lehrabsicht steht, dann sind es der Gebrauch von Handlungsverben wie *run, walk, dance, sing* usw. und die Formen der Gegenwartstempora. Aber die Schüler können der Geschichte auch sprachliche Erscheinungen entnehmen, die überhaupt nicht zu den unmittelbaren Lehrabsichten zu gehören brauchen. Eine Klasse war beispielsweise besonders von der in der Verneinung stehenden Befehlsform *Please don't eat me!* beeindruckt, und diese Form tauchte dann auch bald, nachdem die Geschichte vorgetragen worden war, in den Gesprächen der Schüler auf.

„Mr. Tiger is sleeping" – ein Hörverstehenstext

„Grrrr!"
Who is this? Yes, it's a tiger. It is a big, orange and black tiger. He is sleepy. He is very sleepy. So he shuts one eye slowly. Then he shuts both eyes slowly. Now he is sleeping. He is sleeping under a tree. He is sleeping under a big, green banana tree.
„Caw. Caw."
Who is this? Yes, it's a crow. It's an old crow. It's an old black crow. He can see the tiger. He can see the tiger sleeping under the big, green banana tree. The crow begins to laugh. Then he begins to sing. He sings a little song:

> „One, two, three,
> What can I see?
> a big, fat tiger
> Sleeping under a tree."

The crow sings a little song. Then he begins to dance.

> „I'm walking, I'm walking, I'm walking.
> I'm skipping, I'm skipping, I'm skipping.
> I'm jumping, I'm jumping, I'm jumping.
> Mr. Tiger is sleeping.
> He can't catch me."

And the crow begins to walk and skip and jump.
„Eee, Eee."
Who is this? Yes, it's a rat. It is a fat, black rat. The rat says:
„What are you doing, Mr. Crow?"
The crow says:
„Look. The tiger is sleeping under the green banana tree. So I'm singing and I'm dancing."
„Oh," says the rat. „Oh. Then I will sing and dance too." And the rat begins to laugh. The rat and the crow both begin to laugh. Then the rat and the crow both begin to sing. They both begin to sing a little song:

> „One, two, three,
> What can we see?
> A big, fat tiger
> Sleeping under a tree."

The rat and the crow both sing the song. Then they both begin to dance.

„We're walking, we're walking, we're walking.
We're skipping, we're skipping, we're skipping.
We're jumping, we're jumping, we're jumping.
Mr. Tiger is sleeping.
He can't catch me."

And the rat and the crow both begin to walk and skip and jump and dance under the green banana tree.
„Cluck, Cluck, Cluck."
Who is this? Yes, it's a hen. It is a little red hen. The hen says:
„What are you doing, Mr. Rat and Mr. Crow?"
The rat and the crow both say:
„Look. The tiger is sleeping under the green banana tree. So we are singing and dancing."
„Oh," says the hen. „Oh. Then I will sing and dance too."
And the hen and the rat and the crow begin to laugh. They all begin to laugh. Then the hen and the rat and the crow begin to laugh. They all begin to laugh. Then the hen and the rat and the crow begin to sing. They all begin to sing a little song:

„One, two, three,
What can we see?
A big, fat tiger
Sleeping under a tree."

The hen and the rat and the crow sing the song. Then they all begin to dance:

„We're walking, we're walking, we're walking.
We're skipping, we're skipping, we're skipping.
We're jumping, we're jumping, we're jumping.
Mr. Tiger is sleeping.
He can't catch me."

And the hen and the rat and the crow begin to walk and skip and jump and dance under the green banana tree. The tiger opens one eye. The tiger opens both eyes. He has got big, yellow eyes and a very big, red mouth. He opens his mouth. He has got very big, white teeth.
„Quick, quick," says Mr. Crow. „Jump into the tree."
„Quick, quick," says Mr. Rat. „Jump into the tree."
„Quick, quick," says Mrs. Hen. „Jump into the tree."
And they all jump into the tree very quickly. The tiger stands up. He stands up slowly. And he laughs. He looks at the crow and the rat and the hen, and he begins to laugh. Then the tiger begins to sing. He sings a little song:

„One, two, three
What can I see?
A crow, a rat and a hen
Sitting in a tree."

The crow says: „Good morning, Mr. Tiger. Please don't eat me."
The rat says: „Good morning, Mr. Tiger. Please don't eat me."

The hen says: „Good morning, Mr. Tiger. Please don't eat me."
The tiger begins to laugh. Then he says:
„Mmmmmmmm I will eat you. I am hungry. I am very hungry. I will eat you. I will eat you all for breakfast."
And, very quickly the tiger jumps into the tree. But the tiger does not catch the crow. The crow can fly. The crow quickly flies up into the sky. And the tiger does not catch the hen. The hen can fly too. The hen quickly flies up into the sky. And the tiger doesn't catch the rat. The rat can't fly. But he is very small. And he jumps into a hole. He jumps into a very small hole in the green banana tree.
So the tiger doesn't eat the crow or the hen or the rat for breakfast. He doesn't eat any breakfast that day. So he shuts one eye slowly. Then he shuts both eyes slowly. And he goes to sleep again under the green banana tree.
Then the crow and the rat and the hen begin to sing again. They all begin to sing:
> „One, two, three,
> What can we see?
> A big, fat tiger
> Sleeping under a tree.
> Silly old tiger,
> You can't catch me."

„Shila and the Witch" – ein Hörverstehenstext

Shila's father has three goats and one little white sheep.
One day Shila's father said to Shila:
„Shila, I want you to look after the little white sheep today. Find some green grass for him to eat. And mind you don't lose him."
So Shila took the little white sheep and she began to look for some green grass. At last she found some long, green grass, and the little white sheep began to eat.
„Baa, baa," he said.
It was a very hot day. The sun was shining high in the sky. It was so hot that Shila began to feel sleepy. She sat down under a green banana tree.
„Oh dear," she said. „It is so hot, and I am so sleepy. I must shut my eyes just for one minute. Just for one minute. Now, mind you don't run away, little white sheep!"
And Shila shut her eyes and fell fast asleep.
But she did not sleep for just one minute. She slept for one, two, three, four hours. When she woke up and opened her eyes, the sun was low in the sky. It was getting cold and dark.
„Oh dear," said Shila, „I slept for a long time. Now I must go home with the little white sheep."
And she began to look for the little white sheep. But she could not see him anywhere.
„Little white sheep, little white sheep, where are you?" she called.
„Come back, oh please come back, or my father will be very angry."
She looked here; she looked there; she looked everywhere, but she couldn't see the little white sheep. She listened here; she listened there; she listened everywhere, but she couldn't hear the white sheep.
„Oh dear," she said, „I must find him. I can't go home until I find him or my father will be very angry."

So she walked and she looked and she listened and she sang a little song:

„A,B,C,D,E,F,G,
My sheep is hiding far from me.
Looking here, looking there
I can't see him anywhere."

And she stopped to call:
„Little white sheep, little white sheep, where are you? Come back, oh please come back, or my father will be very angry."
But the little white sheep did not come back. And she couldn't see him anywhere.
So she walked and she looked and she listened and she sang another little song about another little girl who had lost some sheep:

„Little Bo-peep has lost her sheep
And doesn't know where to find them.
Leave them alone, and they will come home
Bringing their tails behind them."

And she stopped to call:
„Little white sheep, little white sheep, where are you? Come home, oh please come home, or my father will be very angry."
But the little white sheep did not come back. And she couldn't see him anywhere.
So Shila walked and she looked and she listened until at last she came to a little house made of sticks. Sitting outside the house was a big fat orange cat.
„Pussy, oh Pussy," said Shila, „can you help me? I went to sleep and lost my sheep, and I don't know where to find him. Have you seen my little white sheep anywhere?"
„Miaow," said the orange cat. „Go away, little girl. Go away quickly. This is the house of a wicked witch. If she finds you here, she will turn you into a green frog."
„But I can't go home," said Shila, „until I find my little white sheep or my father will be very angry."
And just then she heard the little sheep say „Baa!" The little sheep was inside the house of the wicked witch!
Shila was very frightened but she knocked at the door: rat a tat tat.
From inside the house came a voice, a very horrible voice:
„Who is that?"
„It is only a little girl. I went to sleep and lost my sheep and I don't know where to find him. Have you seen my little white sheep?"
The door of the little house opened and out came a wicked witch.
She had a horrible, green face, and horrible, green hands, and horrible, yellow eyes, and horrible, long, yellow teeth. On her head was a very long, blue hat.
She gave Shila a horrible smile.
„So you have lost your sheep, have you, little girl? You went to sleep and lost your sheep."
And the witch laughed a horrible laugh.
„Well, I have found your little white sheep. And I am going to eat him. I am going to eat him for my dinner."
„Oh no," said Shila, „please don't eat my little white sheep or my father will be very angry with me."

„Yes," said the witch, „I will eat your sheep and I will turn you into a green frog."
„Oh no," said Shila. „Please don't do that. Please don't turn me into a green frog. I will be a very good girl and do anything you say."
„Well, well, well," said the witch. „Well, perhaps I won't turn you into a green frog ....just yet. But you must clean the house for me tomorrow. Now come inside and go to sleep."
And the witch pulled Shila inside the house and shut the door.
Shila had to sleep on the floor. She did not sleep very well. She was very frightened.
The next morning, the witch woke her up.
„Get up, get up. Get out of bed, you sleepy head. It is time to clean the house. I am going away all day. Mind the house is clean when I come back, or I will turn you into a green frog."
Then the witch picked up her magic broomstick. She pointed her fingers at the broom, and she said:

> „Abracadabra wizzy woo,
> I can fly and so can you!"

Then she sat on the broomstick and
WHOOSH!
she flew up high into the sky and over the trees.
When the witch had gone, Shila began to cry.
„Oh dear, what shall I do? I don't want to be a green frog."
„Miaow," said the orange cat. „Don't cry, little girl. If you clean the house, the witch won't turn you into a green frog."
„But how shall I clean the house?" said Shila.
„That's easy," said Pussy.
„Wash the windows.
Polish the door.
Clean the table
And sweep the floor."
„But how can I sweep the floor?" said Shila. „The witch has taken away the broomstick."
„That's easy," said Pussy. „I will sweep the floor with my long, bushy tail. You wash the windows, clean the table and polish the door."
So the cat began to sweep the floor with his long bushy tail.
Shila began to wash the windows.
Then she began to polish the door.
Then she began to clean the table.
At last everything was clean. And just then
WHOOSH!
the witch was back, flying on her magic broomstick.
„Is the house clean?" she said.
„Yes," said Shila, „everything is clean.
> I have washed the windows.
> I have polished the door.
> I have cleaned the table
> And swept the floor."

„Yes, yes," said the witch. „I can see that. But have you cooked the dinner?"
„No," said Shila. „I haven't cooked the dinner. There isn't anything to eat."
„Yes, there is," said the witch. „There is your little white sheep.

Put some water in a pot.
Make it nice and hot.
Then pop the sheep into the pot
And I will eat the lot.

So you put some water in a pot quickly or I will turn you into a green frog."
„Oh Pussy," said Shila, „what shall I do? The witch wants to eat my little white sheep. If I don't put the sheep into the pot, she will turn me into a green frog. And I don't want to be a green frog."
„Miaow," said the orange cat. „Why don't you turn *her* into a green frog?"
„But how can I turn her into a green frog?" said Shila.
„That's easy," said Pussy. „You point your fingers at the witch and you say:

„Abracadabra wizzy wog
I will turn you into a frog!"

„Thank you, Pussy," said Shila.
„What are you two talking about?" said the witch. „Have you made the water hot? Have you put the sheep in the pot?"
„No," said Shila. „And I am not going to."
„What?" said the witch. „Do you want me to turn you into a green frog?"
„No," said Shila. „And you are not going to. I am going to turn you into a green frog!"
And quickly Shila pointed her fingers at the witch and said:

„Abracadabra wizzy wog
I will turn you into a frog!"

And
WHISH! the witch turned into a green frog.
„Brek a kek kek koax koax," she said.
„Thank you again, Pussy," said Shila. „Now I can go home with my little white sheep. Would you like to come to my home with me?"
„Miaow," said Pussy. „Will you give me milk to drink and fish to eat every day?"
„Yes, Pussy," said Shila. „You shall have milk for breakfast and fish for lunch and meat for dinner."
„Well," said Pussy, „let's go to your house quickly because it is time for dinner and I would like some meat to eat. Let's take the witch's magic broomstick."
So Shila pointed her fingers at the magic broomstick and said:

„Abracadabra wizzy woo
I can fly and so can you!"

Then she picked up the little white sheep and sat on the broomstick. Pussy sat down behind her.
And
WHOOSH! they flew up high into the sky.
„Goodbye, wicked witch," said Shila.
„Brek a kek kek koax koax," said the frog.

„The Star Lady" – ein Hörverstehenstext

Shila was singing a song:

> „Ride a cockhorse to Banbury Cross.
> See a fine lady upon a white horse.
> Rings on her fingers and bells on her toes,
> She shall have music wherever she goes."

„Mr. Crow," asked Neal, „who was the lady upon the white horse?"
„Ah," said Mr. Crow, „that means a story. Are you sure you don't want to read your books, or to draw a picture?"
„No," said Shila and Neal. „We want the story."
„Well," said Mr. Crow, „once upon a time there was a boy."
„What was his name?" asked Neal.
„His name was Thomas," said Mr. Crow. „And he didn't believe in fairies. Do you believe in fairies?"
„No," said Neal.
„Sometimes," said Shila.
„Well," said Mr. Crow, „Thomas said he didn't believe in them at all. He lived with his aunt and she had told him there weren't any fairies. But Thomas still liked fairy stories and he used to tell stories himself about what he did. He had a cockhorse. Do you know what a cockhorse is?"
„No," said Neal.
„I think I do," said Shila.
„It's a wooden stick," said Mr. Crow, „with a horse's head. You can ride it." Thomas said his cockhorse was a real horse. He said it could talk and it could run by itself. His aunt didn't believe him.
One day, Thomas said to his cockhorse: „Let's go for a ride."
„It's too late for a ride," said the cockhorse. „You should be going to bed."
„I don't want to go to bed," said Thomas. „I want to go for a ride. Just a short one."
But it was not a short ride.
They went on and on until they came to Banbury Cross. Now in those days – and this was long ago – Banbury Cross was a big, grey stone cross standing all alone in a wood. It had strange pictures on it. There were pictures of the stars and of the moon. And there was a picture of people riding in and out of a round hill.
When Thomas and the cockhorse got to the cross, the sun was setting. Long shadows were growing under the trees and a red moon had just come up.
„We should be at home," said the cockhorse, „it's getting dark."
„I'm not afraid of the dark," said Thomas.
„But it's midsummer night," said the cockhorse.
„What's midsummer night?" asked Thomas.
„It's the night of the 24th of June, the longest day in the year. It's the night when the fairies come out."
„There aren't any fairies," said Thomas.
Just then they heard someone singing. It was a strange song and Thomas didn't understand it. Perhaps the cockhorse did, because he said:
„Let's go now, before it is too late."

48

But it was too late already. Something white was coming up the path. They could not go back. There was a strange sound:

> Clip jingle tingle clop,
> Clippety tinklety clop.

„Do you think it is a ghost?" asked Thomas.
The white thing got bigger and the strange sound got louder until .....
„It's a great white horse," said Thomas.
„And there's somebody on it," said the cockhorse.
„Yes," said Mr. Crow. It was a fine lady. She really did have rings on her fingers and bells on her toes. The bells were making the strange sound when the horse walked. She also had a harp in her hand. She was playing it softly while she was singing to herself. She looked very fine to Thomas for her dress was made of silver and there was starlight in her hair. When she was near, she stopped singing. She looked at Thomas for a long time, and then she smiled.
„You have ridden far to see me," she said.
„Yes," said Thomas. „I mean no. I mean I have come a long way from my home, but I didn't know I would see you. Is this your house?"
The lady smiled again. „My house is near here," she said. „Would you like to see it?"
Thomas did not know what to say.
„It has a ceiling of stars," the lady said, „and they will sing you to sleep."
„I don't want to sleep, thank you," said Thomas. „But are there any cakes and are there any toys?"
„I don't know what toys are," said the lady.
„My horse is a toy," said Thomas.
„No, I'm not," said the cockhorse.
„But I have some cakes," said the lady. „They are spiced with the finest spells. You can eat them all night and never get sick."
„I'm very hungry," said Thomas. „I would like to eat one of your cakes."
„Come to my house, then," said the lady.
„Don't go," said the cockhorse, „and don't eat anything."
„Your own horse is tired," said the lady. „Come up and ride with me on mine."

Thomas jumped up on the great white horse. The little cockhorse jumped up too. The lady had not asked him, but he was not going to be left behind.
How high it was from the ground! Thomas looked down again. It was too high. The ground was far below.
„We are flying!" he said.
„No," said the lady. „We are standing quite still."
Thomas looked down again. It was true. The great white horse was still but the ground was moving slowly beneath them. A round green hill was coming nearer. There was a great black hole in the side of the hill like the mouth of a cave.
„There are stars inside that hill," sad Thomas.
„There are stars inside every hill if you know how to see them," said the lady. „That hill is my home."
The mouth of the hill grew bigger and blacker and the stars inside shone brighter. There was a sound of strange singing and suddenly they were inside. Thomas could not see out-

side any more. The sky was all black and full of stars. The stars were big and clean and flickering strangely.

„The stars are singing!" said Thomas.

„Yes," said the lady. „Every star sings if you know how to listen. Did you not hear me singing just now?"

„You have got a moon in here too," said Thomas. „But it's the wrong colour. It's blue and white and it's too big."

„Our moon has clouds and water on it," said the lady. „Those are the colours that you can see."

„And there's something brown, too,", said Thomas.

„That's the land where the people live," said the lady.

„Oh," said Thomas. „I would like to go to that moon. What are the moon people like?"

„Just like you," said the lady.

„Can I have a cake now?" asked Thomas.

The cakes were shaped like stars. They were thin and shiny but they were good to eat. Thomas ate one slowly. The he ate another one quickly. Then he ate two more when the lady was not looking. Soon the plate was finished.

„I think I shall go home now," said Thomas.

„I will sing to you," said the lady.

She picked up her harp and began to sing softly. Thomas began to feel sleepy.

„Don't you do anything else except sing?" he asked.

„Oh, yes," said the lady. „I look at the moon and I listen to the stars."

„I think it is nicer to play with toys," said Thomas.

„You can play with your horse," said the lady.

Thomas went over to the cockhorse, who was sitting a little way away. The cockhorse was looking at the moon and thinking.

„Well," asked the cockhorse, „how do you like being a toy?"

„I'm not a toy," said Thomas.

„You are one here," said the cockhorse. „Something to talk to, something to sing to, and something to forget when you have got other things to think about."

„I want to go home," said Thomas.

„Well," said the cockhorse, „if you have quite finished the cakes, it's time to go. It's midsummer night again."

„You mean it's midsummer night still," said Thomas.

„No, I don't," said the cockhorse. „Come on, jump on to my back before the lady sees us."

Thomas got on to the cockhorse's back. The cockhorse flicked his tail and jumped straight into the air.

„You are flying," said Thomas.

„I'm not," said the cockhorse. „I'm just thinking."

„And you're not going home. You're going to the moon!"

„Don't you want to go to the moon?" asked the cockhorse.

„Well, perhaps," said Thomas.

The moon got bigger and bluer in the sky. At last it got so big that Thomas was afraid and shut his eyes.

Suddenly the sound of the singing stars stopped. Thomas opened one eye. The stars were still there, but they were colder and smaller. There was a sudden bump. „Here we are," said the cockhorse.
Beside them was something tall and quiet like a grey tree.
„This isn't the moon," said Thomas. „This is Banbury Cross."
The cockhorse said nothing. He began to trot. Soon Thomas could see a light a long way away.
„That's my home," he said. „And there is my aunt in the window. She is waiting for me."
Thomas jumped off the cockhorse and ran to the door.
„Hello, Aunt," he said. „I'm sorry I'm late, but I was having such a nice time."
„Who is it?" said his aunt. „Who are you?"
„It's me," said Thomas. „It's Thomas."
„Thomas?" said his aunt. „Thomas! I thought you were lost or dead. You ran away a year ago and never came back. Oh, what a bad boy you are! To come home after a year as if you had just been out in the woods to play!"
„But," said Thomas, „but .... I am only a little late. And I was with a lady."
„Only a little late? A lady?" said his aunt.
„Yes, a fine lady. She had rings on her fingers and bells on her toes and a harp in her hands. She had a great, white horse that could fly through the air and she took me to her house inside a hill to hear the stars singing. She gave me cakes to eat that never make you sick."
„Now don't tell fairy stories," said his aunt.
„I'm not," said Thomas. „I mean I am. I think she was a fairy but I didn't understand everything. But it's true. You ask my cockhorse. He was there too."
The aunt looked at Thomas. Then she looked at the cockhorse lying on the floor. The cockhorse was not looking at her. He was not looking at Thomas. His two glass eyes were pointed straight at the ceiling. His wooden mouth was open. But a cockhorse's mouth is always open.
„Ask your cockhorse?" said his aunt.
„Yes," said Thomas.
The cockhorse said nothing at all.

Das Hörarchiv

Die zweite Geschichte („Shila and the Witch") ist inhaltlich sowie im Wortschatz- und Strukturengebrauch schwieriger als die erste. Man kann sie darum erst zu einem späteren Zeitpunkt einsetzen, wenn die Schüler bereits gelernt haben, einer längeren, zusammenhängenden Rede mühelos zu folgen. Bei den Elementen, die in dieser Geschichte wiederholt werden, handelt es sich nicht in erster Linie um einzelne Wörter oder Strukturen, sondern um Textteile, die der Schüler am Ende der Geschichte selbständig reproduzieren kann, ohne sie weiter üben zu müssen. Diese Abfolgen enthalten drei Zeitformen (Futur, Imperfekt, Perfekt), die in natürlicher Sprachumgebung verwendet werden. Auch hier sei jedoch wieder darauf hingewiesen, daß wir durchaus nicht immer voraussagen können, was den Schülern behaltenswert erscheint. Sämtliche Schüler einer bestimmten Klasse waren bei dieser Geschichte z.B. von dem Wort any-

where so beeindruckt, daß sie es danach beim freien Sprechen selbständig benutzten. Auch die dritte Geschichte („The Star Lady") enthält in den Bereichen Wortschatz und Strukturen viele Wiederholungen und Kontraste, die jedoch nicht sofort ins Auge fallen. Ein konkretes sprachliches Einzelziel wird nicht verfolgt, obwohl die Schüler auch bei diesem Text in dieser Hinsicht einiges lernen können. Die Geschichte wurde in der bereits erwähnten Klasse am Ende des 1. Lernjahres präsentiert, d.h. zu einem Zeitpunkt, da die Sprachaufnahme über das Hörverstehen keine besonderen Schwierigkeiten mehr bereitet und der Geschichtenerzähler sich mehr auf die inhaltlichen Aussagen konzentrieren kann als auf die Syntax und das Vokabular.

Die drei Geschichten sollten beispielhaft verdeutlichen, welche Art von Hörmaterialien der Lehrer seinen Schülern darbieten kann. Im Laufe der Zeit kann sich jeder sein eigenes Hörarchiv aufbauen, in dem die verschiedenartigsten Materialien angesammelt sein können. Für Anfänger brauchen wir einfache Reime, Geschichten, Anekdoten und Gespräche. Je fortgeschrittener die Sprachschüler sind, desto differenzierter sollte das Angebot an Hörmaterialien sein: Aufzeichnungen von Gedichten, Prosa und Dramen für literarisch Interessierte; Tonbänder mit Gesprächen, Vorträgen und Diskussionen für Schüler, die sich mit verschiedenen Sachgebieten beschäftigen wollen; und schließlich die Wiedergabe von Dialogen in alltäglichen Situationen für diejenigen, die nichts anderes lernen wollen als das, was andere ihnen sagen, zu verstehen und darauf antworten zu können. Ein derartiges Hörarchiv kann man nicht von einem Tag zum anderen aufbauen. Aber jeder Lehrer, dem ein Tonbandgerät zur Verfügung steht, kann jederzeit damit beginnen, geeignete Materialien vom Radio oder von Schallplatten zu überspielen.[7] Bei besonderem Engagement kann man die Tonsammlung auch durch eigene Aufnahmen und Schülerproduktionen erweitern. Wenn wir die Schüler dazu bringen können, interessante Hörmaterialien selbständig zu entwerfen, dann ist es uns gelungen, das Sprachlabor von einem Hörzentrum in eine Werkstatt zur Sprachproduktion umzuwandeln.

Ein Archiv mit Tonbändern, die im Sprachlabor als Hörübungen verwendet werden können, dient demnach vier Zwecken:

1. Es weckt und erhält im Schüler das Interesse an der Sprache.
2. Es entwickelt seine Verstehensfertigkeit und gibt ihm unabhängig von seiner Sprechfertigkeit das Gefühl, sprachlich etwas erreicht zu haben.
3. Es bietet dem Schüler die Möglichkeit, selbständig, gern und relativ mühelos zu lernen; im übrigen dürfen wir davon ausgehen, daß einiges von dem, was er hört, gelegentlich auch in seinen Sprechleistungen auftaucht.
4. Das Tonarchiv gibt ihm ein Motiv und stellt zugleich die Mittel und Möglichkeiten bereit, seine Fähigkeit zu sprachlicher Kreativität zu entwickeln und den jeweils erreichten Leistungsstand zu überprüfen.

Natürlich können wir nicht erwarten, daß jeder einzelne Sprachschüler ohne weiteres Üben in die Lage versetzt werden kann, all das zu verstehen und produktiv anzuwenden, was er mittels der Materialien eines Tonarchivs gehört hat. Deutlich werden sollte, wieviel man allein mit Hörmaterialien schon erreichen kann. Wenden wir uns nunmehr den Drills und Übungen zu, die speziell dazu gedacht sind, die Fertigkeiten des Sprechens und des Hörverstehens systematisch zu entwickeln.

ANMERKUNGEN

[1] Die Gespräche sind allerdings so angelegt, daß sie organisch auf dem vorangehenden Lernstoff aufbauen und darum nur selten die Notwendigkeit besteht, auf die Übersetzungen zurückzugreifen.

[2] Untertitel der Kurse von Assimil (*without toil*).

[3] Ein solcher Aufbau des Lernstoffs innerhalb einer Lektion findet sich u.a. bei dem in Kapitel 1, Anmerkung 5, erwähnten Kurs von Harcourt, Brace & World; im gleichen Verlag sind auch Französisch- und Deutschkurse mit methodisch ähnlicher Struktur erschienen.

[4] Vgl. hierzu M. Schwertschlager: *Komplex-Verstehen im Anfangsunterricht Englisch*. In: *Praxis des neusprachlichen Unterrichts*, 3/1975, S. 315ff. Hier werden die Geschichten *Goldilocks and the Three Bears* und *The Three Little Pigs* wiedergegeben.

[5] Auf den Unterschied zwischen Konversation und gesprochener Prosa ist zuerst von D. Abercrombie hingewiesen worden. Vgl. *Conversation and Spoken Prose*. In: *English Language Teaching*, 1/1963, S. 10ff. Nachdruck in deutscher Übersetzung in R. Freudenstein, H. Gutschow (Hrsg.): *Fremdsprachen — Lehren und Erlernen*. München: Piper [2]1974, S. 197ff.

[6] Es gibt jedoch bereits einige Tonbandkurse, deren Hörmaterialien auf nicht vorgeplanten Konversationen basieren, z. B. A. Howatt, J. Webb, M. Knight: *A Modern Course in Business English*. Berlin: Cornelsen 1968; L. Dickinson, R. Mackin: *Varieties of Spoken English*. London: Oxford University Press 1969 (Vertrieb in der Bundesrepublik durch Cornelsen & Oxford University Press).

[7] Beim Überspielen von Tonmaterialien sind die jeweils geltenden Mitschnittbestimmungen zu beachten.

4 Formale Drillübungen

Die Funktion des Drills

Drillübungen sollen den Sprachschüler zum Sprechen befähigen, indem sie ihm helfen, sich die grundlegenden Strukturen einer Fremdsprache anzueignen. In diesem und im folgenden Kapitel wollen wir der Frage nachgehen, wie erfolgreich man mit Drills dieses Ziel erreichen kann. Dabei wird zwischen formalen und inhaltsbezogenen Drillübungen unterschieden. Beide Arten können sowohl bei Struktur- als auch bei Ausspracheübungen Verwendung finden. Inhaltsbezogene (*meaningful*) Drills sind weithin noch unbekannt; darum wird ihnen ein besonderes Kapitel gewidmet. Inhaltsleere, formale (*meaningless*) Drills hingegen sind in Klassenraum und Sprachlabor weit verbreitet. Sie werden gewöhnlich als Strukturmusterübungen oder als *pattern practice* bezeichnet. In diesem Kapitel soll gezeigt werden, daß sie mindestens in zweierlei Hinsicht „inhaltsleer" sind. Gleichzeitig soll jedoch auch ihr Wert als Übungsform eingeschätzt werden.

Formale Drillübungen sind in jüngster Zeit in zunehmendem Maße in Mißkredit geraten. Wenn sie nicht zu den erwarteten Erfolgen geführt haben, dann kann das aus folgenden Gründen geschehen sein:

1. Entweder sind Drills dieser Art schlecht konstruiert worden, oder sie sind in irgendeiner anderen Hinsicht ungeeignet für die Lerngruppe gewesen, die mit ihnen gearbeitet hat.
2. Drills sind generell eine unwirksame, zumindest aber in ihrer Wirkung stark begrenzte Übungsform, seien sie auch noch so gut angelegt.

Trifft die erste Vermutung zu, dann müssen wir uns mit den Prinzipien der Übungsgestaltung beschäftigen. Im zweiten Fall gilt es, die Grenzen einer Drillübung abzustecken und zu versuchen, zusätzliche oder alternative Übungsformen zu finden, die möglicherweise zu besseren Ergebnissen führen. In diesem Kapitel stehen zunächst die Möglichkeiten und Grenzen traditioneller Drillübungen zur Diskussion.

Übungstypen

Es gibt verschiedene Möglichkeiten, Drillübungen zu klassifizieren. Die einfachste Art besteht darin, die Einteilung nach der Aufgabenstellung vorzunehmen und zu unterscheiden zwischen: 1. Austauschübungen (*substitution* oder *replacement drills*); 2. Veränderungsübungen (*mutation drills*)[1]; 3. Transformationsübungen. In diesen Begriffen kommt zum Ausdruck, welche sprachlichen Manipulationen ein Schüler bei der Erarbeitung eines Drills vorzunehmen hat. Jede Drillübung beginnt mit einem einfachen Satz, der eine bestimmte Struktur beispielhaft verdeutlicht. Die Aufgabe des Schülers besteht darin, diese Struktur näher kennenzulernen, indem er den Originalsatz auf eine vorherbestimmte Art und Weise verändert. Dies soll am Beispiel der einzelnen Übungstypen verdeutlicht werden.

Austauschübungen

Nehmen wir an, Lehrgegenstand sei das Perfekt im Englischen in Verbindung mit dem Gebrauch von Zeitadverbien. Der Schüler soll in die Lage versetzt werden, Äußerungen zu formulieren wie *I've already read it; I've already heard it; I've already seen it* usw. Die einfachste Art, ihn zur Produktion solcher Äußerungen zu veranlassen, ist das Nachsprechen. Wenn er den ersten Satz als Modell nachgesprochen hat, dann besteht jedoch keine Notwendigkeit mehr, auch die folgenden Beispiele in voller Länge vorzugeben. Wir brauchen ihm für die weiteren Sätze nur noch stichwortartige Antworthilfen bereitzustellen, indem wir die Verben nennen, die im vorgegebenen Sprachmuster auszutauschen sind. In einer Austausch- oder Substitutionsübung kann das auf zweierlei Weise geschehen. Die Verbformen können isoliert angegeben werden:

	Sprechaufforderung	*Schülerantwort*
(a)	I've already read it.	*I've already read it.*
	Heard.	*I've already heard it.*
	Seen.	*I've already seen it.*
	Eaten.	*I've already eaten it.*

Man kann die Verben aber auch in einem vollständigen Satz vorgeben:

(b)	I've already read it.	*I've already read it.*
	Have you heard it yet?	*I've already heard it.*
	Have you seen it yet?	*I've already seen it.*
	Have you eaten it yet?	*I've already eaten it.*

Im Verlauf einer Drillübung hört der Schüler die in der linken Spalte unter der Überschrift *Sprechaufforderung* angeführten Äußerungen. Die von ihm erwartete Sprechleistung ist in der rechten Spalte unter *Schülerantwort* angegeben. Im Sprachlabor werden die Sprechaufforderungen im allgemeinen im voraus aufgezeichnet. Nach jeder Sprechaufforderung folgt auf dem Tonband eine Pause, während der der Schüler seine Antwort geben kann. Ehe die nächste Sprechaufforderung folgt, hört er noch die richtige Antwort auf die vorangegangene Sprechaufforderung vom Tonband. Damit soll ihm die Möglichkeit gegeben werden, selbständig herauszufinden, ob er richtig geantwortet hat. Die beiden angeführten Übungsbeispiele sind sehr kurz. Eine Drillübung im Sprachlabor enthält etwa 8 bis 10 verschiedene Sprechaufforderungen, damit dem Schüler die Chance gegeben wird, das erwünschte Antwortmuster zu entdecken und sich zu eigen zu machen. Allerdings sollte eine Übungsreihe nicht zu lang sein, weil sonst die Gefahr besteht, daß die Schüler sich langweilen.

Der Unterschied zwischen den beiden Arten von Austauschübungen ist in Wirklichkeit gar nicht so groß, wie er erscheinen mag. In beiden Fällen geht es darum, das in der Schülerantwort auftretende Verb durch ein anderes zu ersetzen, und das neue Verb wird jedesmal in der Sprechaufforderung vorgegeben. Die unter (b) angeführte Übung stellt dem Schüler zwar eine Reihe von Fragen, aber er braucht sie nicht zu verstehen; er braucht noch nicht einmal zu erkennen, daß es sich um Fragen handelt. Er muß den Sätzen lediglich das richtige Wort entnehmen, das er in seiner „Antwort" einzusetzen hat. Bei diesen und den folgenden Beispielen legt die Sprechaufforderung an sich übrigens nicht fest, wie die Schülerantwort gestaltet sein muß. Dies ergibt sich erst aus der Verbindung von Sprechaufforderung und vorangegangener Schülerantwort. Die Sprechaufforderungen signalisieren lediglich bestimmte Veränderungen *innerhalb* einer gegebenen Struktur. Das Strukturmuster stellt sich in den Schülerantworten der Übungsreihe dar.

Veränderungsübungen

Bei den folgenden Übungen setzen wir voraus, daß der Schüler durch Beispiele oder Übungsanweisungen darüber in Kenntnis gesetzt worden ist, welche Struktur er bilden soll. Es geht auch hier wiederum um Sätze im Perfekt. Diesmal werden aber die Austauschglieder nicht – wie bei den beiden Austauschübungen – in der verlangten Partizipialform der Vergangenheit vorgegeben, sondern es werden Verben im Infinitiv genannt, entweder isoliert oder als Teil eines Satzes:

(a) Read.   *I've already read it.*
     See.   *I've already seen it.*
     Hear.   *I've already heard it.*
     Eat.   *I've already eaten it.*

(b) Do you want to read it?   *I've already read it.*
     Do you want to see it?   *I've already seen it.*
     Do you want to hear it?   *I've already heard it.*
     Do you want to eat it?   *I've already eaten it.*

Hier geht es also um mehr als nur um den Austausch von Verben innerhalb eines Satzes. Der Schüler muß außerdem die Verbform – vom Infinitiv ins Partizip der Vergangenheit – verändern. Veränderungs- oder Mutationsübungen wie diese verlangen die systematische Formveränderung von Wörtern, die in den Sprechaufforderungen vorgegeben werden. Auf diese Weise kann man üben lassen:

1. Formveränderungen bei Verben und Substantiven;
2. Kongruenz von Subjekt und Prädikat (*He is ...*, *They are ...*);
3. Endungen, die Beziehungen zwischen einem Substantiv und einem Verb anzeigen (Nominativ, Akkusativ usw.) oder die nach bestimmten Präpositionen auftreten müssen (z.B. im Russischen und Deutschen).

Sämtliche Veränderungstypen, die im Englischen möglich sind, lassen sich in einer einzigen Übung veranschaulichen:

(c) Read. [ri:d]   *I've already read it.*
     Eat.   *I've already eaten it.*
     The boy.   *The boy has already eaten it.*
     More than one boy.   *The boys have already eaten it.*
     More than one thing.   *The boys have already eaten them.*
     Seen you.   *The boys have already seen me.*
     Go.   *The boys have already been there*
                               (oder: *gone there*).

Diese Übung ist nicht für Anfänger gedacht. Sie besteht aus Einzelschritten mehrerer möglicher Veränderungsübungen, in denen jeweils immer nur eine Veränderung geübt werden soll. Im letzten Übungsschritt z.B. spielt der Kontrast zwischen transitiven und intransitiven Verben eine Rolle; hier wird deutlich, daß die Perfektform eines Verbs lexikalisch und sogar historisch durchaus nicht mit anderen Formen des gleichen Verbs verwandt zu sein braucht. Beim ersten Beispiel der nächsten Übung im folgenden Abschnitt ist der Gebrauch von *to be* allerdings zwingend.

Transformationsübungen

Transformationsübungen können in der Schülerantwort sowohl die Verwendung neuer Wörter als auch die Veränderung ihrer Form notwendig werden lassen. Aber das ist nicht alles – noch etwas anderes kommt mit ins Spiel:

(a) Do you want to go there? No.   *No, I've already been there.*
Do you want to hear it? No.   *No, I've already heard it.*
Do you want to see it? Yes.   *Yes, I haven't seen it yet.*
Do you want to read it? No.   *No, I've already read it.*
Do you want to meet him? Yes.   *Yes, I haven't met him yet.*

In dieser Übung rückt das Adverb *yet* an das Ende eines jeden Satzes, in dem *not* verwendet wird. Die Veränderung der Wortstellung ist nicht zwingend. Immer dann aber, wenn sich die Wortstellung im Satz – notwendigerweise oder auch nur aus stilistischen Gründen – verändert, wenn grammatische Elemente wie *not* hinzugefügt oder ausgelassen werden und wenn ferner der alternative Gebrauch grammatischer Paare wie *already* und *yet* gefordert wird – immer dann haben wir es mit einer Transformationsübung zu tun. Transformationsübungen eignen sich demnach beim

1. Wechsel von affirmativen zu negativen Aussagen;
2. Wechsel vom Aktiv zum Passiv;
3. Wechsel vom Indikativ zum Imperativ, zum Konjunktiv usw.;
4. Wechsel des Satztyps, vom einfachen Satz zur Satzreihe oder zum Satzgefüge.

In all diesen Fällen kann der Wechsel in jeder Richtung – also auch vom Passiv zum Aktiv usw. – erfolgen. Wir müssen allerdings sorgsam zwischen Übungen unterscheiden, bei denen der Schüler eine echte Satzumwandlung vornehmen muß, und solchen, bei denen die Umwandlung nur aus einem Austausch oder einer Veränderung besteht. Die unter (b) angeführten Beispiele in den Abschnitten über Austausch- und Veränderungsübungen sowie die gerade kommentierte Transformationsübung scheinen die Beantwortung von Fragen zum Gegenstand zu haben. Ein flüchtiger Blick auf die Beispiele könnte tatsächlich vermuten lassen, die Aufgabe bestünde darin, die Fragen in Antworten umzuwandeln. In Wirklichkeit aber kann der Schüler sämtliche Antworten richtig formulieren, ohne sich darüber bewußt sein zu müssen, daß ihm eine Frage gestellt worden ist. Die Fragen in den Sprechaufforderungen sind nur ein formaler Rahmen, der mit dem eigentlichen Übungsgegenstand nichts zu tun hat. Derartige Fragen geben der Übung zwar ein natürlicheres Aussehen, aber ihre einzige Funktion besteht darin, dem Schüler das notwendige Vokabular für seine Antworten zu vermitteln. Wie bereits im Zusammenhang mit Austausch- und Veränderungsübungen gezeigt worden ist, können die relevanten Wörter auch isoliert vorgegeben werden, wenn dem Schüler das Strukturmuster der Antwort bekannt ist. Das gleiche gilt auch für Transformationsübungen, wenn wir den Wörtern jeweils *yes* oder *no* hinzufügen:

(b) Go there. No.   *No, I've already been there.*
Hear it. No.   *No, I've already heard it.*
See it. Yes.   *Yes, I haven't seen it yet.*

Diese vereinfachte Form der Sprechaufforderung zeigt deutlich, daß die einzige in dieser Übung geforderte Umwandlung in der Veränderung von positiven zu negativen Äußerungen und umgekehrt besteht.

Die beiden folgenden Übungen illustrieren Veränderungen von einfachen Sätzen zu
Satzreihen oder Satzgefügen.

(c)	You bought the book.	*I have already bought the book*
	You didn't read it.	*but I haven't yet read it.*
	You cooked the food.	*I have already cooked the food*
	You didn't eat it.	*but I haven't yet eaten it.*
	You saw him.	*I have already seen him*
	You didn't meet him.	*but I haven't yet met him.*
(d)	You bought the record.	*I haven't yet listened to the*
	You didn't listen to it.	*record that I bought.*
	You received a letter.	*I haven't yet answered the*
	You didn't answer it.	*letter that I received.*
	You made some mistakes.	*I haven't yet corrected the*
	You didn't correct them.	*mistakes that I made.*

Es gibt noch eine weitere Anwendungsart für Transformationsübungen. Man kann sie
zum Üben von Wortableitungsprozessen einsetzen.

(e)	He is remarkably honest.	*His honesty is remarkable.*
	He is amazingly intelligent.	*His intelligence is amazing.*
	He is despicably mean.	*His meanness is despicable.*
	It is surprisingly wide.	*Its width is surprising.*
	He is unusually tall.	*His height is unusual.*
	She dances beautifully.	*Her dancing is beautiful.*

Beispiel (e) ist allerdings eher ein Test als eine Übung. Die verschiedenartigen Ableitungsprozesse, die hier gemeinsam auftreten, könnten jeweils Gegenstand einer eigenen Übung sein. Die ersten vier Beispiele zeigen unterschiedliche Möglichkeiten für die
Bildung von Substantiven aus Adjektiven. Das 5. Beispiel – es erinnert an die Beziehung zwischen *go* und *be* in vorangegangenen Übungen – macht deutlich, daß ein Substantiv nicht notwendigerweise lexikalisch mit einem entsprechenden Adjektiv verwandt sein muß. Im letzten Beispiel wird gezeigt, daß Substantive auch aus Verben abgeleitet werden können. Wenn man die Sprechaufforderungen mit den Schülerantworten austauscht, dann läßt sich diese Übung auch dazu verwenden, die Ableitung von
Adverbien der Art und Weise aus Adjektiven zu veranschaulichen.
Die Ableitung ist ein Prozeß, auf den man in fast allen Sprachen der Welt trifft; in einigen Sprachen – u.a. im Deutschen – ist sie von besonderer Bedeutung. Mit Hilfe von
Ableitungsregeln kann man nämlich jederzeit neue Wörter bilden.[2] Für einen Muttersprachler sind solche Neuschöpfungen selbstverständlich. Der Fremdsprachenschüler
jedoch hat mit ihnen ziemliche Schwierigkeiten, wenn er die Regeln nicht kennt, denn
er findet keines dieser „neuen" Wörter im Wörterbuch.
Mit Hilfe von Austausch-, Veränderungs- und Transformationsdrills kann man sämtliche Satz- und Wortbildungsregeln einer Sprache üben.[3] Es erübrigt sich, dies für das
Englische und für andere Sprachen im einzelnen zu belegen. Eine Fülle von Beispielen

findet sich in Handbüchern für das Sprachlabor[4] und in Laborkursen. Im übrigen reichen die im Verlauf der bisherigen Erörterungen angeführten Beispiele völlig aus, um eine kritische Bewertung vornehmen zu können. Ehe wir uns dieser Aufgabe zuwenden, sollen zunächst noch einige Übungstypen zur Ausspracheschulung untersucht werden.

Ausspracheübungen

System und Struktur sind nicht nur Merkmale in der Grammatik einer Sprache. Sie lassen sich auch in ihrer Phonologie und in ihrem Wortschatz nachweisen. Hinsichtlich der Phonologie lassen sich Regeln in drei Bereichen anwenden:

1. Die Verbindung von Lauten zu Silben oder gesprochenen Wörtern.
2. Die Verbindung von Silben zu rhythmischen Gruppierungen.
3. Die Verbindung verschiedener Tonhöhen zu Tongruppen, die in „Ton"-Sprachen (wie dem Chinesischen) aus einzelnen Wörtern oder in „Intonations"-Sprachen (wie dem Englischen) aus größeren Einheiten bestehen können.[5]

Sofern sich ein Sprachschüler nicht nur mit der Aussprache einsilbiger Wörter beschäftigt, muß er die drei phonologischen Regeln gleichzeitig beachten. Allerdings kann eine Übung so angelegt sein, daß sich der Schüler nur auf einen speziellen Ausspracheaspekt zu konzentrieren braucht. In der folgenden Austauschübung bildet er eine Reihe von Sätzen des gleichen strukturellen Typs, wobei Rhythmus und Intonation gleich bleiben. Nur der Vokal oder der Endkonsonant jeweils eines Wortes verändern sich. Ziel der Übung ist das Vertrautmachen mit Vokal- und Konsonantenkontrasten.

(a) A bead maker.   *A bead maker makes beads.*
     A bidder.   *A bidder makes bids.*
     A bed maker.   *A bed maker makes beds.*
     A better.   *A better makes bets.*
     A bat maker.   *A bat maker makes bats.*
     A butt maker.   *A butt maker makes butts.*
     A boot maker.   *A boot maker makes boots.*
     A boat maker.   *A boat maker makes boats.*

An einigen Übungsschritten werden die Grenzen dieser Übungsart deutlich. Einige Schüler könnten z.B. nicht wissen, daß *butt* etwas ist, auf das man schießt. Dennoch können sie die Übungsaufgabe richtig lösen. Es liegt also die Gefahr nahe, daß derartige Ausspracheübungen für den Schüler inhaltsleer – „sinn-los" – bleiben.

(b) Poll's doll was sick, sick, sick.   *Poll's doll was sick, sick, sick.*
     Miss.   *Miss Poll's doll was sick,*
                                           sick, sick.
     Polly's.   *Miss Polly's doll was sick,*
                                           sick, sick.
     Dolly.   *Miss Polly's Dolly was sick,*
                                           sick, sick.
     Had a dolly who.   *Miss Polly had a dolly who*
                                           was sick, sick, sick.

A little dolly.   *Miss Polly had a little dolly*
who was sick, sick, sick.
Very sick.   *Miss Polly had a little dolly*
who was very sick, sick, sick.

Jede Sprechaufforderung liefert neue Silben, die in die Schülerantworten übernommen werden sollen, ohne dabei jedoch die Anzahl der Betonungen zu verändern. Jede Schülerantwort enthält durchgehend nur vier Betonungen, die in ungefähr gleichen Zeitabständen auftreten. Diese Betonungen liegen auf den Silben *Poll* und *doll* sowie auf *sick* beim ersten und dritten Auftreten. In silbenorientierten Sprachen wie dem Französischen und Spanischen, in denen für die Produktion einer jeden Silbe gleich ziel Zeit zur Verfügung steht, würde eine solche Übung zu einem anderen Ergebnis führen. Die Länge des Satzes (in zeitlicher Hinsicht) und die Zahl der Betonungen würden nämlich proportional zur Zahl der Silben anwachsen. In diesen Sprachen wäre eine solche Übung ein Transformationsdrill, da in den Schülerantworten neue rhythmische Elemente auftreten.

In den nächsten beiden Übungen wird die unterschiedliche Betonung von Substantiven und Verben, die miteinander verwandt sind, getestet. Die Betonung verlagert sich von einer Silbe auf eine andere, je nachdem, ob das Wort als Substantiv oder als Verb benutzt wird. Diese Erscheinung der variablen Wortbetonung wird als *Akzent* bezeichnet.

(c)   Rebels.   *Rebels rebel.*
        Permits.   *Permits permit.*
        Torments.   *Torments torment.*
        Insults.   *Insults insult.*
        Portraits.   *Portraits portray.*
        Photographers.   *Photographers photograph.*

(d)   Dancers.   *Dancers dance dances.*
        Importers.   *Importers import imports.*
        Exporters.   *Exporters export exports.*
        Composers.   *Composers compose compositions.*
        Subjectors.   *Subjectors subject subjects.*

Beim nächsten Beispiel, in dem Veränderungen in der Intonation geübt werden, handelt es sich eindeutig um eine Transformationsübung:

(e)   A bird in the hand.   *A bird in the hand?*
        To drive the guill.   *To drive the guill?*
        To live from hand to mouth.   *To live from hand to mouth?*
        Empty vessels sound much.   *Empty vessels sound much?*
        Like dog, like hammer.   *Like dog, like hammer?*
        We were increasing this second
        edition with a phraseology   *With a phraseology and with*
        and with idiotisms.   *idiotisms?*

Die letzten Beispiele sind einer Auflistung nützlicher englischer Sprichwörter in einem bengalischen Wörterbuch und einem portugiesischen Konversations-Handbuch entnommen.[6] Die Sprechaufforderungen lösen *Echo-Fragen* aus, d.h. die Umwandlung von Aussagen zu Fragen durch Veränderung der Intonation. Für diesen Zweck ist es nicht abwegig, dem Schüler Beispielsätze vorzutragen, die schlechtes oder auch fehlerhaftes Englisch enthalten. Auch im Alltag kommt es oft genug vor, daß man etwas hört, dessen Sinn man zunächst nicht versteht. Die Echo-Frage ist eine Technik, die man zur Klärung oder Bestätigung eines Sachverhalts heranzieht. Intonationsübungen müssen nicht notwendigerweise in der Form von Transformationsdrills auftreten. Alle grammatischen und phonologischen Drillübungen, die in den Schülerantworten ein konstantes Betonungsmuster aufweisen, sind unter dem Gesichtspunkt der Intonation Austauschübungen. Im Grunde geben sämtliche grammatischen Drills Gelegenheit, Lautkombinationen, rhythmische Gruppierungen und die Intonation zu üben. Ob darüber hinaus mit ihnen auch noch mehr geübt werden kann, soll in den folgenden Abschnitten untersucht werden.

Grenzen der Strukturmusterübung

Es ist gezeigt worden, daß die Schüler mit Hilfe von Drillübungen sprechen lernen sollen, indem sie Beispielsätze eines Strukturmusters wiederholen und variieren. Um dieses Ziel erreichen zu können, müssen unabhängig voneinander zwei Aufgaben erfüllt werden. Der Schüler muß einmal Form und Aufbau der verschiedenen Strukturen, die er übt, verstanden haben. Er muß andererseits lernen, die Strukturen immer dann zu verwenden, wenn sie gebraucht werden. Die Drills aber können ihn in beiden Fällen im Stich lassen. Es liegt in ihrer Natur, daß sie in vierfacher Hinsicht Beschränkungen unterliegen: 1. Der Tum-te-tum-Effekt; 2. der fehlende Inhaltsbezug; 3. die Künstlichkeit des Stimulus; 4. das Risiko unzulässiger Verallgemeinerungen.

Der Tum-te-tum-Effekt

In den voranstehenden Abschnitten dieses Kapitels sind Drills als Mittel zum Einüben von Strukturen beschrieben worden. Dies wird jedenfalls mit ihnen beabsichtigt. Aber diese Absicht könnte das „Prinzip des geringsten Widerstands" außer acht gelassen haben. Ein Schüler lernt oft nur dann, wenn er dazu gezwungen wird. Und traditionelle Drillübungen lassen sich nicht selten auch dann richtig durchführen, wenn man den Strukturen keinerlei Beachtung schenkt. Dies liegt am sog. „Tum-te-tum-Effekt". In seiner reinsten Form tritt er in Austauschübungen auf. Da sich die Struktur innerhalb einer Übungsreihe nicht ändert, braucht sie überhaupt nicht erkannt zu werden. Sie ist nicht mehr als ein Begleitgeräusch, das man ohne weiteres durch die Laute *tum* und *te* ersetzen kann. Dies soll anhand einer bereits besprochenen Übung veranschaulicht werden – einem Drill, mit dem man Perfektformen üben können soll.
Nehmen wir an, die Silbe *tum* stünde für eine betonte, die Silbe *te* für eine unbetonte Silbe. Nehmen wir ferner an, die Wörter *tonk, konk, bonk* usw. stünden jeweils für ein neues Verb. Die Drillübung würde dann lauten:

(a)	Tum tumtete tonk te.	*Tum tumtete tonk te.*
	Konk.	*Tum tumtete konk te.*
	Bonk.	*Tum tumtete bonk te.*
	Honk.	*Tum tumtete honk te.*

Das Beispiel mag übertrieben anmuten; aber der Schüler kann tatsächlich die gesamte Übung durcharbeiten, ohne die geringste Ahnung zu haben, was er übt. Dies kann mit der folgenden bengalischen Strukturmusterübung bewiesen werden.[7] Decken Sie beim Durchlesen dieser Übung die rechte Spalte bitte mit einem Blatt Papier ab, und geben Sie Zeile für Zeile frei, nachdem Sie jeweils in der linken Spalte den Stimulus, d.h. die Sprechaufforderung gesehen haben.

(b)	Ami ekhoni eṭa dekhechi.	*Ami ekhoni eṭa dekhechi.*
	shun-	*Ami ekhoni eṭa shunechi.*
	por-	*Ami ekhoni eṭa porechi.*
	kin-	*Ami ekhoni eṭa kinechi.*
	khe-	*Ami ekhoni eṭa kheechi.*

Zunächst mag es schwierig erscheinen, die Silbe zu finden, die in den Schülerantworten durch das Einsetzen der Sprechaufforderung verändert werden muß. Am Ende der Beispielreihe aber dürfte dieses Problem gelöst sein, und der Leser ist mit Sicherheit in der Lage, weitere Sätze nach dem gleichen Muster mit nur wenig gedanklichem Einsatz zu bilden. Fände dieses Experiment im Sprachlabor statt, könnte der nicht eingeweihte Lehrer am Steuerpult der Meinung sein, es ginge um das bewußte Üben bengalischer Sätze im Perfekt. Der Ausgangssatz nämlich lautet:

Ich jetzt es gesehen habe. (Ich habe es jetzt gesehen.)
I just now it seen have. (I have just seen it.)

Und die Verbstämme in der Bedeutung *hören, lesen, kaufen* und *essen* wurden nacheinander eingesetzt. Für unser Experiment aber hätten wir genauso gut *tums* und *tes* verwenden können. Die einzig erlaubten Änderungen in der Übung sind der Austausch von Verbformen bzw. von Lautkombinationen, die für sie stehen. Und selbst diese Änderungen werden durch die Sprechaufforderungen gesteuert. Eine echte Wahl gibt es nicht. Wenn es sich herausstellt, daß keine Entscheidungen zu treffen sind und daß das Strukturmuster sich nicht ändert, dann rückt die Struktur notwendigerweise in den Hintergrund. Der Gebrauch von Strukturen setzt voraus, daß man eine Wahl treffen muß. Wenn diese Wahlmöglichkeit – wie in Austauschübungen – nicht geboten wird, dann besteht die Gefahr, daß nichts anderes als die Aussprache geübt wird.
Kontrastive Übungen – das besagt schon der Begriff – machen eine Wahl im strukturellen Bereich erforderlich. Unter diesem Aspekt sind Beispiel (b) bei den Veränderungsübungen und Beispiel (a) bei den Transformationsübungen kontrastive Übungen. Im ersten Beispiel kann der Schüler die falsche Form eines unregelmäßigen Verbs wählen (*heared* anstelle von *heard*); im zweiten Beispiel muß er die Wahl zwischen einem bejahten und einem verneinten Satz treffen. Daraus folgt nun allerdings nicht, daß kontrastive Übungen immer die richtige Bildung von Strukturen lehren. Die Geschichten von Shanace und Jeeto in Kapitel 2 haben gezeigt, daß ein Schüler die ihm gebotenen Wahlmöglichkeiten völlig mißverstehen kann. Grammatische Restriktionen könnten als freie stilistische Variationen „fehlverstanden"[8] werden. Auch könnte der Schüler innerhalb einer Drillübung alle Antworten richtig formulieren, ohne sich darüber im klaren zu sein, daß andere Antworten falsch wären. Er hat dann gelernt, wie etwas richtig gesagt wird, aber das Fehlen jeglicher Erklärungen könnte dazu führen, daß ihm unbekannt bleibt, wie etwas nicht gesagt werden kann.

Der fehlende Inhaltsbezug

Auf eine weitere Grenze von Drillübungen ist bereits wiederholt hingewiesen worden. So hatte z.b. die zuletzt eingeführte bengalische Übung für den Leser keinerlei inhaltlichen Aussagewert. Und das gilt mehr oder weniger für alle Drillübungen, die dem Schüler im Wortschatzbereich keine Wahlmöglichkeiten bieten. Wenn der Schüler die Wörter, die er verwendet, nicht selbst bestimmen kann, dann hat er auch keinerlei Entscheidungsmöglichkeit über den Inhalt dessen, was er bei der Erarbeitung einer Drillübung sagt. Die Antworten, die er formuliert, vermitteln niemand außer ihm selbst irgendwelche Informationen. Und da er sich darum bemüht, bestimmte Laute und Strukturen richtig zu bilden, kann es sehr schnell dazu kommen, daß auch er selbst nicht mehr darauf achtet, was er sagt. Dies jedenfalls wurde einem Lehrer von seinen fünfzehnjährigen Schülerinnen gesagt, die im Sprachlabor einer Schule in Edinburgh Französisch lernten. Sie meinten, „man braucht nicht zu verstehen", „nach kurzer Zeit schon vergißt man völlig, verstehen zu wollen, was man sagt" und „man fühlt sich wie ein Papagei".

Die Künstlichkeit des Stimulus

Für den Behavioristen besteht das Ziel einer Drillübung darin, auf einen Stimulus hin eine Antwort geben zu lernen. Genau dieses Ziel kann von den Schülern tatsächlich erreicht werden. Sie sind dann in der Lage, in der Übungssituation Strukturen richtig zu bilden, außerhalb des Sprachlabors aber nicht. Ich habe einmal eine Schülergruppe beobachtet, die sich enga¬iert mit sorgfältig erarbeiteten Veränderungsübungen und kontrastiven Drills zum englischen Perfekt beschäftigt hatte. Kurz nach Verlassen des Sprachlabors wurden einzelne aus der Gruppe dann gefragt, ob sie einen bestimmten Film gesehen hätten. Hier sind einige Antworten:

> Yes.
> Yes, I have seen.
> I have already seen.
> I already saw it.
> I have already enjoyed.

In der wirklichen Kommunikationssituation machten diese Schüler also genau diejenigen grammatischen und lexikalischen Fehler, die durch die Drillübungen verhindert werden sollten. Selbst wenn Schüler im strukturellen Bereich tatsächlich etwas lernen sollten, muß zugegeben werden, daß Drillübungen nur die Voraussetzungen für eine begrenzte Sprachkompetenz schaffen können, nämlich für die an anderer Stelle bereits erwähnte „Struktursprache" (Kapitel 3, Seite 40). Mit Drills kann man nicht üben, wann – oder wann nicht – eine bestimmte Struktur situativ angemessen verwendet werden kann. Und darum geben Übungen der „Struktursprache" auch keinen Hinweis auf die Bedeutung einer Struktur.

Das Risiko unzulässiger Verallgemeinerungen

Die meisten Schüler nehmen eine Situation wie die, in der sich der Leser bei der Erarbeitung des bengalischen Drills befunden hat, nicht lange hin. Wenn sie in einer Übung ein neues Wort hören, wollen sie wissen, was es bedeutet. Und natürlich wollen sie auch wissen, was eine Struktur bedeutet und nach welchen Regeln sie konstruiert ist. Da die Drillübung selbst ihnen darüber keine Auskunft gibt, müssen sie sich an das halten, was sie bei der Einführung der neuen sprachlichen Erscheinung verstanden haben; als zusätzliche Hilfe ziehen sie vielleicht während der Erarbeitung einer Übung Schnellübersetzungen der Beispielsätze in ihre Muttersprache heran. Im Fall des englischen Perfekt kann das zu verheerenden Komplikationen führen.

Betrachten wir einen Schüler, der sich willig und bewußt an die Aufgabe heranmacht, eine Struktur im Perfekt zu bilden. Dazu muß er lernen, eine bestimmte Reihenfolge bei der Wortstellung im Satz zu beachten, die richtigen Verbformen zu verwenden und – wenn nötig – Transformationen im Satztyp vorzunehmen. Was wird er wohl sagen, wenn er das Sprachlabor verlassen hat? Die folgenden Äußerungen stammen von Schülern, die eingeübte Strukturen in realen Sprechsituationen anzuwenden versuchten:

> Already Mary had bought the car.
> I have already liked it.
> I have ever lived in Calcutta.

Der erste Satz ist zwar möglich, stellt aber eine unangemessene Erwiderung auf die Frage dar: ,,Has she bought it yet?'' Die beiden anderen Sätze illustrieren Fehler bei der Anwendung von Veränderungs- und Transformationsregeln. Bestimmte englische Verben – *like, know, believe* – können im Perfekt (und auch in den Verlaufsformen) nur in einem ganz speziellen Kontext auftreten. Sie werden dann z.B. emphatisch oder in einem ganz anderen Sinn als dem, den sie gewöhnlich besitzen, benutzt. Das Wort *ever* im dritten Beispielsatz ist eines jener englischen Wörter, die – wie *much* und *any* als Mengenbezeichnung – in der Regel nur in Fragen oder verneinten Sätzen auftauchen. Alle drei Fehler – und es könnten viele weitere zitiert werden, die sich auch auf andere Strukturen beziehen – resultieren aus unzulässigen Verallgemeinerungen. Drillübungen sollten dem Schüler eigentlich spezielle Anwendungsfälle der Wortstellung im Satz oder des Wortgebrauchs vor Augen führen; gerade dies jedoch überlassen sie seinen eigenen sprachlichen Experimenten. Daran ist im Grunde auch nichts auszusetzen. Wir wollen ja erreichen, daß der Schüler Äußerungen von sich gibt, die er zuvor nie gehört hat. Und sicherlich ist es allein schon deshalb wünschenswert, daß er dabei Fehler macht, weil er auf diese Weise lernen kann, Falsches künftig zu vermeiden. Drillübungen jeglicher Art jedoch stellen sich auf der Grundlage einer unangemessenen Technik eine Aufgabe, die sie niemals erfüllen können. Sie versuchen, Fehler vermeiden zu lehren, geben gleichzeitig aber nur positive Beispiele dafür an, was und wie etwas gesagt werden kann. Da der Schüler negative Beispiele in Drillübungen nicht kennenlernt, kann er auf diesem Wege auch nicht lernen, wo und wann eine Regel nicht anwendbar ist.

Fehlende Eindeutigkeit

Der Ausdruck ,,eine Äußerung produzieren'' ist in vierfacher Hinsicht mehrdeutig. Er kann bedeuten:

1. Die Produktion von Lautabfolgen, die einem muttersprachigen Zuhörer verständlich sind, für den Sprecher jedoch weder einen Sinn noch eine grammatische Struktur besitzen.

2. Die bewußte Produktion einer grammatischen Struktur, mit der nicht beabsichtigt wird, einem Hörer irgendeine Information zukommen zu lassen, und ohne vollständige Kenntnis der Regeln, die die Bildung oder Anwendung dieser Struktur bestimmen.
3. Die richtige Produktion einer Struktur bei voller Kenntnis der Regeln mit dem Ziel, einem Hörer Informationen zukommen zu lassen.
4. Die grammatisch oder stilistisch falsche Produktion einer Struktur, die einem Hörer dennoch die beabsichtigte Information übermittelt.

Wenn wir diese vier Möglichkeiten als Lernziele betrachten, dann verfolgen Drillübungen nur die beiden erstgenannten Ziele.[9] Beide können im Sprachlabor erreicht werden. Als Konsequenz ergibt sich dann außerhalb des Sprachlabors die vierte Möglichkeit. Nur wenn gleichzeitig und eher zufällig auch das dritte Ziel mit erreicht wird, können wir behaupten, daß Drillübungen das freie Sprechen vorbereiten helfen. Keinesfalls üben sie das freie Sprechen ein – sie trainieren Antworten auf Stimuli, die in bezug auf das freie Sprechen völlig irrelevant sind, und sie brauchen auch nicht zur Vorbereitung des freien Sprechens notwendig zu sein.

Ein Widerspruch

Die Erörterung der Grenzen traditioneller Drillübungen – der „Tum-te-tum-Effekt", der fehlende Inhaltsbezug, die Künstlichkeit des Stimulus und das Risiko unzulässiger Verallgemeinerungen – hat zu einem Widerspruch geführt. Auf die Frage, ob man mit Hilfe von Drillübungen Strukturen üben kann oder nicht, sind zwei sich widersprechende Antworten gegeben worden. Einerseits ist behauptet worden, sie seien ungeeignet, zumindest in der Form von Austauschübungen und beim Verzicht auf den Unterschied zwischen syntaktischen und stilistischen Kriterien im Fall kontrastiver Übungen. Andererseits ist aber auch gesagt worden, daß Drillübungen hervorragend gut zur Festigung von Strukturen beitragen. Da die Schüler keine falschen Beispiele kennenlernen, werden sie geradezu ermutigt, Fehler zu machen, die sich aus unzulässigen Verallgemeinerungen ergeben.
Beide Antworten sind möglich und gültig, wenn auch keine der beiden beabsichtigt ist. Dies liegt daran, daß die Übungsergebnisse eher davon abhängig sind, was ein Schüler mit einer Übung zu erreichen glaubt, als von dem, was der Konstrukteur der Übung sich vorgenommen hatte. Ein langsamlernender oder ermüdeter Schüler könnte z.B. nicht erkennen, worauf es im strukturellen Bereich ankommt. Es ist gezeigt worden, daß er dennoch die Übung durchführen und, wie es den Anschein hat, fehlerlos abschließen kann. Andererseits könnte ein besonders eifriger Schüler hinsichtlich der Bedeutung einer Struktur Schlußfolgerungen ziehen, die von der Drillübung gar nicht vermittelt werden sollten. In keinem Fall können Art und Ausmaß des Lernprozesses, den die Übung auslöst, während der Laborarbeit selbst beurteilt werden. Der wirkliche Test findet außerhalb des Sprachlabors statt, wenn der Schüler vor der Aufgabe steht, die geübten Strukturen in einem angemessenen Kontext frei zu verwenden.
Selbst wenn ein Schüler von Drillübungen eine Menge zu lernen scheint, bedeutet dies noch nicht, daß er sein Können den Drillübungen verdankt. Er könnte *trotz* und nicht *wegen* der Drillübungen gelernt haben. Es gibt eine Möglichkeit, dies zu überprüfen: andere Übungsformen müssen ausprobiert werden, um herauszufinden, ob sich mit ih-

nen gleich gute oder gar bessere Ergebnisse erzielen lassen. Da solche Übungsformen als Zusatz- oder Alternativmaterialien zur Verfügung stehen, ist nicht einzusehen, warum Drillübungen weiterhin inhaltsleer und problemlos sein müssen. Wie inhaltsbezogene Drillübungen gestaltet werden können, soll im nächsten Kapitel gezeigt werden.

ANMERKUNGEN

[1] Der englische Begriff wurde übernommen von E. M. Stack: *The Language Laboratory and Modern Language Teaching.* New York: Oxford University Press ²1966, S. 122; deutsche Ausgabe: *Das Sprachlabor im Unterricht.* Berlin: Cornelsen ²1969, S. 126.

[2] Über die Bedeutung von Wortbildungsregeln beim Erlernen einer Fremdsprache vgl. F. Denninghaus: *Methoden der expliziten Lernzielbestimmung.* In: *Praxis des neusprachlichen Unterrichts,* 2/1975, S. 127ff. Zur Bedeutung von Wortbildungsgesetzen im Zusammenhang mit dem Erwerb eines potentiellen Wortschatzes vgl. vom gleichen Verfasser: *Der kontrollierte Erwerb eines potentiellen Wortschatzes im Fremdsprachenunterricht.* In: *Praxis des neusprachlichen Unterrichts,* 1/1976, S. 1ff.

[3] Chomsky und andere Linguisten unterscheiden zwischen Phrasenstruktur-, Sprachverwendungs- und Transformationsregeln; mit ihnen können sie alle Sätze beschreiben, die in einer Sprache vorkommen. Vgl. *Aspects of the Theory of Syntax.* Cambridge. Massachusetts: M.I.T. Press 1965; deutsche Ausgabe: *Aspekte der Syntax-Theorie.* Frankfurt: Suhrkamp 1969. Jeder Übungstyp ist direkt auf die entsprechende Regel bezogen, d.h. mit Austauschübungen drillt man die Anwendung von Phrasenstrukturregeln usw.

[4] Vgl. hierzu z.B. das in Anmerkung 1 genannte Werk von Stack; R. Lado: *Moderner Sprachunterricht.* München: Hueber ⁵1977; J.D. Turner: *Programming for the Language Laboratory.* London: University of London Press 1968; M. Kummer, O. Willeke: *Arbeitsformen und Abläufe im Sprachlabor.* Heidelberg: Groos 1970.

[5] Die hier verwendete Terminologie sowie die Geltungsbereiche von Phonetik und Phonologie werden näher erörtert von D. Abercrombie: *Elements of General Phonetics.* Edinburgh: Edinburgh University Press 1967.

[6] Zuerst 1869 von P. Carolino unter dem Titel *New Guide of the Conversation* herausgegeben; Nachdruck: *English as she is Wrotten.* Liverpool: Scouse Press 1967.

[7] Die Beispielsätze sind vom Autor phonetisch transkribiert worden. Die Aussprache spielt in unserem Zusammenhang keine Rolle.

[8] Freie Übertragung des englischen Worts *understook,* zusammengesetzt aus *understand* und *mistaken* (*mistook*) und der in Anmerkung 6 genannten Veröffentlichung von P. Carolino entnommen.

[9] Vgl. Kapitel 2.

5 Inhaltsbezogene Drillübungen

Applikationsübungen

Gehen wir einmal davon aus, daß die verbalen Sprechaufforderungen einer Übung durch Bilder ersetzt werden:

(a)

 Felicity is eating a fish.

 Felicity has just eaten the fish.

 Felicity is climbing a mountain.

 Felicity has just climbed the mountain.

 Felicity is combing her hair.

 Felicity has just combed her hair.

 Felicity is going into a cinema.

 Felicity has just come out of the cinema.

Betrachten wir die rechte Spalte, dann ist leicht zu erkennen, daß der Schüler auch hier eine Drillübung durchführt. Sie erfordert den Austausch von Verben und Substantiven sowie die Verwendung zweier Zeitformen, der Verlaufsform (Gegenwart) und des Perfekt. In einigen Schülerantworten wird überdies der unterschiedliche Gebrauch der Artikel *a* und *the* verlangt. Dies wird notwendig, wenn in zwei aufeinanderfolgenden Bildern der Ablauf eines Geschehens veranschaulicht wird. Würden in den Bildern die Tätigkeiten von Felicity mit denen einer anderen Person verglichen, dann könnte durchgehend der unbestimmte Artikel benutzt werden.

Aber was hat sich in der Sprechaufforderung verändert? Die Wörter, die ausgetauscht werden sollen, werden nicht mehr verbal vorgegeben. Auch auf den unterschiedlichen Gebrauch der Zeiten wird nicht mehr sprachlich hingewiesen. Er wird durch den unterschiedlichen Bildinhalt gesteuert, ebenso wie sich der unterschiedliche Artikelgebrauch aus den Ähnlichkeiten ergibt, die jeweils zwei Bilder als ein Bildpaar charakterisieren.

Die Beziehung zwischen Sprechaufforderung und Schülerantwort, zwischen einem Bild und der entsprechenden Äußerung, ist nicht formal, sondern inhaltsbezogen (*meaningful*). Eine solche Verbindung wird gelegentlich Bezugsrelation (*relation of 'reference'*) genannt; wir verwenden hier mit Lyons[1] den weiteren Begriff „Applikation". Wir definieren Applikation als einen Bezug, der zwischen Sätzen einer Sprache und Situationen bzw. Tatbeständen in der Umwelt besteht.

Die Beziehung zwischen Sprechaufforderungen und Schülerantworten, die aufeinander folgen und im Hinblick auf ihre Aussagen miteinander in Verbindung stehen, ist inhaltsbezogen, und darum können wir eine Übungreihe, die eine derartige Beziehung aufweist, eine inhaltsbezogene Drillübung nennen. Die Beziehung zwischen den Schülerantworten, die aufeinander folgen, ist jedoch nach wie vor allein struktureller Art. Inhaltsbezogene Drillübungen hängen darum – ebenso wie formale Übungen – von den Übungstechniken des Austausches, der Veränderung und der Transformation ab; sie sind im voranstehenden Kapitel erörtert worden. Mit inhaltsbezogenen Drills lassen sich daher ebenso sämtliche grammatischen Regeln einer Sprache üben. Aber sie können in gleicher Weise auch den Grenzen formaler Drillübungen unterliegen. Das erfolgreiche Durcharbeiten einer Drillübung hängt darüber hinaus noch davon ab, welches Vorwissen ein Schüler in bezug auf sprachliche Inhaltsbezüge besitzt. Seine Kenntnisse könnten lückenhaft sein, oder seine Antworten könnten anders ausfallen, als der Lehrer sie erwartet hat. So könnte die Schülerantwort im letzten Übungsschritt des Beispiels (a) z. B. lauten: *Felicity has just been to the cinema*.

Bilder sind notwendigerweise mehrdeutig. Was man tun kann, damit ein Schüler nicht mehr in ein Bild „hineinliest", als er soll, wird später erörtert. An dieser Stelle machen wir von der Mehrdeutigkeit bewußt Gebrauch, indem wir Bilder heranziehen, die zu sehr unterschiedlichen Strukturbildungen führen können. Dies kann der Leser überprüfen, indem er die Antworten verdeckt, während er die Bildstimuli betrachtet.

(b)

This is mother.

This is father.

This is Felicity.

This is Anthony.

This is a cat.

This is the sun.

This is a bird.

(c)

1. Mother is in the kitchen.

2. Father is in the sitting room.

3. Felicity is in a bedroom.

4. Anthony is in the bathroom.

5. The cat is in a tree.

6. The trees are in the garden.

7. The bird is on the roof.

8. The sun is in the sky.[2]

In der folgenden Übung werden Ausschnitte aus den numerierten Szenen des Bildes der Übung (c) benutzt:

(d)

Mother is lighting the stove.

Father is watching television.

Felicity is sleeping.

Anthony is having a bath.

The cat is watching the bird.

The bird is singing.

The sun is shining.

In Beispiel (b) werden die Namen von Personen und die Bezeichnung von Dingen geübt. Es kommt darauf an, vor allen Eigennamen den Artikel auszulassen. In Übung (c) geht es um den Gebrauch von Präpositionen, die Benutzung des Artikels vor immer nur einmal anzutreffenden Substantiven wie *bathroom* und *garden* und vor dem schon zuvor erwähnten Substantiv *cat* sowie um die Verwendung des unbestimmten Artikels in Fällen, in denen es mehrere Objekte gibt, auf die sich ein Substantiv beziehen könnte. In Übung (d) werden die gleichen Bilder herangezogen, um andere transitive und intransitive Verben zu aktivieren, und auch hier wird wiederum der Artikelgebrauch geübt.

In Übung (a) legte die Bildabfolge zugleich auch eine Reihenfolge in der Benutzung von Zeiten fest. Die Bilder in den folgenden Übungen enthalten dieses Zeitelement nicht; sie sind nicht auf eine bestimmte Zeit festgelegt und doch so gestaltet, daß bei der Schülerantwort eine bestimmte Zeit notwendig wird: die Gegenwart zur Benennung und Lokalisierung von Personen, Lebewesen usw., und auch die Verlaufsform der Gegenwart, um deren Tätigkeiten zu beschreiben.

Betrachten wir nun noch die folgende Bildreihe:

(e)

You can't drive faster than thirty miles an hour here.

You must stop here.

You can't turn right here.

You can't go down there.

You must drive slowly here.

 You can't overtake here.

 You must drive carefully here.

 You can't park here.

Die Stimuli in dieser Übung sind eigentlich keine Bilder, sondern Zeichen. Ihre Versprachlichung setzt bestimmte Kenntnisse voraus. In den angeführten Beispielen handelt es sich um die Kenntnis des transformationellen Kontrasts zwischen positiven und negativen Aussagesätzen, in denen *can't* die angemessene Verneinung von *must* darstellt. Im letzten Beispiel wird allerdings eine andere Bedeutung von *can't* illustriert. Würde das Verb und seine Beziehung zu dem Verkehrszeichen wie in den anderen Beispielen behandelt, müßte dieses Zeichen verwendet werden:

NO PARKING

Mit entsprechenden Zeichen ließen sich im Französischen der Gebrauch von *devoir* und *pouvoir*, im Spanischen der Kontrast zwischen *deber* und *poder* und in anderen Sprachen ähnliche Erscheinungen einüben.

Bildstimuli können also verwendet werden bei der Produktion isolierter Äußerungen (Austauschübungen), bei der Einübung von Unterschieden zwischen ähnlichen Sätzen (Veränderungs- und Transformationsübungen) und zur Gliederung erzählender oder beschreibender zusammenhängender Aussagen. Die in diesen Aufgabenstellungen enthaltenen Zielsetzungen können nur dann erreicht werden, wenn der Schüler die Beziehungen kennt, die für die Anwendung von Bedeutung sind, d.h. Verbindungen zwischen Dingen seiner Umwelt und deren Versprachlichung angemessen herstellen kann. Dies setzt einen gewissen Grad an Allgemeinwissen voraus. Die Interpretation von Zeichen, die für sprachliche Äußerungen stehen, verlangt z. B. mehr als das Erfassen der Bedeutung einzelner Wörter. Man muß auch den weiteren Zusammenhang, z. B. die Straßenverkehrsordnung verstehen.

Wenden wir uns nunmehr Drillübungen zu, die ohne Bildstimuli gestaltet sind und deren Erarbeitung nur unter Rückgriff auf das Allgemeinwissen eines Schülers möglich ist.

Übungen unter Rückgriff auf Allgemeinwissen

(a) Rod Laver. *Rod Laver plays tennis.*
Paul McCartney. *Paul McCartney plays the guitar.*
Yehudi Menuhin. *Yehudi Menuhin plays the violin.*
Pelé. *Pelé plays football.*
Arnold Palmer. *Arnold Palmer plays golf.*
Gary Sobers. *Gary Sobers plays cricket.*
Pablo Casals. *Pablo Casals plays the cello*[3].
You yourself?

Auch hier wird der Artikelgebrauch im Englischen geübt, aber unter anderen Bedingungen. Der Schüler soll lernen, wann er den bestimmten Artikel nach dem Verb *play* verwenden muß und wann er ihn nicht benutzen darf. Im Französischen müßten bei dieser Drillübung die Präpositionen *à* und *de* verwendet werden. Im Spanischen und Bengali wäre sie eine Wortschatzübung, in der zwischen den Verben *tocar* und *jugar* bzw. *baja* und *khela* unterschieden werden müßte.

Bei der letzten Sprechaufforderung handelt es sich um einen „Joker". Ganz bewußt wird hier das Antwortmuster durchbrochen, um den Schüler zum Nachdenken zu zwingen. Solche aus der Reihe fallenden Sprechaufforderungen reduzieren den „Tum-tetum-Effekt" und haben allein schon aus diesem Grund ihren besonderen Wert, auch wenn es nicht möglich ist, die Schülerantwort im voraus zu kennen. Wir können darum die möglichen Antworten nicht dadurch „belohnen", daß wir einen Schüler mit der richtigen Antwort vom Tonband vertraut machen.

(b) The Queen,   *The Queen lives in Buckingham Palace.*
The President of the United States.   *The President lives in the White House.*
The British Prime Minister.   *The British Prime Minister lives at 10,*
                                       Downing Street.

The Pope.   *The Pope lives at the Vatican.*
Sherlock Holmes.   *Sherlock Holmes lived at 221B, Baker Street.*
The Three Bears.   *The Three Bears lived in a house in a wood.*
You yourself?

In diesem Drill werden der Gebrauch von Präpositionen und Artikeln vor verschiedenen Ortsbezeichnungen sowie die Verwendung von Gegenwart und Vergangenheit in einem sinnvollen Kontext geübt. Dabei wird sowohl auf Faktenwissen als auch auf Kenntnisse aus der Märchenwelt zurückgegriffen.

Übungen mit Geräuscheffekten

Das Sprachlabor ist der ideale Ort für den Einsatz von Geräuscheffekten. Sie können als Hintergrundgeräusch bei der Kontextualisierung einer Konversation verwendet werden, aber auch als Stimuli in einer Übungsreihe.

(a) (Hund bellt)   *I can hear a dog barking.*
(Vogel singt)   *I can hear a bird singing.*
(Wasser tropft)   *I can hear a tap dripping.*
(Baby schreit)   *I can hear a baby crying.*
(Händeklatschen)   *I can hear some people clapping.*
(jemand atmet)   *I can hear someone breathing.*
(jemand lacht)   *I can hear someone laughing.*
(Stille)   *I can't hear anything now.*

Geübt werden der Gebrauch des Partizips nach einem Verb (im Französischen und Deutschen müßte der Infinitiv auftreten, und es wäre eine andere Wortstellung erforderlich), die Verwendung der Artikel *a* und *some* sowie die Benutzung von positiven und negativen Formen unbestimmter Pronomen.

Geräuscheffekte brauchen nicht nur als Geräuschkulisse und als Motivationsfaktoren zu dienen; sie können auch den Einsatz bestimmter Vokabeln steuern:

(b) How did Felicity go home?
(Autogeräusch)   *She went by car.*
And Anthony? (Schiffsirene)   *He went by ship.*
And mother? (Eisenbahn-
geräusch)   *She went by train.*
And father? (Fahrradklingel)   *He went by bicycle.*
And the cat? (Tapsen)   *It went on foot.*
And the bird? (Flügelschläge)   *It flew.*

Diese Übung schult die Verwendung der Präpositionen *by* und *on* im Englischen, *à* und *en* im Französischen. Im Russischen und Deutschen müßten unterschiedliche Verben benutzt werden. Die gleichen Schülerantworten könnten übrigens auch durch Bilder ausgelöst werden. Im allgemeinen sind die Möglichkeiten, mit Geräuscheffekten zu arbeiten, begrenzter als bei der Verwendung von Bildern, weil sich weniger Geräusche als Bilder eindeutig identifizieren lassen. So ist es z. B. schwierig, das Geräusch eines Busses von dem eines Autos oder Lastwagens zu unterscheiden – visuell stellt dies überhaupt kein Problem dar. Andererseits kann der Inhalt von Sätzen wie *she sighed, he talks too fast* oder *it's hollow* kaum über Bilder, wohl aber durch Geräuscheffekte vermittelt werden.
Das letzte Beispiel der Übung (b) bringt einen Bedeutungszusammenhang ins Spiel, den wir Kollokation nennen.

Kollokationsübungen

(a) This is a wonderful book.   *Good, I'd like to read it.*
This is a fantastic record.   *Good, I'd like to hear it.*
Mr. Lock is a very amusing
speaker.   *Good, I'd like to hear him.*
Felicity is a very nice girl.   *Good, I'd like to meet her.*
There's an interesting pro-
gramme on T.V. tonight.   *Good, I'd like to watch it.*
There's a good film at the
cinema this week.   *Good, I'd like to see it.*
It's called „Gunfight at
the O.K. Corral".   *Good, I like cowboy films.*

Die strukturelle Übungsabsicht ist klar: es geht um den Unterschied zwischen *would like to* und *like*. Nicht so offensichtlich ist die Art des inhaltlichen Bezugs zwischen Sprechaufforderung und Schülerantwort. Dieser Bezug ist rein verbal; es werden weder Bilder noch Lauteffekte verwendet. Nur für die letzte Antwort wird ein gewisses Maß an Allgemeinwissen vorausgesetzt. Alles andere beruht auf der Kenntnis lexikalischer Interdependenzen. Der Schüler muß wissen, daß Bücher gelesen, nicht getroffen oder gehört werden.
Obwohl die Sprache einem die Freiheit gibt, all das zum Ausdruck zu bringen, was jemand einem anderen womit auch immer angetan haben könnte, so setzt sie andererseits

jedoch auch klare Grenzen. Sie sind für einen Muttersprachler selbstverständlich, und er wird sich ihrer meist erst dann bewußt, wenn sie überschritten werden. So spürt ein Engländer beispielsweise, daß in dem folgenden unglaubwürdigen Vorfall aus *Alice through the Looking Glass* sprachlich etwas ungewöhnlich ist:

The White Queen unceremoniously placed her head in Alice's lap and fell asleep. Alice herself dozed off but was woken by the gentle snoring of the queen. Her legs began to ache. She moved them cautiously, disturbing the queen who sat up with a start. ,,Goodness, you slept a long time," said Alice, trying to excuse herself. ,,No, I didn't," said the queen offended. ,,It's just that I sleep more slowly than you do."

Wir sprechen davon, daß wir langsam oder lange laufen – warum sollten wir dann nicht auch langsam schlafen können? Aber selbst Königinnen können sogar im Wunderland nicht das Unmögliche vollbringen. Sie benutzen lediglich ihre Vorrechte dazu, Konventionen zu brechen. In unserem Beispiel geht es um sprachliche Konventionen, um Regeln und Vorschriften, von denen abhängt, welche Wörter miteinander kombiniert werden können. Sie müssen, wie alle anderen Regeln auch, gelernt werden, denn sie können dem Schüler unerwartete Schwierigkeiten bereiten, wenn er einfach davon ausgeht, daß die Konventionen seiner eigenen Sprache überall und immer gelten. Darum ist ein Schüler erst dann, wenn er die Kollokationsregeln in der neuen Sprache beherrscht, in der Lage, bei der Erarbeitung entsprechender Drillübungen die richtigen Antworten zu geben.

Die gleiche Beziehung zwischen Verb und Objekt, die in Übung (a) illustriert worden ist, führt im folgenden Beispiel zu einer völlig anderen Struktur:

(b) Read these sentences aloud, filling in the blanks.
1. Do you like going abroad? I used to travel .... but I haven't travelled much recently.
   I used to travel a lot but I haven't travelled much recently.
2. Do you like fruit? I used to .... but I haven't .... recently.
   I used to eat a lot but I haven't eaten much recently.
3. Do you like tennis? I used to .... but I .... recently.
   I used to play a lot but I haven't played much recently.
4. Do you like poetry? I .... but ....
   I used to read a lot but I haven't read much recently.
5. Do you like tobacco? I ....
   I used to smoke a lot but I haven't smoked much recently.

In struktureller Hinsicht geht es in dieser Übung um die unterschiedliche Verwendung von *much* und *a lot*, wobei *much* nur in den negativen Satzteilen auftaucht. Die kollokative Verbindung zwischen den Substantiven in den Sprechaufforderungen und den Verben in den Schülerantworten berührt den strukturellen Unterschied und den verschiedenen Zeitgebrauch nur am Rande. Aber sie zwingt den Schüler, bei jedem Satz neu nachzudenken. Die Drillübung wird in programmierter Form dargeboten. Diese Präsentationsform ist dem Leser von der Einführung in ,,Novish" her bekannt. Der Schüler orientiert sich an schriftlichen Sprechaufforderungen und nimmt seine Antworten auf einem Tonbandgerät auf, über das er auch die richtigen Lösungen erfährt. Programmierte Übungen bieten sich immer dann an, wenn etwas in der Mitte eines längeren Satzes geändert oder eingefügt werden soll. Am Anfang der Übung wird noch ein größerer Teil der verlangten Antwort vorgegeben; dann wird aber nach und nach immer mehr ausgelassen, bis der Schüler schließlich den Satz vollkommen selbständig zu bilden hat.

Die kollokative Beziehung in den beiden letzten Übungen bestand zwischen einem Verb und dem dazugehörigen Objekt. Daneben gibt es sprachliche Konventionen, bei denen ein Subjekt mit einem Verb verbunden ist. In der folgenden Übung werden sie zur Bildung des englischen Perfekt herangezogen.

(c) Is William a playwright, then?   *Yes, he's just written a new play.*

    Is Jane a novelist, then?   *Yes, she's just written a new novel.*

    Is Pablo a painter, then?   *Yes, he's just painted a new picture.*

    Is Igor a composer, then?   *Yes, he's just composed a new piece of music.*

    Is Frank an architect, then?   *Yes, he's just designed a new building.*

    Is Laurence an actor, then?   *Yes, he's just acted in a new play.*

Mit den gleichen Sprechaufforderungen lassen sich auch Aussagen im einfachen Präsens stimulieren (*Yes, he writes plays usw.*). Konzentrieren wir unsere Aufmerksamkeit auf die Beziehung zwischen einem Erzeuger und seinem Erzeugnis, auf die sich bereits Übung (c) stützte, dann rückt eine neue Struktur in den Blick:

(d) I like that picture.   *Do you know who the artist is?*

    I like that building.   *Do you know who the architect is?*

    I like this piece of music.   *Do you konw who the composer is?*

    I like this sculpture.   *Do you know who the sculptor is?*

    I like this book.   *Do you know who the author is?*

Hier wird der Schüler mit einer Aufgabe konfrontiert, die dem, der Englisch lernt, erhebliche Schwierigkeiten bereitet: die Formulierung indirekter Fragen.

In der folgenden Kollokationsübung geht es um das, was Regisseure den „Schauplatz" nennen. Filme werden in Studios hergestellt und in Kinos gezeigt. Bier wird in Braukesseln produziert und (in England) in *pubs* getrunken. Die Übung befaßt sich mit dem alten und bekannten Thema, sich in einer fremden Umgebung zurechtfinden und nach dem Weg fragen zu müssen. Der Sprecher muß sich in die Rolle eines Touristen versetzen.

(e) You want to change some money.   *Can you tell me where the nearest bank is?*

    You want to buy some stamps.   *Can you tell me where the nearest post office is?*

    You want to buy some cigarettes.   *Can you tell me where the nearest tobacconist's is?*

    You want to buy a newspaper.   *Can you tell me where the nearest newsagent's is?*

    You want to find a taxi.   *Can you tell me where the nearest taxi stand is?*

    After all that shopping, you need a drink.

Kollokative Beziehungen gibt es schließlich auch zwischen Adjektiven und Verben.

(f) 1. I tried to do the sum. But the sum was so difficult that I couldn't...........
    The sum was so difficult that I couldn't do it.
2. I tried to lift the box. But the box was so............that I couldn't............
    The box was so heavy that I couldn't lift it.
3. There was too much chilli in my curry. The curry was.............
    that I couldn't.............
    The curry was so hot that I couldn't eat it.
4. Felicity gave her mother a cup of coffee. The coffee............that she couldn't.....
    The coffee was so hot that she couldn't drink it.
5. I got a letter from a friend yesterday. But his handwriting.......................
    His handwriting was so illegible, or poor, or bad, that I couldn't read it.
6. My teacher asked me a question. But........................
    The question was so difficult that I couldn't answer it.

Geübt wird der Gebrauch von *so* vor einem Adjektiv. In weiteren Übungen der gleichen Art könnte man das Pronomen am Satzende ändern lassen oder Strukturen mit *such . . . that* und *too* einführen. Im Französischen müßte sich eine parallele Übung mit *si grand que* und *trop grand pour* befassen.

Implikative Beziehungen

Im fünften Lernschritt der letzten Übung wurden die Adjektive *poor, bad* und *illegible* als alternative Beschreibungsmöglichkeiten für die Handschrift des Freundes angeboten. In diesem Kontext (und in wenigen anderen Fällen) können sie synonym verwendet werden, d.h. sie sagen das gleiche aus und sind darum austauschbar. Synonyme fallen nicht in den Bereich der Applikation oder der Kollokation. Sie stehen in einer inhaltlichen Beziehung zueinander, die wir Implikation nennen.
1. Den Begriff *Applikation* haben wir zur Bezeichnung von Beziehungen zwischen Wörtern und Dingen verwendet, zur Charakterisierung von Sätzen in einer Sprache und Ereignissen oder Tatbeständen in der Umwelt, die in ihnen versprachlicht werden. Wenn wir nach dem Inhalt, nach der Bedeutung eines Satzes oder Wortes fragen, dann sind wir an deren Applikation interessiert.
2. Den Begriff *Kollokation* haben wir zur Bezeichnung von Beziehungen verwendet, die zwischen verschiedenen Wortklassen einer Sprache bestehen. Bei der Kollokation geht es z.B. darum, welche Adjektive normalerweise mit welchen Substantiven gemeinsam auftreten, welche Substantive mit welchen Verben usw. So wurde in den Lernschritten 3 und 4 der letzten Übung das Adjektiv *hot* sowohl mit *curry* als auch mit *coffee* verbunden, wobei jedoch inhaltlich jedesmal etwas anderes zum Ausdruck gebracht wird.
3. Den Begriff *Implikation* verwenden wir zur Bezeichnung von Beziehungen, die zwischen verschiedenen Wörtern bestehen können, wenn sie in verschiedenen Sätzen und in einem jeweils anderen Kontext benutzt werden. Wenn wir z.B. fragen, ob die beiden Wörter *poor* und *bad* das gleiche bedeuten oder Gegensätze darstellen, dann haben wir es mit einer implikativen Beziehung zu tun.

76

Die folgenden fünf Abschnitte befassen sich mit verschiedenen Kategorien der Implikation; es sind dies: Synonyme (sinnverwandte Wörter: *sterben, ableben, dahinscheiden* usw.), Hyponyme (semantische Unterbegriffe: *Tisch, Stuhl* usw., Oberbegriff oder Hyperonym: *Möbel*), Antonyme (Wörter mit gegensätzlicher Bedeutung: *gesund – krank*), Umkehrungen (*a steht vor b = b folgt a*) und Folgerungen (*Helga ist Peters Frau* oder *Gattin = Helga und Peter sind verheiratet*).

Übungen zu Synonymen

Normalerweise denken wir bei Synonymen an sinnverwandte Wörter, die zur gleichen Wortart gehören, d.h. entweder an zwei oder mehr Verben, an verschiedene synonyme Adjektive, Substantive usw. In vielen Fällen aber gehören Synonyme zu verschiedenen Wort- oder Ausdrucksklassen. Im folgenden Beispiel treten in der Sprechaufforderung einfache Verben auf, die in der Schülerantwort zu komplexeren Satzaussagen erweitert werden. Der grammatische Lernstoff besteht im Gebrauch bestimmter Präpositionen in Verbindung mit Verben der Bewegung.

(a) Father walked here.	*He came on foot.*
Mother flew here.	*She came by plane.*
Felicity drove here.	*She came by car.*
Oedipus cycled here.	*He came by bicycle.*
Columbus sailed here.	*He went by ship.*
The three messengers rode from Ghent to Aix.	*They went on horseback.*

Alternativ zur Übung (a) kann man eine komplexe Satzaussage durch ein einfaches Adjektiv ersetzen lassen; in der folgenden Übung steht dem Adjektiv jeweils *very* voran.

(b) Father earns a lot of money.	*He's very rich.*
Anthony makes a lot of noise.	*He's very noisy.*
Felicity makes little noise.	*She's very quiet.*
Mother doesn't have much spare time.	*She's very busy.*
She doesn't get enough sleep.	*She's very tired.*
I don't do any work.	*You're very lazy.*

Um den Gegensatz zwischen *much* und *a lot* üben zu können, läßt man ein Adjektiv durch eine Mengenangabe ersetzen:

(c) The teapot is almost empty.	*There's not much tea left.*
The coffee tin is almost full.	*There's a lot of coffee left.*
The sugar bowl is almost empty.	*There's not much sugar left.*
The river bed is almost dry.	*There's not much water left.*
The ultimatum has almost expired.	*There's not much time left.*
That page is almost empty.	*There's a lot of space left.*
My bank account is almost empty.	*There's not much money left.*
The chocolate box is almost empty.	*There are not many chocolates left.*

Ein unvollständiges Hilfsverb kann an die Stelle eines einfachen erweiterten Satzes treten. Im folgenden Drill wird der Unterschied im grammatischen Gebrauch von *mustn't* und *needn't* geübt.

(d) The Reading Lesson: Notes to Teachers
  1. It is essential that you don't spend too long on explanations.
     I mustn't spend too long on explanations.
  2. It is not essential to translate every word.
     I needn't translate every word.
  3. It is not necessary that the pupils understand every word during your first reading.
     The pupils needn't understand every word during my first reading.
  4. But it is essential that they don't read entirely mechanically.
     They mustn't read entirely mechanically.
  5. If labels and charts are used to develop word and sentence recognition, it is essential that they are not left in the same place day after day.
     Labels and charts mustn't be left in the same place day after day.
  6. It is not necessary for the pupils to read the passage aloud.
     The pupils needn't read the passage aloud.
  7. If they do so, there is no need for you to let only one pupil read aloud at a time.
     I needn't let only one pupil read aloud at a time.[4]
  8. But it is necessary that you check each pupil's reading from time to time.
     I must check each pupil's reading from time to time.

Im nächsten Beispiel werden synonyme adverbiale Ausdrücke der Zeit ausgetauscht. Lernziele sind die richtige Verwendung von *since* und *for* sowie das Einüben von Intonationsmustern zum Ausdruck von Ironie.

(e) I've been waiting for 15 minutes.
   Have you really been waiting for a quarter of an hour?

   Felicity's been waiting for 30 minutes.
   Has she really been waiting for half an hour?

   Anthony has been ready for the last 45 minutes.
   Has he really been ready for three quarters of an hour?

   Father's been waiting since 25th December.
   Has he really been waiting since Christmas?

   Mother waited for seven days.
   Did she really wait for a week?

Schließlich kann auch ein substantivischer Ausdruck (*noun phrase*) in einen vollständigen Satz umgewandelt werden – in diesem Beispiel in Relativsätze:

(f) A tobacconist.   *A tobacconist is a man who sells cigarettes and tobacco.*

   A greengrocer.   *A greengrocer is a man who sells fruit and vegetables.*

   A butcher.   *A butcher is a man who sells meat.*

   A baker.   *A baker is a man who sells bread and cakes.*

   A candlestick maker.   *A candlestick maker is a man who makes candlesticks.*

A sculptor.	*A sculptor is a man who makes statues.*
An architect.	*An architect is a man who designs buildings.*
A chauffeur.	*A chauffeur is a man who drives cars.*
A screwdriver.	*A screwdriver is a tool which drives in screws.*
A hammer.	*A hammer is a tool which drives in nails.*
A record-player.	*A record-player is a machine that plays records.*
A camera.	*A camera is a machine that takes photographs.*
A loudspeaker.	*A loudspeaker is a machine that amplifies sound.*
A barometer.	*A barometer is an instrument which measures pressure.*
A thermometer.	*A thermometer is an instrument which measures temperature.*
A swimming pool.	*A swimming pool is a place where you can swim.*
A library.	*A library is a place where you can borrow books.*
A hotel.	*A hotel is a place where you can stay.*

Diese Übung könnte – und sollte wohl besser auch – in mehrere Einzeldrills aufgeteilt werden, in denen jeweils nur eine Form des Relativsatzes gebildet werden müßte (*who, which, that* usw.); bei jedem Satztyp könnten dann weitere sprachliche Unterschiede mit berücksichtigt werden, die schon vorher angeklungen waren, z.B. transitive und intransitive Verben oder Substantive, die Zählbares und Nichtzählbares bezeichnen. Dabei werden alle diese grammatischen Erscheinungen unter Rückgriff auf das Allgemeinwissen des Schülers sowie unter Einbezug von kollokativen oder synonymen sprachlichen Beziehungen abgefragt. Durchgehend ist im letzten Drill auch indirekt eine weitere implikative Beziehung im Spiel gewesen: die von Hyponymen. Hyponyme umfassen Einzelelemente einer übergreifenden, zusammenfassenden Gruppe. So gehören z.B. *screwdriver* und *hammer* zur Gruppe der *tools*, *barometer* und *thermometer* zur Klasse der *instruments*. In diesen Beispielen bestehen hyponyme Beziehungen zwischen Substantiven. Im nächsten Abschnitt soll gezeigt werden, daß auch andere Wortarten und Redeteile davon berührt werden können.

Übungen zu Hyponymen

Im ersten Beispiel wird eine weitere Möglichkeit aufgezeigt, Substantive üben zu lassen, die Zählbares und Nichtzählbares bezeichnen. Die Aufgabe des Schülers besteht darin, für die in den Sprechaufforderungen genannten Substantive einen Oberbegriff zu finden und ihn in eine sprachliche Umgebung angemessen einzubetten.

(a) 1. The old woman who lived in a shoe had a lot of sons and daughters.
There were .... that she couldn't feed them all.
There were so many children that she couldn't feed them all.
2. There were a lot of dahlias, roses and marigolds in the garden.
There .... that I couldn't pick .... all.
There were so many flowers that I couldn't pick them all.
3. For dinner, she gave me a huge amount of rice and chicken.
There .... that I couldn't .... all.
There was so much food that I couldn't eat it all.

Food ist ein Substantiv, das Nichtzählbares bezeichnet; darum muß *much* verwendet werden. Deshalb müssen das Verb des Hauptsatzes und das Pronomen im Singular stehen. Achten Sie bei den folgenden Beispielen auf derartige Zusammenhänge!

4. After the chicken, she gave me a whole dishful of apples and bananas.
There .... I couldn't ....
There was so much fruit that I couldn't eat it all.
5. After the fruit, she gave me a whole plateful of sandesh and rasagula.
There ....
There were so many sweets that I couldn't eat them all.
6. Last night I had to mark exam. scripts, correct essays, prepare my lessons, write this chapter. There ....
There was so much work that I couldn't do, or finish, it all.
7. My students asked me about life in England, about the food, the weather, the people, the colour prejudice. There ....
There were so many questions that I couldn't answer them all.
8. Oedipus asked me how many cows and bulls and bullocks there were in the field. But there ....
There were so many cattle that I couldn't count them all.

Haben Sie daran gedacht, daß *cattle* kein Schluß-*s* erhält, obwohl es sich um ein Substantiv (zur Bezeichnung eines Sammel- bzw. Mengenbegriffs) mit Pluralbedeutung handelt? Vorsicht!

9. My host wanted to introduce me to all the men and women in the room. But ....
There were so many people that I couldn't meet them all.

In der nächsten Übung wird eine hyponyme Beziehung zwischen Adjektiven und abstrakten Substantiven aufgegriffen.

(b) How about this red dress, madam?
No ... *I would prefer a different colour.*

It's a very soft material.
Yes ... *I like its texture.*

It's charmingly striped and polka-dotted.
No ... *I would prefer a different pattern.*

It's full-skirted and short-sleeved.
Yes ... *I like its style.*

This oval handbag matches it beautifully.
Yes ... *I like its shape.*
I can let you have them both for 2 pounds.
Oh, in that case ...

In dieser Übung stehen sich Verben wie *like* und *prefer* in Gegenwart und Konditional gegenüber. Im nächsten Beispiel hat der Schüler Sätze im Perfekt zu bilden, wobei seine Antworten durch hyponyme Ortsbeziehungen gesteuert werden.

(c) Is this your first visit to London?
   Yes, I've never been to England before.
   Is this your first visit to the British Museum?
   Yes, I've never been in London before.
   Is this your first visit to Paris?
   Yes, I've never been to France before.
   Is this your first visit to the Louvre?
   Yes, I've never been in Paris before.
   Is this your first visit to the moon?
   Yes, I've never been in space before.
   Is this your first visit to the Copernicus Crater?
   Yes, I've never been on the moon before.

Diese Übung könnte zeitlich und räumlich erweitert werden, um auch andere örtliche Gegebenheiten berücksichtigen zu können, ebenso eine andere Verwendung von Präpositionen und einen anderen Artikelgebrauch vor Ortsbezeichnungen. Hier sollen jedoch Hyponyme nicht weiter behandelt werden. Es soll nur noch darauf hingewiesen werden, daß Übungen zu Hyponymen nicht reversibel sind. Sprechaufforderungen und Schülerantworten können ganz einfach deshalb nicht ausgetauscht werden, weil Rückschlüsse vom Allgemeinen zum Speziellen weniger eindeutig und zwingend möglich sind als vom Speziellen zum Allgemeinen. Wir können von einem Schüler erwarten, daß er *rot* als eine *Farbe* charakterisieren kann; das Wort *rot* kann deshalb in einer Sprechaufforderung verwendet werden, um den Begriff *Farbe* zu stimulieren. Gehen wir jedoch von dem allgemeineren Begriff aus, so läßt sich ein spezielles Wort nicht klar vorherbestimmen. Die Übungen zu Synonymen und die Drills in den nun folgenden Abschnitten hingegen sind reversibel. Hier können Sprechaufforderungen und Schülerantworten prinzipiell untereinander ausgetauscht werden, und in einigen Fällen können die gleichen Beispiele sehr wirksam zur Gestaltung von zwei verschiedenen Übungen herangezogen werden.

Übungen zu Antonymen

Die folgende Übung illustriert antonyme Beziehungen, vornehmlich in bezug auf Verben.

(a) The other day my friend Harold decided to get married.
   Why didn't he stay single?
   Because he had met this beautiful girl. But his plan failed.
   Why didn't it succeed?

Well, he proposed to her but she refused.
Why didn't she accept?

Because she said her father had forbidden it.
Why didn't he permit it?

Because he hates Harold.
Why doesn't he like him?

Because Harold supports Rangers and he supports Celtic. You do know that Celtic lost the cup last year?
Why didn't they win?

Because they played on the defensive all the time.
Why didn't they attack?

I don't know. Anyway, Harold is still full of hope.
Why doesn't he despair?

Because Celtic are bound to win the cup this year.

Diese Übung setzt Lokalkenntnisse im Hinblick auf schottische Fußballmannschaften voraus. Sie übt die Bildung verneinter Fragen. Der nächste Drill verlangt die Formulierung von Aussagen im Perfekt, indem antonyme Verbindungen zwischen Substantiven und Verben herangezogen werden.

(b) Harold is still a bachelor.	*He hasn't got married yet.*
His girlfriend is still a spinster.	*She hasn't got married yet.*
Trofimov is still a student.	*He hasn't graduated yet.*
Felicity is still a schoolgirl.	*She hasn't left school yet.*
Are you still at school?	
Are you still a student?	
Are you married?	

In der folgenden Übung muß von einem Adjektiv auf ein abstraktes Substantiv geschlossen werden.

(c) Pala isn't a rich country.	*There's still a lot of poverty.*
Pala isn't a healthy country.	*There's still a lot of disease.*
Pala isn't a progressive country.	*There's still a lot of reaction.*
Pala isn't a socialist country.	*There's still a lot of capitalism.*
Pala isn't a law-abiding country.	*There's still a lot of lawlessness.*
Pala isn't an industrial country.	*There's still a lot of agriculture.*
Pala doesn't allow free entry.	*There are still a lot of restrictions.*

Im letzten Beispiel geht es um den antonymen Bezug gegensätzlicher Präpositionen:

(d) Are you standing up?	*No, I'm sitting down.* [5]
Is your tape going backwards?	*No, it's going forwards.*
Is Anthony getting up?	*No, he's staying in bed.*
Is Felicity staying at home?	*No, she's going out.*
Did the Light Brigade charge down the valley?	*No, they charged up the valley.*
Were there cannon to the left of them?	*No, there were cannon to the right of them.*
Have we got this the right way round?	*No, we've got it the wrong way round.*

In den ersten vier Übungsschritten wird die Verlaufsform der Gegenwart eingeübt. Der Gebrauch gegensätzlicher Präpositionen leitet direkt zu einer weiteren Übungsart über, in der implikative Beziehungen eine Rolle spielen: Umkehrungen.

Die Übungstechnik der Umkehrung

(a) The cat is on the mat.	*So, the mat is under the cat.*
The letter *e* comes before *i*.	*So, the letter i comes after e.*
The river goes under the bridge.	*So, the bridge goes over the river.*
Who is sitting on your left in the laboratory?	*X is.*
So, you	*So, I am sitting on X's right.*
Who is sitting on your right?	*Y is.*
So, you	*So, I am sitting on Y's left.*
Who did you say was sitting on either side of you?	*X and Y.*
So, you	*So, I am sitting between X and Y.*
Who is sitting in front of you?	*Z is.*
So, you	*So, I am sitting behind Z.*
Who is sitting behind you?	*O is.*
So you	*So, I am sitting in front of O.*

Die meisten Schülerantworten sind „offen", d.h. nicht eindeutig oder zwingend gesteuert. Es wird nur ein Rahmen für das angegeben, was ein Schüler in der realen Übungssituation sagen könnte. X und Y können durch wirkliche Namen ersetzt werden oder auch durch den Hinweis *nobody*. Die Präpositionen in Stimulus und Antwort stellen antonyme Paare dar. Die Sätze, in denen sie auftreten, stehen jedoch in einer synonymen Beziehung zueinander, weil nur die Reihenfolge der Satzteile verändert, konkret: umgekehrt wird. Diese Umkehrung gibt der Übungsart ihren Namen; im Englischen heißen sie *converse drills*. Umkehrbeziehungen dieser Art lassen sich sowohl mit Verben als auch mit Präpositionen herstellen.

(b) Are you going to lend Harold the money?
He's already borrowed it from me.

Are you going to sell Stirling the car?
He's already bought it from me.

Are you going to rent your house to them?
They've already rented it from me.

Beziehungen der Umkehrung können auch bei gesteigerten Adjektiven bestehen:

c) Delhi is a little colder than Calcutta.
Calcutta is a few degrees hotter than Delhi.

Brutus is a little heavier than Cassius.
Cassius is a few pounds lighter than Brutus.

Anthony is a little shorter than Felicity.
Felicity is a few inches taller than Anthony.

In winter the days are a little shorter than in summer.
In summer the days are a few hours longer than in winter.

Father is a little older than mother.
Mother is a few years younger than father.

The paperback edition is a little cheaper than the hardback.
The hardback edition is a few pence more expensive than the paperback.

Sophia Loren is a little more beautiful than my girlfriend.
My girlfriend is a little less beautiful than Sophia Loren.

In diesem Drill werden die Verwendung von Substantiven im Plural nach *a few* und einige Unregelmäßigkeiten bei der Steigerung von Adjektiven geübt. *More expensive* wird als Alternative zu *dearer* benutzt. Im letzten Übungsschritt wäre *uglier* unangebracht. Schönheit – das macht nicht zuletzt die gewählte Aussage deutlich – ist eine Qualität, die nicht quantifizierbar ist.
Die nächste Übung stellt Umkehrbeziehungen zwischen Substantiv-Paaren her.

(d) Is that your girlfriend?   *No, I don't know who her boyfriend is.*
Is Zarina your secretary?   *No, I don't know who her boss is.*
Is Sophia Harold's wife?   *No, I don't know who her husband is.*
Is Felicity your god-child?   *No, I don't know who her godfather is.*
Is Oedipus your child?   *No, I don't know who his parents are.*
Is Frankenstein your patient?   *No, I don't know who his doctor is.*
Is Cerberus your dog?   *No, I don't know who its owner is.*

In dieser Übung geht es gleichzeitig um die indirekte Rede und um die Wortstellung. Daß Umkehrungen vorliegen, ist nicht in jedem Fall sofort einleuchtend. Versetzt man sich allerdings in die Lage von Sophias Mann, dann wäre in der Umkehrung zu folgern, daß sie die Ehefrau ist.

Die Übungstechnik der Folgerung

Das Eheleben ist eine Konsequenz der Heirat – und daraus erwachsen genügend weitere Folgerungen! Es hat einen Anfang und ein Ende. Der Beginn, das Ende und die Dauer eines jeden Zustands sind durch Implikationen der Folgerung miteinander verbunden. Beziehungen der Folgerung zwischen Verben und Adjektiven werden in dieser Übung (*consequence drill*) unmittelbar berührt:

(a) The cat has been killed.   *It is now dead.*
Frankenstein's monster has escaped.   *He's now free.*
Harold has got what he wanted.   *He's now content.*
I've eaten all I can.   *I'm now full.*
Samson has lost his sight.   *He's now blind.*
Lear has lost his senses.   *He's now mad.*
Jim is losing his hair.   *He's becoming bald.*

Dieses Beispiel verweist auf eine Erweiterungsmöglichkeit dieser Übungsart: man kann gegenüberstellen, was man werden kann und was man ist. Man kann z.B. nicht tot werden, wohl aber taub sein oder werden. In der nächsten Übung haben verbal ausgedrückte Ereignisse nominal ausgedrückte Folgerungen:

(b) Sophia is married now.
Clytemnestra has lost her husband.
Harold has been elected now.
Celtic have won the cup.
Clement has been ordained now.
Jim has changed his religion.
MacHeath has been captured now.

She's become a wife.
She's become a widow.
He's become an M.P.
They've become champions.
He's become a priest.
He's become an apostate.
He's become a prisoner.

Umgekehrt erhalten wir Beziehungen der Folgerung zwischen Nominalphrasen (Substantiv, Adjektiv) und Verbalphrasen:

(c) Grgic is a good chess player.
He's such a good player that he always wins.

Jim is a bad player.
He's such a bad player that he always loses.

An elephant has a good memory.
It has such a good memory that it never forgets.

Macbeth invited us to a dull banquet.
It was such a dull banquet that we were all bored.

Mercutio told us a funny story.
It was such a funny story that we all laughed.

Jacques told us a sad story.
It was such a sad story that we all cried.

Auch Tatbestände, die durch Adjektive beschrieben werden, lassen Folgerungen zu, die sich in einer Verbalphrase niederschlagen:

(d) Your hair is too long.
Your watch is broken.
Your trousers are creased.
Your shirt is torn.
Your suit is stained.
The petrol tank is empty.
The dog licence has expired.

You must get it cut.
You must get it repaired.
You must get them pressed.
You must get it mended.
You must get it cleaned.
You must get it filled.
You must get it renewed.

Im Französischen könnte man mit dieser Übung den Gebrauch von *faire faire* einüben.[6]
Auch Verben können natürlich in einer Beziehung der Folgerung zueinander stehen:

(e) John is still climbing the mountain.
He hasn't reached the top yet.

Mother is still looking for her key.
She hasn't found it yet.

Felicity is still chasing the cat.
She hasn't caught it yet.

Rip Van Winkle is still sleeping.
He hasn't woken up yet.

John and Mary are still only engaged.
They haven't got married yet.

Peter is still studying for his degree.
He hasn't graduated yet.

Mit diesem Beispiel soll die Betrachtung inhaltsbezogener Strukturübungen abgeschlossen werden. Im nächsten Abschnitt wenden wir uns inhaltsbezogenen Ausspracheübungen zu. Danach sollen dann die Grenzen dieser Übungstypen erörtert werden.

Inhaltsbezogene Ausspracheübungen

In Kapitel 4 sind einige formale Ausspracheübungen zur Diskussion gestellt worden. Bei den Übungen, die in diesem Kapitel vorgestellt worden sind, ist die Aussprache mitgeübt worden, sie stand aber nicht im Mittelpunkt des Übungsgeschehens; nur bei den Applikationsübungen war sie inhaltsbezogen beteiligt. Von hier ausgehend, könnte man nun spezielle Ausspracheschwierigkeiten durch die Gestaltung entsprechender applikativer Sprechaufforderungen gezielt zu beheben versuchen. Mit Hilfe von Bildern könnte man den Schüler z.b. dazu bringen, die Vokale in Wörtern wie *ship* und *sheep, cup* und *cap* oder *cat* und *cart* voneinander unterscheiden zu lernen – immer vorausgesetzt, daß er die abgebildeten Gegenstände bereits kennt. Das Erkennen relevanter Laute könnte als Grundlage dienen, auch konsonantische Unterschiede richtig zu produzieren, etwa bei *mouse* und *cows, ship* und *sip, breathe* und *breeze*. Hier soll jetzt nur eine inhaltsbezogene Drillübung vorgestellt werden. Sie verlangt Veränderungen im Rhythmus und in der Intonation eines Satzes. In der Sprechaufforderung wird neben verbalen Stimuli auch ein visuelles Element verwendet. Diese Elemente steuern, welche der fünf Silben im Antwortsatz jeweils betont werden muß. Im ersten Übungsschritt liegt Normalbetonung vor; danach folgen verschiedene emphatische Betonungsmuster. Der Schüler betrachtet das Bild und hört jemand sprechen, der offensichtlich etwas schwerhörig ist. Geduldig gibt er seine Antworten, die ihm schriftlich vorliegen.

What's that?	*It's a pencil.*
It isn't a pencil.	*It **is** a pencil.*
Did you say pensell?	*No, it's a **pencil.***
Did you say "the pencil"?	*No, it's **a** pencil.*
So she's a pencil?	*No, **it's** a pencil.*

Kollokative und implikative Beziehungen lassen sich auch zum Üben von Wörtern heranziehen, die Laut- oder Betonungsunterschiede aufweisen, z.B. *ship* und *sheep, blackbird* und *white sheep*. Herkömmlicherweise hat man für derartige Aufgabenstellungen Kinderrätsel verwendet. Sie sollen an dieser Stelle jedoch nicht kommentiert werden, weil damit bereits der Bereich der Verständnisübungen (Kapitel 6) betreten wäre.

Drillübungen als Tests

Bei der Erörterung der Funktionen und Aufgabenstellungen verschiedener inhaltsbezogener Drills ist meist das Wort *üben (einüben)* benutzt worden, daneben aber auch *aktivieren, auslösen, steuern, stimulieren* und *veranschaulichen*. Ebensogut hätte an vielen Stellen *überprüfen* oder *testen* gesagt werden können. Darum soll uns in diesem Abschnitt die Frage des Zusammenhangs zwischen *Üben* und *Testen* beschäftigen. Worum geht es bei Drillübungen – nur um Laute (wie im Fall formaler Drills) oder auch um Strukturen und Inhalte? Gehen wir einmal davon aus, daß mit inhaltsbezogenen Drills Strukturen geübt werden; alle angeführten Beispiele haben gezeigt, daß der Schüler dabei gleichzeitig *auch* auf seine Kenntnisse über Inhaltsbezüge hin überprüft wird. Mag auch die Struktur innerhalb einer Übungsreihe gleich bleiben, so verlangt jedoch jede neue Sprechaufforderung vom Schüler, das Vokabular eines Satzes den gestellten

Anforderungen auf sinnvolle Art und Weise anzupassen. In einer Drillübung treten insgesamt vier Varianten auf, die in unserem Zusammenhang von Bedeutung sind: 1. Anlage und Gestaltung der Sprechaufforderung; 2. Anlage und Gestaltung der Schülerantwort; 3. Länge der Sprechaufforderung; 4. Länge der Schülerantwort. Anlage und Gestaltung der Sprechaufforderung – besser: Anlage und Gestaltung des Inhaltsbezugs zwischen Sprechaufforderung und Schülerantwort – lassen sich innerhalb der gleichen Übungsreihe vielfach verändern, ohne dadurch die strukturelle Anlage einer Schülerantwort zu berühren. Dazu ein Beispiel.

(a) How do you get drunk? *By drinking too much.*
How do you see the world? *By travelling.*
How can you get to India most quickly? *By flying.*
How do people earn their living? *By working.*
How does a baker earn his living? *By making bread.*
And a grocer? *By selling provisions.*
And a taxi-driver? *By driving a taxi.*
And your English teacher? *By teaching English.*
And Georges Simenon? *By writing detective stories.*

Die einzelnen Übungsschritte testen nacheinander Schülerkenntnisse über Folgerungen, über die Welt im allgemeinen, über Kollokationen und über Ableitungsprozesse. Verfügt er über diese Kenntnisse, dann wird er die Variationen in den Sprechaufforderungen vielleicht gar nicht bewußt erkennen. Daraus können wir ein Prinzip zur Gestaltung von Drillübungen ableiten: Es ist nicht nötig, immer nur Inhaltsbezüge einer Art in einer Übung anzubieten. Bei den vorangegangenen Beispielen ist dies lediglich aus formalen Gründen der besseren Veranschaulichung geschehen. Die Grenzen für die Variation bei der Gestaltung von Sprechaufforderungen müssen pragmatisch festgelegt werden; die einzige und einfache Frage lautet dabei: Kann ein Schüler, ausgehend von der Sprechaufforderung, eine Äußerung strukturell wie erwartet formulieren, oder ist er überfordert?

Das gleiche Prinzip gilt keinesweg auch für die Schülerantworten. Wenn wir die strukturelle Anlage und Gestaltung einer Schülerantwort mehr als nur geringfügig verändern, dann testen wir Schülerkenntnisse über Strukturregeln und tragen nicht dazu bei, daß er seine Kenntnisse festigt. Dem Leser wird allerdings nicht entgangen sein, daß in vielen der hier angeführten Beispielreihen die Schülerantworten bewußt variiert worden sind; dies geschah aus mehreren Gründen. Der Leser sollte erkennen, wie eine Übung in eine andere übergehen kann. Es sollte ferner gezeigt werden, wann eine bestimmte Struktur nicht verwendet werden darf. Und schließlich sollte der Leser zum Nachdenken angeregt werden. Viele unserer Beispiele lassen sich sicherlich als Übungsmaterialien verbessern oder vereinfachen, indem die aus der Reihe fallenden Übungsschritte ausgelassen werden. Aber beim Lehren und Lernen einer Fremdsprache gibt es auch immer wieder jene Stufe, auf der wir Kenntnisse testen müssen, um festzustellen, was die Schüler gelernt haben. Die folgenden Tests sehen zwar wie Übungen aus; in den Schülerantworten werden jedoch ständig strukturell unterschiedliche Formen erforderlich.

(b) *See if you can use the right part of the verb* to be *with the four phrases* so much, so many, so little, so few *and appropriate countable or uncountable nouns in the following passages:*

1. There .... that we can't staff all the hospitals. There ....
   that there isn't enough room for all the patients. There .... that they
   can't all be given beds. There .... that we can't buy all the necessary
   drugs.
2. There .... that many people are unemployed. For each vacancy, there
   .... that not all of them can be interviewed.
3. The monsoon failed last year. There .... that the crops would not
   grow. There .... that the wild animals were dying of thirst. There
   .... who were starving that the government had to send relief. The
   year before there .... that the fields were flooded.

(c) *Answer these questions with complete sentences:*
1. Must I have a visa to come to England?
2. Must I have a passport?
3. Need I register with the police if I only stay for two months?
4. And if I change my mind and stay for six months?
5. If I change my address after that, what happens?
6. Must I have a licence to drive a car?
7. Must I have a British licence?
8. How do I get a British licence?[8]

(d) *Read the following passage carefully. Then complete the seven sentences beneath.*
Complete the sentences by writing the word thermometer *or* thermometers *and by*
adding the, some *or* some of the *if an article is needed.*
John wants to measure the temperature of a liquid. He hasn't got a Fahrenheit
thermometer in his laboratory. He has two kinds of Centigrade thermometer. One
kind contains mercury and the other kind contains alcohol. He chooses a mercury
thermometer because the liquid has a very high boiling point.
1. .... are used to measure temperature.
2. .... work on the Fahrenheit scale.
3. .... measure in Centigrade.
4. .... in John's laboratory are all on the Centigrade scale.
5. .... in his laboratory contain alcohol.
6. .... in his laboratory contain mercury.
7. .... John used contained mercury.

Die drei Tests unterscheiden sich voneinander nach Form und Inhalt. Test (c) – zu
mustn't, needn't usw. – kann über Tonband gegeben werden. Die Schüler müssen in
vollständigen Sätzen antworten. Test (b) und (d) erfordern schriftliche Aufgabenstellungen, weil der Schüler seine Antworten in vorgegebene Lückentexte eintragen soll;
danach kann er natürlich seine Antworten auch noch auf Tonband sprechen.
Test (d) – zum Artikelgebrauch und zu *some* – enthält eine ziemlich lange Einleitung.
Dies verlängert die Sprechaufforderung, ist aber unumgänglich, weil die richtige
Antworten gegeben werden können, wenn die voranstehenden Informationen aufgenommen und verstanden worden sind. Würde dieser Test über Tonband gegeben, dann
hinge seine Lösung von den Hörverstehensfähigkeiten eines Schülers ab. Wird eine
Sprechaufforderung in Form längerer Textabschnitte (oder in Versform, wie z.B. bei
Rätseln) gegeben, dann ergeben sich fließende Übergänge zwischen einer Drillübung
und einer Verständnisübung (Kapitel 6). Werden längere und strukturell ständig wechselnde Schülerantworten verlangt, dann ergeben sich fließende Übergänge zwischen

Drillübungen und Übungen zur Sprachproduktion (Kapitel 7). Die weniger streng gelenkten Übungsformen sind eine Art erweiterter Test mit laufend wechselnden Anforderungen und Lösungen. Sie testen das Wissen des Schülers über Inhaltsbezüge und seine Kenntnisse struktureller und phonologischer Regeln. In den beiden folgenden Abschnitten wird der Frage nachgegangen, ob auch inhaltsbezogene Drillübungen – also streng gelenkte Übungsformen – derartige Aufgaben übernehmen können.

Zwischenbilanz

Zunächst sollen noch einmal die möglichen Formen und die verschiedenen Leistungen von Drillübungen zusammengefaßt in die Erinnerung gerufen werden.

A. *Formale Drillübungen* bedienen sich in der Sprechaufforderung kontextisolierter Wörter oder ganzer Sätze, um
   (a) Vokabular innerhalb eines Satzes austauschen zu lassen;
   (b) die Form einzelner Satzteile verändern zu lassen;
   (c) einen Satztyp durch Hinzufügung, Auslassen, Umstellung oder Austausch von Satzteilen verändern zu lassen.

B. *Inhaltsbezogene Drillübungen* veranlassen zum Austausch, zur Veränderung oder zur Transformation unter Rückgriff auf
  1. applikative Beziehungen, die vorgegeben oder angeregt werden durch
    (a) Bilder;
    (b) Geräuscheffekte;
    (c) den Bezug auf Allgemeinwissen;
  2. kollokative Beziehungen zwischen Wörtern in einem Satz (wobei einzelne oder alle Satzteile betroffen sein können); die Sprechaufforderungen erfolgen durch einzelne Wörter oder vollständige Sätze;
  3. implikative Beziehungen zwischen Sätzen; die Sprechaufforderungen bestehen aus vollständigen Sätzen und erfordern den Austausch von
    (a) Synonymen;
    (b) Hyponymen;
    (c) Antonymen;
    (d) Begriffen, die durch eine Umkehrung abgeleitet werden;
    (e) Begriffen, die über eine Folgerung abgeleitet werden.

Jeder einzelne Übungstyp kann
1. die Bildung von Sätzen einer einzigen Struktur veranlassen;
2. zwei Strukturen kontrastieren lassen;
3. zwei oder mehr Strukturen testen lassen, entweder in diagnostischer Absicht, um Lerndefizite feststellen und beseitigen zu können, oder am Ende eines Unterrichtsabschnitts, um herauszufinden, ob die gesetzten Lernziele erreicht worden sind oder nicht.

Jeder einzelne Übungstyp kann
1. den Schüler zur Bildung von inhaltlich nicht zusammenhängenden Einzelsätzen veranlassen;
2. den Schüler zur Bildung von sprachlichen Äußerungen veranlassen, die sich von der Form her zusammenhängender gesprochener Prosa annähern.

Jeder einzelne Übungstyp kann entweder in programmierter Form oder als Übungsreihe dargeboten werden.

Die inhaltsbezogenen Drillübungen sind in den vorangegangenen Abschnitten aus mehreren Gründen sehr ausführlich erörtert worden. Sie sind bislang von Anlage und Gestaltung her noch nicht so bekannt wie formale Drillübungen. Darum sind auch ihre Leistungen noch nicht in der Breite erprobt worden. Sie sind so etwas wie eine neue, unerforschte Waffe im Fehlerkrieg. Aber sie sind äußerst anpassungsfähig. So konnte z.b. gezeigt werden, daß die gleiche Struktur (Perfekt) durch mindestens 15 inhaltsbezogene Drills angegangen werden kann (dabei sind reversible Übungstypen doppelt mitgezählt). Auch andere strukturelle Erscheinungen sind angesprochen worden, um aufzuzeigen, daß mit inhaltsbezogenen Drillübungen mindestens ebenso viele syntaktische Probleme geübt werden können wie mit formalen Drillübungen. Es bleibt die Frage, ob inhaltsbezogene Drills auch den gleichen Beschränkungen unterliegen wie formale Übungen.

Der Einfluß des Fehlers

Inhaltsbezogene Drillübungen können nicht verhindern, daß die Schüler Fehler machen. Die Schüler werden sogar sowohl in grammatischer als auch in semantischer Hinsicht Fehler machen können. Und der semantische Aspekt öffnet einen weiten Anwendungsbereich, denn inhaltsbezogene Sprechaufforderungen führen nicht nur – wie beim formalen Drill – zu einer einzigen richtigen Antwort hin. Deshalb mußten bei einigen Beispielen auch Antwortvarianten mit angeführt werden, und an vielen Stellen sind dem Leser sicherlich auch weitere akzeptable Antwortmöglichkeiten in den Sinn gekommen. Wir können mit Sicherheit davon ausgehen, daß unseren Schülern bei der Erarbeitung eines Drills alle möglichen richtigen und auch falschen Antworten einfallen, die wir niemals hätten vorausahnen können. Betrachten wir nur einige wenige Antworten auf eine Sprechaufforderung, die einem Drill entnommen ist, bei dem nur eine richtige Antwortstruktur geübt werden sollte:

Do you want this book?   *I've already read* /riːd/ *it.*
                          I've already heard it.
                          I've already looked through it.
                          I've already inwardly digested it.

Nur die dritte Antwort ist akzeptabel. Die übrigen Antworten weisen formale, kollokative oder stilistische Unvollkommenheiten auf. Wir können natürlich aus unseren Übungsreihen diejenigen Sprechaufforderungen herauslassen, die zu viele Antwortmöglichkeiten offenlassen, aber wir können auch nicht allzu strikt dabei verfahren, weil wir sonst auf inhaltsbezogene Aufgabenstellungen völlig verzichten müßten. Man könnte zwar daran denken, auf dem Tonband sämtliche Antwortmöglichkeiten aufzuzeichnen, aber dies würde die Bearbeitungszeit einer Übung unnötig verlängern, ohne daß dadurch irgendetwas Sinnvolles erreicht werden könnte. Schauen wir dazu noch einmal auf das letzte Beispiel. Der Schüler, der die dritte (richtige) Antwort gegeben hat, würde sie unter den möglichen Antwortvarianten sicherlich wiedererkennen, aber er müßte auch weitere Antworten hören, die er nicht gegeben hat. Den anderen Schülern wäre überhaupt nicht geholfen. Hier müssen wir an den Unterschied zwischen dem Erkennen der richtigen Antwort und dem bloßen Vertrautwerden mit ihr erinnern. Der

Schüler, der die erste Antwort gegeben hat, erfährt nicht, warum oder gar ob er etwas falsch gemacht hat, auch wenn er den Unterschied zwischen dem, was er gesagt hat, und der Tonbandantwort erkennt. Die Schüler, die den zweiten und vierten Fehler gemacht haben, werden im Ungewissen darüber gelassen, ob ihre Versionen nicht letztlich doch akzeptable Alternativen sein könnten. Es gibt nur eine Möglichkeit, dieser Schwierigkeit zu entgehen: der Schüler muß den Lehrer fragen. Inhaltsbezogene Drillübungen ermuntern den Schüler, sich wegen der Fülle möglicher Fehler und Antwortvarianten an den Lehrer zu wenden, und das ist einer ihrer Vorteile. Hat der Schüler den Lehrer erst einmal konsultiert und erfahren, was und warum er etwas falsch gemacht hat, dann kann er aufgefordert werden, die Übung noch einmal durchzuarbeiten und dabei die erwarteten Antworten einzuüben. Eine Übung ist dann gut, wenn ein Schüler sie zweimal durcharbeiten und jedesmal etwas dabei lernen kann.

Sind inhaltsbezogene Drills Strukturübungen?

Im Kapitel über formale Drillübungen ist ausgeführt worden, daß der „Tum-te-tum-Effekt" bei traditionellen Übungen das Erkennen inhaltlicher und struktureller Gegebenheiten verhindern kann. Auch inhaltsbezogene Drillübungen sind für diesen Effekt anfällig, selbst wenn sie sich hinsichtlich der Inhalte als widerstandsfähiger erweisen. Was die Strukturen betrifft, so sei der Leser eingeladen, noch einmal eine bengalische Drillübung unter den gleichen Bedingungen wie in Kapitel 4 durchzuführen, um dann selbst eine Antwort auf die Frage in der Überschrift dieses Abschnitts geben zu können.

Mit der folgenden Übung sollen unterschiedliche Strukturen eingeübt werden. Schauen Sie sich zunächst bitte die Vokabelliste an, die Sie auch während der Erarbeitung des Drills laufend konsultieren dürfen.

am	Mango	*phol*	Frucht
alu	Kartoffel	*torkari*	Gemüse
shondesh	Bonbon	*mishti*	Süßigkeiten
rojoni gondha	Rosenart	*phul*	Blume
uils	Zigarettensorte	*sigaret*	Zigaretten
choti	Sandale	*juto*	Schuhe
torch	Lampe	*bati*	Licht
jire	Gewürzart	*moshla*	Gewürze

Die Übung besteht aus einer Reihe von Minidialogen zwischen einem Ausländer und verschiedenen bengalischen Geschäftsleuten. Der Ausländer befindet sich in einer für ihn nicht ungewöhnlichen Situation: er ist in einem fremden Land und muß herausfinden, welche Produkte in welchen Geschäften verkauft werden.

Ausländer	*Geschäftsmann*
ami am chai.	kintu amar phol nei.
ami alu chai.	bhalo, amar torkari achhe.
ami shondesh chai. kintu ...	amar mishti nei.
ami rojoni ghonda chai. bhalo ...	amar phul achhe.
ami uils chai. kintu ...	amar sigaret nei.
ami choti chai. bhalo ...	amar juto achhe.
ami torch chai. bhalo ...	amar bati achhe.
ami jire chai. kintu ...	amar moshla nei.

Aus der Beschreibung des Kontextes und mit Hilfe der Vokabeln haben Sie sicherlich in etwa herausfinden können, was die Sätze bedeuten. Der Ausländer sagt:

Ich X möchte (Ich möchte gern X).

Der Geschäftsmann antwortet:

Aber bei mir Y existiert nicht (Aber ich habe kein/keine Y).
Gut, bei mir Y ist (Gern. Ich habe alle möglichen Sorten von Y).

Sie können die verschiedenen Aussagen des Geschäftsmannes richtg bilden, sobald Sie erkannt haben, an welcher Stelle in der Antwort der übergeordnete Begriff des in der Frage verwendeten Substantivs eingefügt werden muß. Für die erfolgreiche Bearbeitung der Übung braucht man also nicht zu wissen, daß *ami* und *amar* die nominative und besitzanzeigende Form des gleichen Pronomens sind, daß in der bengalischen Sprache Besitzverhältnisse nur durch die Verwendung von *sein* in Verbindung mit einem Substantiv angezeigt werden können, wobei das Substantiv im besitzanzeigenden Fall stehen muß, oder daß es auch andere Möglichkeiten gibt, *sein* zum Ausdruck zu bringen, daß in unserem Fall aber nur die benutzte Form möglich ist. In einem anderen Kontext müßten gemeinsam mit *sein* andere (oder gar keine) Verben auftreten.

Sind inhaltsbezogene Drillübungen wirklich inhaltsbezogen?

Sowohl bei inhaltsbezogenen als auch bei formalen Drillübungen werden dem Schüler nur richtige Beispiele vorgetragen. Beide Übungsformen laufen deshalb gleicherweise Gefahr, den Schüler zu veranlassen, unzulässige Verallgemeinerungen vorzunehmen. Gleichzeitig aber sorgt der „Tum-te-tum-Effekt" dafür, daß der Schüler überhaupt nicht verallgemeinert, sondern eine Übung rein mechanisch durchführt. Darum werden auch mit inhaltsbezogenen Drillübungen die geübten Strukturen keinesfalls automatisch einsichtig gemacht. Man kann sogar noch einen Schritt weiter gehen und fragen: Erkennt der Schüler überhaupt, daß inhaltsbezogene Drillübungen einen Inhaltsbezug herstellen wollen? Weiß er bei der Erarbeitung solcher Drills, was er sagt, oder sagt er nur, was er weiß? Um diese Frage beantworten zu können, müssen wir zwischen verschiedenen Dimensionen des Begriffs „Bedeutung" unterscheiden:

1. Die *applikative Bedeutung* ist die herkömmliche Verbindung zwischen einem Wort und den Dingen, auf die sich dieses Wort bezieht – zwischen einem Satz und der Situation, die durch ihn beschrieben wird.
2. Die *implikative Bedeutung* verweist auf sprachliche Tatbestände, die sich notwendigerweise gegenseitig bedingen (z.B. die Beziehungen zwischen einer Katze und einer Matte, auf der sie sitzt).
3. Die *kollokative Bedeutung* sagt aus, ob eine Äußerung bedeutungsvoll ist, ob sie einen Sinn hat oder nicht (vgl. die *White Queen* in *Alice*, S. 74).
4. *Faktenorientierte Implikationen und Folgerungen* sind bisher nur in Verbindung mit der Bedeutung von Verkehrszeichen angesprochen worden (Übung (e), S. 70).
5. Die *beabsichtigte Bedeutung* ist der Zweck oder der Wunsch, der in einer Äußerung zum Ausdruck kommt, z.B. *Die Katze sitzt schon wieder auf der Matte* kann entweder die einfache Darstellung eines Sachverhalts sein oder die Aufforderung an einen Hörer, Katze oder Matte zu entfernen.

6. *Einstellungen und Haltungen* kommen oft dadurch zum Ausdruck, *wie* wir etwas sagen. Die Bemerkung über die Katze auf der Matte z.B. könnte ärgerlich, vorwurfsvoll, erfreut oder traurig gemacht werden.

Nur die ersten vier der genannten Bedeutungstypen können im Sprachlabor geübt werden. Drillübungen testen oder lehren die semantischen Strukturen und Systeme einer Sprache unter den Aspekten der Implikation und der Kollokation. Sie testen oder lehren Wissen über die Welt und über die Kultur eines Gebietes, dessen Sprache der Schüler lernt. All dies geschieht sicherlich nicht systematisch, aber jeder Versuch in dieser Richtung ist besser als nichts. Wenn Drillübungen in diesem Zusammenhang überhaupt etwas erreichen, dann nur deshalb, weil sie dem Schüler einige Wahlmöglichkeiten bieten. Seine eigenen, persönlichen Vorstellungen und Wünsche kann er natürlich nicht zum Ausdruck bringen. Aber wenn wir Einstellungen und Haltungen, die der Schüler übernehmen soll, ganz und gar vorschreiben, dann müssen seine sprachlichen Äußerungen zweck-, sinn- und bedeutungslos bleiben. Er sagt dann nicht, was er sagen möchte, sondern was wir ihm zu sagen auftragen.

Was würde wohl geschehen, wenn ein Schüler beim Üben wirklich sagen könnte, was er möchte? Auf die Frage *Would you like this book* – als Sprechaufforderung angelegt, um eine Antwort im Perfekt zu veranlassen – würde er vermutlich vernünftigerweise zurückfragen: *What book?* In einer natürlichen Sprechsituation würde damit ein Gespräch eingeleitet, in dem es um die Einstellung des Sprechers und des Hörers zu einem Buch oder zur Literatur im allgemeinen gehen könnte.

Sicherlich haben wir gute Gründe dafür, einen Schüler so antworten zu lassen, wie wir es vorgesehen haben; und er mag unseren Grund vielleicht sogar einsehen, könnte ihn sich zu eigen machen: nämlich in der Fremdsprache sprechen zu lernen. Eine unvoreingenommene Einschätzung der Schülerantworten in einem Drill muß jedoch zu der Einsicht führen, daß der Schüler ,,Struktursprache'' spricht, d.h. daß er nicht wirklich kommuniziert. Und er bedient sich der Struktursprache, ohne die Strukturen besonders zu beachten. Ohne Zweifel kann ein intelligenter Schüler eine Menge dabei lernen. Ein intelligenter Schüler lernt aber bei jedweder Begegnung mit der fremden Sprache – sei es beim Studium einer Grammatik, beim Lesen eines Romans oder bei der Erarbeitung einer Drillübung. Der Vorteil von Drillübungen gegenüber Romanen besteht darin, daß sie intensive Lernerfahrungen in bezug auf gesprochene Sprachformen vermitteln; das kann übrigens auch durch einfache Hörübungen erreicht werden. Gegenüber einer Grammatik besteht der Vorteil von Drillübungen darin, daß sie mehr Beispielsätze anbieten und auf diese Weise dem Schüler helfen können, sich durch Wiederholungen an eine Regel zu erinnern. Aber diese Regel muß vom Schüler zunächst erst einmal erkannt werden. Wie wir gesehen haben, vollzieht sich die Regelfindung bei der Erarbeitung einer Drillübung nicht automatisch. Schließlich muß ein Schüler auch Anwendungsfelder für bestimmte Regeln außerhalb der Übungssituation selbständig finden. Wird darum die Wahlmöglichkeit bei der Suche und Verwendung verschiedener Strukturen außer acht gelassen oder eingeschränkt, dann verhindern Drillübungen, sich mit ihrer Hilfe auf echte Kommunikationssituationen vorbereiten zu können.

Zweck und Grenzen von Drillübungen sind in den beiden letzten Kapiteln sehr ausführlich erörtert worden. Dies geschah vor allem deshalb, um Anspruch und Wirklichkeit miteinander zu vergleichen, soweit Wirklichkeit durch Analyse und Berufung auf Ergebnisse faßbar wird. Drillübungen – daran sei noch einmal erinnert – sind im behavioristischen Konzept der Spracherlernung von entscheidender Bedeutung. Sie fügen sich lückenlos in eine Sprach- und Lernauffassung ein, die auf den ersten Blick geschlossen und überzeugend wirkt. Es gab sogar Stimmen, die dafür plädierten, daß nur noch auf dieser Grundlage im Sprachlabor gearbeitet werden sollte; das behavioristische Spracherlernungsmodell galt als so wirksam, daß alle anderen unterrichtlichen Maßnahmen entbehrlich schienen. Lehrer, die diesen Stimmen gefolgt sind, betrachten ihre Arbeitsergebnisse jedoch mit zunehmender Unzufriedenheit. Der Grund dafür ist nicht in falschen Techniken der Übungsgestaltung zu suchen – die grundlegende Konzeption muß infrage gestellt werden. Zu schnell hat man aus der Tatsache, daß Schüler im Sprachlabor sprechen, den Schluß gezogen, daß sie sich damit wirklich auf das freie Sprechen im Alltag vorbereiten. Zu schnell hat man aus der Tatsache, daß Drillübungen Strukturmuster zugrunde liegen, den Schluß gezogen, daß die Schüler diese Strukturen wirklich beherrschen lernen. Freies Sprechen und Struktursprache aber sind zweierlei, und Drillübungen haben immer nur mit der Struktursprache zu tun. Immer unterliegen sie dem „Tum-te-tum-Effekt", und darum sind sie vielleicht in der Praxis nicht viel mehr als Übungen zur Aussprache.

Es mag Leser geben, die das Ergebnis dieser ausführlichen Erörterung für unbefriedigend halten. Alles, was wir herausgefunden haben, ist: mit formalen und inhaltsbezogenen Drillübungen allein ist es nicht getan. Genau diese Drillübungen aber sind es, mit denen sich unsere Schüler im Sprachlabor vornehmlich beschäftigen, und darum war es vielleicht doch sinnvoll, der Frage nachzugehen, was man mit ihnen lernen kann. Nachdem nun die Grenzen von Drillübungen sichtbar geworden sind, erhalten die folgenden Kapitel um so größere Bedeutung. Können Verständnisübungen, Übungen zur Sprachproduktion und zum Problemlösen die Schwächen von Drills ausgleichen? Sind sie geeignet, die Aufmerksamkeit der Schüler auf grammatische Strukturen zu lenken? Können sie den Schülern die Möglichkeit bieten, sich wirksam im Sprechen zu üben? Die Antworten, die wir auf diese Fragen geben können, sind gleichzeitig auch Aussagen über den Wert des Sprachlabors als Lernhilfe.

ANMERKUNGEN

[1] J. Lyons: *Introduction to Theoretical Linguistics*. Cambridge: Cambridge University Press 1968. Sämtliche Begriffe zur Bezeichnung inhaltsbezogener Drillübungen sind diesem Buch entnommen worden.

[2] Diese Übung ist durch einen Kurs des *British Council* angeregt worden: The Turners (London: Longman). Dies ist einer der wenigen Kurse, bei denen Bilder als Sprachaufforderungen verwendet werden. Die Bilder sind in einem Schülerbuch enthalten, das der Schüler mit ins Sprachlabor nimmt.

[3] Dieser Drill ist durch eine ähnliche französische Übung von D. Forrester angeregt worden, ebenso auch Übung (a), S. 72 und Übung (a), S. 73.

[4] Dieser Vorschlag ist nicht unsinnig. M. West beschreibt in *Teaching English in Difficult Circumstances* (London: Longman 1960) eine Unterrichtstechnik *(Read and Look Up)*, mit der man eine ganze Klasse gleichzeitig zum lauten Sprechen veranlassen kann.

[5] Auch diese Übung ist von Dorothy Forrester angeregt worden; ihr französischer Drill beginnt so: *Maman, je veux sortir. – Il faut que tu reste à la maison.*

[6] Einige dieser Übungsschritte sind D. Forrester entlehnt worden.

[7] Dieser Drill ist die englische Version einer französischen Übung von D. Forrester; im Französischen wird der Gebrauch von *en* sowie eine Form des Partizips der Gegenwart geübt.

[8] Dieser Test stammt von P. Chaffey; er wurde ursprünglich für norwegische Englischschüler entwickelt.

6 Verständnisübungen

Das Wesen der Übung

Im Verlauf der bisherigen Ausführungen sind die Begriffe *Drill*, *Übung* und *Drillübung* synonym verwendet worden; eine nähere Charakterisierung erfolgte jeweils durch Zusätze wie „formal" bzw. „inhaltsbezogen". Im Englischen kann man diese Charakterisierung durch unterschiedliche Begriffe (*drill* und *exercise*) eindeutiger zum Ausdruck bringen als im Deutschen, wo z. B. *Strukturmusterdrill* und *Strukturmusterübung* das gleiche bedeuten. Im Sinn der englischen Terminologie sind die in den Kapiteln 4 und 5 behandelten Übungen *drills*; die hier und in den folgenden Kapiteln diskutierten Übungen sind *exercises*. In Drills spielen ausgewählte Strukturen eine Rolle, in Übungen geht es um ausgewählte Schüleraktivitäten. Mit einem Drill wird die Aufmerksamkeit eines Schülers darauf konzentriert, grammatisch richtige Antworten zu formulieren; bei einer Übung muß er passende und angemessene Antworten finden, ohne dabei vornehmlich an Strukturen zu denken. Er könnte beispielsweise zu entscheiden haben, welche Absichten und Haltungen einen Sprecher zu bestimmten Äußerungen veranlassen, und er könnte auch seine eigenen Intentionen zu bestimmen und zu versprachlichen haben. Die für eine Übung charakteristischen strukturellen, phonologischen und lexikalischen Elemente geben wesentlich differenzierter als in einem Drill wieder, welche Zwecke und Absichten Sprecher und Hörer verfolgen. Verständnisübungen, Übungen zur Sprachproduktion und zum Problemlösen stehen darum zwischen den stark gelenkten Formen der Drillübung und dem freien Sprechen in außerschulischen Anwendungssituationen; das Wort *Drill* wird deshalb in Verbindung mit ihnen nicht benutzt. In der Sprache der deutschen fremdsprachlichen Fachdidaktik könnte man sie zu den freieren Übungsformen zählen, die den Transfer – die Sprachanwendungsphase – vorbereiten und einleiten. Sie sollen hier zunächst noch weiter allgemein beschrieben und gegenüber Drills abgegrenzt werden.

Der Zweck eines *Drills* ist es, die sprachliche Kompetenz eines Schülers zu entwickeln, seine Kenntnisse über die Regeln der Sprache durch Übungen zu festigen und zu vertiefen. Da sich diese Regeln auf die Bildung einzelner Sätze oder auf Beziehungen zwischen Satzpaaren beziehen, bestehen die Schülerantworten in einem Drill notwendigerweise – ebenso wie die Sprechaufforderungen – aus isolierten Sätzen. Der Zweck einer *Übung* ist es, das Repertoire an Performanzstrategien eines Schülers zu entwickeln. Übungen setzen Grundkenntnisse über sprachliche Regeln voraus, und sie können auch zur Erweiterung dieser Grundkenntnisse beitragen. Ihr wichtigstes Ziel jedoch besteht darin, den Schüler zu veranlassen, eine Fertigkeit zu üben. Als Fertigkeit gilt etwa, Notizen machen oder einen Aufsatz schreiben zu können. Die Schülerantworten einer Übung können länger oder kürzer als ein Satz sein. Das gilt auch für die Sprechaufforderungen. Die Beziehung zwischen beiden ist die einer *faktenorientierten Implikation* (vgl. S. 92) – so kann man sie zumindest in Ermangelung eines besseren Begriffs bezeichnen. Wenn Schülerantwort oder Sprechaufforderung aus mehr als einem Satz bestehen, dann sind diese aufeinanderfolgenden Sätze durch eine logische Struktur oder durch Informationszusammenhänge miteinander verbunden; es geht um Inhalte, um Fakten, nicht um Strukturen. Syntaktische Ähnlichkeiten ergeben sich nur beiläufig oder sind aus stilistischen Gründen beabsichtigt. So sind ausgewogene Parallelitäten, wie wir ihnen etwa bei Bibelversen begegnen, sicherlich nicht dazu bestimmt, dem Leser Übungen zu Substitutions- und Transformationsbeziehungen anzubieten.

Übungen haben immer mit Aktivitäten zu tun oder regen dazu an. Welche Art von Aktivität aber ist angemessen und sinnvoll für einen bestimmten Adressaten? Warum lernen Schüler überhaupt eine Fremdsprache? Sicherlich nicht deswegen, „weil sie die syntaktischen und semantischen Regeln einer Sprache kennenlernen wollen". Unser Bestreben ist, daß sie richtig und akzentgetreu sprechen lernen – aber warum? Für den Primarbereich könnte man antworten: Weil es Spaß macht. Kinder freuen sich, wenn sie Neues, Unbekanntes kennenlernen. Im Sekundarschulbereich jedoch ist der Fremdsprachenerwerb eine weit ernstere Angelegenheit. Hier geht es um Aufsätze, Zusammenfassungen, Übersetzungen und Textkritik. Sie fordern vom Schüler zweckgerichtete, integrierte Aktivitäten.

Die Übungen, die wir für Sprachlabor und Klassenraum entwerfen, sollten darum den Bedürfnissen und Erwartungen der Schüler entsprechen. Die Textsorten, die wir ihnen anbieten, sollten in sprachlicher Hinsicht ihre Lern- und Studienwünsche abdecken, sei es auf literarischem oder wissenschaftlichem, auf kommerziellem oder umgangssprachlichem Gebiet. Die Aktivitäten, die durch den Umgang mit diesen Texten ausgelöst werden, sollten dazu beitragen, diejenigen Fertigkeiten einzuüben und anzuwenden, die die Verbesserung der Sprachkenntnisse fördern – in kritischer oder konstruktiver Hinsicht, auf möglichst angenehme und gewinnbringende Art und Weise.

Übungstypen

Übungen lassen sich nach dem Zweck, den sie verfolgen, klassifizieren. Eine solche Einteilung ist allerdings weniger klar abgrenzbar als eine Klassifizierung, die sich an Kategorien sprachlicher Regeln orientiert. Regeln kann man eindeutig formulieren; ein bestimmter Zweck läßt sich nicht ebenso sicher definieren. Hinzu kommt, daß unser Wissen über sprachliche Regeln weitaus größer ist als unsere Fähigkeit, im einzelnen anzugeben, was eine überzeugende und erfolgreiche Sprachanwendung ausmacht. Dennoch sollte es möglich sein, auch hier eine Lösung zu finden. Wir unterscheiden deshalb zwischen zwei Bereichen, die offensichtlich und einleuchtend voneinander getrennt werden können: dem *Verständnis* und der *Sprachproduktion*. Die Unterscheidung zwischen diesen beiden Kategorien besagt nun aber nicht, daß sie vollständig voneinander zu trennen wären; sie sagt lediglich aus, daß es Unterschiede in der Zweckgerichtetheit einer Aussage gibt. Die Absicht eines Sprechers ist selten die gleiche wie die eines Zuhörers; beide Intentionen können sich jedoch ergänzen.

Verständnisübungen

Eine Verständnisübung hat zunächst immer zwei Hauptziele:

1. Der Schüler soll einen Text verstehen können.
2. Er soll beweisen, daß er ihn verstanden hat.

Das sind unterschiedliche Zielsetzungen. Verständnisübungen unterscheiden sich von den in Kapitel 3 erörterten einfachen Hörübungen dadurch, daß die als zweites Ziel genannte Schüleraktivität hinzukommt. Mit diesem zweiten Ziel wird nicht etwa nur überprüft, ob das erste Ziel erreicht worden ist, wenn auch in der Regel das Erreichen des ersten Zieles Voraussetzung für die Erarbeitung des zweiten Zieles ist.

Wir haben bisher immer vom Testen oder Überprüfen des „Verstehens" bzw. vom „Mißverstehen" gesprochen. Auf direktem Wege ist das jedoch gar nicht möglich. Wir müssen in Rechnung stellen, daß es so etwas wie Bereitschaft zur Mitarbeit oder auch Eigensinnigkeit und inneren Widerstand gibt, die nicht isoliert erfaßt werden können. Ein Schüler kann unsere Fragen vorsätzlich mißverstehen, obwohl er den Text, auf den sie sich beziehen, durchaus verstanden hat. Oder er kann nur allzu eifrig unsere Fragen beantworten wollen, aber es gelingt ihm aus irgendeinem Grunde nicht der Nachweis, daß er den Text verstanden hat. Darum testen Fragen zum Verständnis eines Textes immer gleichzeitig auch das Verstehen oder Mißverstehen der Fragen selbst – und vielleicht auch noch manches andere – mit. Daraus ergibt sich ein drittes Ziel für Verständnisübungen:

3. Der Schüler soll lernen, die Absicht hinter Fragen zu einem Text möglichst umfassend zu erkennen und zu verstehen.

Dieses und das zweite Ziel können nur dadurch erreicht werden, daß der Schüler Gelegenheit erhält, Antworten zu formulieren. Verständnisübungen sind deshalb eng mit Übungen zur Sprachproduktion verbunden, ebenso wie sich Sprechübungen nicht von Problemen des Verstehens und des Verständnisses trennen lassen. Das wichtigste Ziel einer jeden Verständnisübung besteht darin, den Schüler so weit zu bringen, daß er die beste und angemessenste Interpretation über etwas, das er gehört hat, auswählen und darstellen kann. Das wichtigste Ziel der Sprachproduktion ist es, ihn so weit zu bringen, daß er seine eigenen Gedanken wiedergeben kann.

Typen der Verständnisübung

Die Sprechaufforderung einer Verständnisübung kann irgendein gesprochener Text sein, von einem einzelnen Satz bis hin zu einem längeren Abschnitt in Prosa oder Versform. Sie kann beschreibender, erzählender, gesprächsweiser oder informativer Art sein, mit oder ohne Bilder und Geräuscheffekte.

Die Antwort bzw. die Reaktion eines Schülers kann aus einer oder mehreren der folgenden Aktivitäten bestehen: 1. Fragen beantworten; 2. Notizen machen; 3. Zusammenfassungen geben; 4. Textabschnitte (oder Teile daraus) niederschreiben, z.B. beim Diktat; 5. Anweisungen befolgen.

Jede dieser Aktivitäten stellt einen anderen Übungstyp dar und wird nachfolgend gesondert behandelt.

Das Beantworten von Fragen

Dies ist etwas, das uns alle betrifft, sowohl Schüler als auch Lehrer. Das Üben der Beantwortung von Fragen im Sprachlabor bedarf deshalb keiner besonderen Rechtfertigung. Allerdings sollte nicht vergessen werden, daß es einen Unterschied gibt zwischen der Art, in der ein Lehrer Fragen beantwortet, und dem Grund, warum ein Schüler das tun muß. Der Lehrer beantwortet Fragen, um dem, der etwas nicht weiß, die notwendige Auskunft zu geben. Er stellt Fragen, um festzustellen, was die Schüler gehört und verstanden haben. Es geht ihm dabei nicht in erster Linie darum, *was* die Schüler sagen, sondern *ob* sie (richtig) antworten können. Dieser Strategie sollten wir im Sprachlabor nicht allzu streng folgen, weil wir sonst ein wichtiges Anliegen vernachlässigen. Übungen haben immer eine doppelte Funktion. Einerseits geht es bei ihnen um die Wiedergabe einer sprachlich angemessenen Reaktion, so wie es bei Drills um korrekte Antworten geht. Andererseits lehren sie Lern- und Performanzstrategien. Übungen sind Lehrtechniken, die versuchen, Lerntechniken zu vermitteln. Unter diesem Gesichtspunkt ist es nicht nur wichtig, ob ein Schüler akzeptable Antworten in grammatisch richtigem Englisch oder Französisch formulieren kann; ebenso wesentlich ist der Aspekt, ob er gelernt hat, sich selbst relevante Fragen stellen zu können. Es hilft ihm später nicht sehr viel, wenn er nur unsere Lehrerfragen beantworten kann; in der realen Situation muß er einen Text selbständig erschließen können. Das Stellen der richtigen Fragen ist als Leistung höher zu bewerten, als die richtigen Antworten zu kennen.

Das Stellen von Fragen

Dieses Ziel stellt dem Lehrer im Sprachlabor eine schwierige, aber interessante Aufgabe. Er muß seine Fragen so stellen, daß dem Schüler bewußt wird, was *nicht* gefragt worden ist; ferner muß er neben seinen Fragen auch seine Antworten entsprechend formulieren. Vier Unterrichtstechniken können zu diesem Zweck herangezogen werden: 1. Alternativaussagen; 2. Lückentexte; 3. Auswahlantworten; 4. „offene" Fragestellungen.

Alternativaussagen *(true or false statements)* sind die einfachste Form einer Auswahlantwort. Der Schüler hat lediglich zu entscheiden, ob eine bestimmte Aussage oder Folgerung richtig bzw. falsch ist, oder er muß eine Frage mit *ja* oder *nein* beantworten.

Lückentexte *(blank-filling prompts)* enthalten bereits einen Teil einer Antwort auf eine Frage, wobei es sich um ein Zitat aus einem Text oder um eine Umschreibung oder Folgerung, die sich auf ihn beziehen, handeln kann. Aufgabenstellungen mit Lückentexten sind uns bereits bei der Darstellung von Drills begegnet, wo sie zur Strukturierung von Antworten in einem linearen Programm beigetragen haben (vgl. z.B. Übung (a) S. 80).

Auswahlantworten *(multiple-choice prompts)* lassen sich zur Erschließung der bereits genannten Inhaltsbereiche ebenfalls heranziehen, und sie bieten einen weiteren Vorteil. Die alternativen Antworten können so angelegt sein, daß jede falsche „Antwort" (Distraktor) zu einem Fehler verlockt, d.h. einem Fehler, der für das Sprachverhalten von Fremdsprachenschülern erfahrungsgemäß typisch ist. Wählt der Schüler einen solchen Distraktor, können ihm in einem verzweigten Programm unmittelbar darauf Lernhilfen zur Korrektur seines Fehlers angeboten werden. Dieses Verfahren wird auf S. 103 vorgestellt. Auswahlantworten, die typische Schülerfehler nicht berücksichtigen, sind kaum sinnvoll. Sie lassen den Schüler zwar wissen, daß er etwas falsch gemacht hat und sie zeigen ihm, wie die richtige Antwort lauten muß, aber sie geben ihm keinen Hinweis darauf, *warum* er falsch geantwortet haben könnte.

Die sog. „offenen" Fragestellungen *(open-ended questions)* bieten dem Schüler keine anderen Antworthilfen als den Wortlaut der Frage selbst. Er kann sie so beantworten wie er möchte, d.h. er kann Schlußfolgerungen und auch Rückfragen frei und selbständig formulieren. Da die auf diesem Wege zu erwartenden Reaktionen in keiner Weise voraussagbar sind, ist es nicht möglich, diese Fragetechnik im Sprachlabor oder in Form eines Programms systematisch einzusetzen. Sie ist eine günstige methodische Technik für den Klassenraum; hier können die Schülerantworten sofort überprüft werden. Im Sprachlabor hingegen kann der Lehrer den Schüler, falls nötig, nicht sofort korrigieren. Da die Schülerantworten jedoch auf Tonband aufgezeichnet werden, ist es theoretisch möglich, sie später zu überprüfen – obwohl dieses zeitaufwenige Verfahren in der Praxis nur selten angewandt werden dürfte. Vielleicht sollte die offene, freie Fragenbeantwortung aber dennoch auch im Sprachlabor Verwendung finden, weil sie in Realsituationen die häufigste Antwortform ist und darum so oft wie möglich vorgeübt werden sollte.

Eine Vorlesung über Linguistik

Das erste Beispiel für eine Verständnisübung ist eigens für Demonstrationszwecke entworfen worden, um auf unterschiedliche Hörprobleme aufmerksam machen zu können. Es handelt sich um eine Vorlesung, durch die der Schüler bzw. Leser etwas über Linguistik erfahren soll. Der Vortrag wird laufend durch Fragen unterbrochen. Sie verfolgen den Zweck, das verstehende Hören zu überprüfen, gleichzeitig aber auch, bestimmte Hörstrategien zu illustrieren. Ein guter Zuhörer stellt sich selbst ständig Fragen und ahnt voraus, was als nächstes gesagt werden könnte. Eine solche Strategie ist besonders in einem Fall wie hier sehr hilfreich, bei dem der Vortragende keine allzu großen Anforderungen stellt. Der Text der Vorlesung wird als Zitat und in normaler Schrift wiedergegeben; die Verständnisfragen sind kursiv gedruckt. Die Vorlesung ist in numerierte Abschnitte unterteilt worden; in jedem Abschnitt geht es um ein anderes Verständnisproblem.

You are going to hear your first lecture on linguistics. I shall ask you questions in the course of the lecture. Stop the tape when you hear a question, think out your answer, and then record it. Here is the lecturer.

(1)   „Linguistics is a science ..."

What is the lecturer going to talk about, linguistics or science or both? ... Well, you can be fairly sure he is going to talk about linguistics. That's the word he said first. But he may compare linguistics to other sciences. Let's see.

„Linguistics is a science. Its first concern is to classify the data ..."

When the lecturer says „its first concern", what does it refer to, linguistics or science or both? ... It can't refer to both or he would have used the plural pronoun their. Linguistics sounds like a plural noun but it's not. We decided that the lecturer was going to talk about linguistics so this is what it must be referring to. Let's listen again to what the first concern is.

„Linguistics is a science. Its first concern is to classify the data ..."

Does the word „data" mean dates or facts or something else? ... Data means facts, in this case the facts of language, linguistic facts. /'deitə/ is the English way of pronouncing the Latin word spelt: d, a, t, a. Let's see if we are told what language data are.

„The first concern of linguistics is to classify the data, the data of linguistic behaviour. Classification is made on the basis of distributional criteria ..."

What does this mean? ... I don't know what you think it means but the lecturer hasn't explained it yet. Let's see if he does.

„Classification is made on the basis of distribution. We can establish two different classes of words simply and only because they differ in distribution. Class 1 words occur in the environment:
    The X is old.
Class 2 words occur in the environment:
    It's very Y today ..."

What are these Class 1 and Class 2 words? ... You may not be able to guess yet, or you may not have guessed correctly. What do the words /eks/ and /wai/ mean? ... X and Y are, of course, letters of the alphabet standing for different words.

(2)   „Given the environment ,It's very Y', we can now say ..."

What does he mean when he says „given the environment"? Does somebody have to give us an environment? ... No, an environment isn't a thing like a present that can be given to us. The word given here means „starting from something", „on the basis of something".

„Given the environment ,It's very Y', we can now say that any words that occur in this environment, all words in fact that occur after ,very', are Class 2 words or what are traditionally called adjectives ..."

Does he mean that they are either Class 2 words or adjectives? ... No, he means that Class 2 words are the same as adjectives. We call them adjectives, he calls them Class 2 words. These are just two alternative names for the same thing.

„And, given the environment ,The X is old', we can now say that words occurring in this environment are Class 1 words or nouns. There is no a priori reason to prefer one name to the other ..."

How do you spell /ei prai' orai/? ... This is the English way of pronouncing two words, two Latin words. The first one consists of the letter a, and the second is spelt: p, r, i, o, r, i. Listen to what he says next if you don't know what it means.

„There is no a priori reason, no theoretical or necessary justification, for calling them nouns rather than Class 1 words. Whichever name is used, distributional criteria must be established, or an important distinction may be ignored ..."

Does he mean that we can ignore this distinction if we want to? ... Of course not. If it is an important distinction we mustn't ignore it. He means that if we don't establish distributional criteria, we will be making a mistake.

(3)   „When traditional grammarians defined nouns, they defined them as the names of persons, places and things. This is quite a satisfactory definition if we already know which words are to be classified as nouns ..."

Does the lecturer think that the traditional definition of a noun is quite satisfactory? ... No, he doesn't. He means that if we don't already know which words are nouns, the traditional definition is unsatisfactory.

„Don't be deceived into thinking that semantic criteria can be used to establish grammatical classes ..."

Wait a moment. The lecturer has jumped a few steps of his argument here. Does the traditional definition of a noun (as the name of a person, place or thing) tell you anything about the environment in which nouns may occur? ... No. So what kind of definition is it? ... It's what the lecturer calls a semantic definition, it tells you something about the meaning of nouns, but it doesn't tell you where nouns may occur in a sentence, it doesn't define them by their environment. Does the lecturer think that semantic definitions can be used to classify nouns? ... No, listen to what he says.

„I repeat, don't be deceived into thinking that semantic criteria and definitions can be used to establish grammatical classes such as nouns and adjectives. If we followed only the traditional definitions, *red* would be a noun because it names a thing (a colour), while *courage* would be an adjective because it names a quality. *Departure* and *indignation* would both be verbs because they describe actions and states, while *telephone* would be an adjective because it modifies the noun *directory*.[1]

(4)   „So we can see that the classical grammarians made a classical mistake. Instead of looking for distributional criteria to establish grammatical classes they counted their chickens before they were hatched ..."

Does he mean that classical grammarians counted chickens instead of checking distributions? ... No, of course not. „Counting your chickens before they are hatched" is an idiom. It means anticipating the results of an action too early.

„We need not follow them into this fallacy. Obviously, syntax is prior to semantics, and therefore, to be scientific, we must start from the distributional criteria without any prior assumptions."

Why is syntax obviously prior to semantics? ... The lecturer doesn't say. Why must we start from the distributional data without any prior assumptions? ... The lecturer doesn't really explain why. He just states that this is a scientific procedure. Is this what scientists really do? ... No, of course not. They always start from certain assumptions but they may turn out to be the wrong ones. When the lecturer uses words like obviously *and* therefore, *he is really only telling you what he approves of. Let's look at the word* fallacy *that he also used. He said ...*

„... in the traditional definition, a noun is the name of a person, place or thing."

Is this a true account of the definition? ... No, or at least not as it was originally formulated. The original definition goes: „Names of persons, places and things are nouns". Do these two definitions mean the same thing? ... No. The statement „A cat is an animal" does not mean the same as „All animals are cats". Can you see the fallacy in the lecturer's arguments about how the definition applies to words like courage, departure *and* indignation? ...

Well, the definition „A noun is the name of a person, place or thing" does mean that all nouns are names of one kind or the other. But the other definition, „Names of persons, places and things are nouns", allows us to decide that some words

101

which are not the names of any of these may also be nouns. Does this mean the lecturer was wrong to stress the importance of distributional criteria? ... No, he was only wrong in the reasons he advanced against semantic criteria. But he did make one mistake in his illustration of distributional criteria. Do you remember he said:

„*... all words that occur after* very, *in the sentence ‚It's very Y‘, are adjectives.*"

Can you think of any words that can occur after very *which are not adjectives? ... Yes, of course, adverbs of manner like* quickly *or* brightly *can occur after* very *and before past participles. Incidentally adjectives like* principal, universal, *and* only *do not occur after* very.

Analyse der Vorlesung

In Abschnitt (1) der Vorlesung stellt sich das Problem, verstehen zu müssen, worum es überhaupt geht: sowohl im allgemeinen als auch im Hinblick auf Einzelaspekte. So werden z.B. Spezialbegriffe wie *Class 1 word, distribution* oder *environment* eingeführt, ohne daß man sofort erführe, was sie bedeuten. Dem Sprachschüler könnte durchaus nicht sofort einleuchten, daß das Auftreten (*distribution*) eines Wortes der Summe der Fälle entspricht, in denen es vorkommt.

Das Problem, aufeinander folgende Aussagen und die dazugehörigen Kommentare identifizieren zu können, wird in Abschnitt (2) veranschaulicht. Der Vortragende benutzt die Konjunktion *or* in zweierlei Bedeutung, jedoch nicht zum Ausdruck der Beziehung zwischen zwei unvereinbaren Alternativen.

In Abschnitt (3) geht es um das Verständnis der Absichten des Sprechers. Er verwendet den Ausdruck *quite satisfactory*, um damit anzudeuten, daß die Definition nur als „unter besonderen Bedingungen zufriedenstellend" angesehen werden soll. Die Feststellung, daß semantische Kriterien unzureichend seien, wird in die Form eines Imperativs gekleidet: *Don't be deceived into thinking ...*

Abschnitt (4) illustriert das Problem, die Haltung eines Sprechers zu erkennen. In unserem Beispiel versteckt der Vortragende seine Gefühle der Zustimmung und der Ablehnung unter dem Deckmantel eines formalen Arguments.

Am Schluß der Übung schließlich geht es um das Verständnis der logischen und informativen Struktur eines Argumentationszusammenhangs, die das ganze kennzeichnet. In unserem Fall enthüllen sich in der Darlegung Lücken und Schwächen; man könnte aber die darin enthaltenen Sachverhalte herauslösen und diese durch weitere Beispiele belegen. So könnte der Sprachschüler z.B. aufgefordert werden, alternative Verteilungskriterien für treffende Adjektive zu benennen oder vorherzusagen, was der Vortragende möglicherweise unbefriedigend an der traditionellen Definition von Verben und Adverbien finden könnte.

Bei all dem handelt es sich nicht um sprachliche Probleme, die nur den Linguisten interessieren; sie beschäftigen vielmehr auch die Sprachschüler auf allen Lernstufen, weil sie oft genug zu Verwirrung oder Mißverständnissen Anlaß geben. Deshalb stehen letztlich sehr allgemeine Probleme, *very universal problems,* zur Diskussion – das weiß jeder, der jemals versucht hat, Anweisungen oder Hinweise in einer Fremdsprache zu befolgen, aus notvoller eigener Erfahrung.

In unserer Übung wurde das Verständnis des Schülers mit „offenen" Fragen und mit einfachen Antwortauswahlfragen überprüft. Dabei ging es nicht darum, mögliche

Schülerfehler zu erkennen und zu korrigieren. In der nächsten Übung wird die Technik der Auswahlantwort für ein verzweigtes Wiederholungsprogramm verwertet. Je nachdem, welche Antwort ein Schüler gibt, wird er jeweils auf unterschiedliche Abschnitte der Übung verwiesen, um je nach seinem Lern- und Erkenntnisstand sinnvoll weiterarbeiten zu können.

„The Secrets of the Grave" – eine Verständnisübung

Listen to this bit of the story again:

„Carter had discovered the entrance to a tomb. He had yet to find out whether there was anything inside. Stopping only to look for the missing torch, he made his way along the underground passage. At the end he found a door into a small room whose walls dimly reflected the light. In the middle of the room he saw, to his delight, a huge stone sarcophagus. When it was opened, he found himself staring into the face of a young man. The golden face stared back at him. He had found the last resting place of Tutankhamen. The ancient priests, whose records he had so patiently studied, had not lied when they told the story of this young king."

Now stop your tape and answer the questions in your booklet.

Student's Booklet

Which of the statements in this programme is right? Depending on which you choose, you will have to go to different frames. Follow the arrows.

---

1. (a) Carter had found out the entrance to a tomb. ⟶ 3
   (b) Carter had found the entrance to a tomb. ⟶ 6

---

2. (a) Carter had not yet found out if there was anything inside the tomb. ⟶ 5
   (b) Carter had not yet found anything inside the tomb. ⟶ 7

---

3. No. He hadn't „found out" the entrance to a tomb, he had found it. What's the difference between finding out something and finding something? Fill in the blanks with „found" or „found out":
   (1) Carter later .... other rooms in the tomb.
   (2) Carter later .... the other rooms in the tomb had been robbed.
   ⟶ 4

---

4. (1) He later found other rooms.
   (2) He later found out they had been robbed.
      We talk about finding a thing that has been hidden, but finding out a fact that we did not know before. ⟶ 2

---

5. Yes, Carter hadn't yet found out if anything was in the tomb. ⟶ 9

---

6. Yes, Carter had found the entrance to a tomb. ⟶ 2

---

7. No. It's true that he hadn't found anything yet, but then he hadn't yet looked inside the tomb. He wanted to find out if there was anything inside it. What's the difference between finding out something and finding something? Fill in the blanks with ,,find" and ,,find out":
    (1) Carter wanted to .... the name of the King in the tomb.
    (2) Carter wanted to .... the tomb of Tutankhamen. ——→ 8

8. (1) He wanted to find out the name of the King in the tomb.
    (2) He wanted to find Tutankhamen's tomb.
         We talk about finding out a fact that we didn't know before, but finding a thing that we are looking for. ——→ 9

9. (a) Carter couldn't find a torch. ——→ 12
    (b) Carter managed to find out a torch. ——→13
    (c) Carter managed to find a torch. ——→ 11
    (d) Carter couldn't find out a torch. ——→ 10

10. No. He needed a torch to explore the tomb. The story talks about the walls of the room dimly reflecting its light. Does this mean:
    (a) He had managed to find out a torch. ——→ 13
    (b) He had managed to find a torch. ——→ 11

11. Yes. He managed to find a torch. The story tells you that the walls of the room dimly reflected its light. ——→ 15

12. No. He did find a torch. The story talked about the walls of the room dimly reflecting its light. ——→ 15

13. No. He hadn't ,,found out" a torch, he had found one. What's the difference between finding something and finding out something? Fill in the blanks with ,,found" or ,,found out":
    (1) At last I .... the money that I had lost.
    (2) At last I .... how much money I had lost. ——→ 14

14. (1) I found the money.
    (2) I found out how much I had lost.
         We talk about finding a thing that is lost or missing, but finding out a fact that we didn't know before. ——→ 15

15 (a) In the room, Carter found a stone sarcophagus. ——→ 19
    (b) In the room, Carter found out a stone sarcophagus. ——→ 17

16. (a) Carter had found Tutankhamen out. ——→ 25
    (b) Carter had found out Tutankhamen. ——→ 24
    (c) Carter had found Tutankhamen in. ——→ 20
    (d) Carter had found Tutankhamen. ——→ 22

17. No. He didn't „find out" the sarcophagus, he found it. A sarcophagus is a kind of box, or coffin, for putting bodies in. What's the difference between finding out something and finding something? Fill in the blanks with „found" and „found out":
  (1) Yesterday I .... I had won ten rupees in the lottery.
  (2) Yesterday I .... ten rupees in the street. ⟶ 18

---

18. (1) I found out I had won 10 rupees.
  (2) I found 10 rupees in the street.
       We talk about finding out an unexpected fact, but finding a thing somewhere unexpectedly. ⟶ 16

---

19. Yes, he found the sarcophagus in the room. A sarcophagus is a kind of box, or coffin, for putting bodies in. ⟶ 16

---

20. No. He didn't „find Tutankhamen in", although it's true that he found his body in the sarcophagus. What's the difference between finding someone in and finding someone? Fill in the blanks with „find him" or „find him in":
  (1) I looked everywhere for Carter, but I couldn't ....
  (2) I went to Carter's house, but I didn't ....
       ⟶ 21

---

21. (1) I couldn't find him.
  (2) I didn't find him in.
       We talk about finding someone we are looking for, but finding them in when we find them at home. Since Tutankhamen was dead, it sounds very strange if you say that Carter found him at home! So, you should have said:
  (a) Carter had found out Tutankhamen. ⟶ 24
  (b) Carter had found Tutankhamen. ⟶ 22

---

22. Yes, he had found the last resting place of Tutankhamen. ⟶ 23

---

23. You have now finished this set of questions. Start the tape and listen to the next bit of the story again.

---

24. No. He hadn't „found out" Tutankhamen, he had found him. We talk about finding out facts, but finding people or things. Could we also say:
       Carter had found Tutankhamen out.   (a) Yes ⟶ 25
                                                 (b) No ⟶ 23

---

25. No. He hadn't „found Tutankhamen out", he had found him. What's the difference between finding somebody and finding somebody out?
       Fill in the blanks with „found him" or „found him out":
  (1) I visited the old priest's room, but I ....
  (2) I looked for the old priest, but I never ....
  (3) The old priest was cheating me, but I never .... ⟶ 26

---

26. (1)   I found him out.
    (2)   I never found him.
    (3)   I never found him out.
    We talk about finding someone we are looking for. Finding someone out means two quite different things. It either means that we discover they are not at home, or that we discover they have been cheating, or making a pretence. Could we also say, in either case:
    I found out the priest.   (a) Yes ⟶ 27
                                     (b) No ⟶ 23

---

27. No. We only talk about finding out a fact that we didn't know before. A priest is not a fact, he's a person. Fill in the blanks with „found" or „found out":
    (1)   Carter .... the ancient priest had not been lying when they referred to the young king in their records.
    (2)   Carter .... the records referring to the young king. ⟶ 28

---

28. (1)   He found out the ancient priests had not been lying.
    (2)   He found the records.
    We talk about finding out a fact, but finding a thing that we are looking for somewhere. Could we also say: Carter found the ancient priests had not been lying.
    (a) Yes ⟶ 29
    (b) No ⟶ 29

---

29. Yes. We can also talk about finding a statement to be true. This means coming to the conclusion that it is true. Carter found, or found out, that the ancient records were true when:
    (a)   He found out Tutankhamen. ⟶ 24
    (b)   He found Tutankhamen. ⟶ 23

Analyse der Übung „The Secrets of the Grave"

Die 29 Schritte dieses Programms enthalten nur fünf wirklich knifflige Verständnisaufgaben. Schüler ohne Verständnisschwierigkeiten wählen die richtigen Alternativen, überprüfen ihre Antworten und können bereits nach kurzer Zeit die Übung abschließen. Die übrigen Übungsschritte sind für Schüler angelegt, denen sich Probleme bei der richtigen Antwortgebung stellen bzw. die blind darauf losraten. Diese Übungsschritte sollen dem Schüler helfen, zwischen den Verben *find* und *find out* unterscheiden zu lernen. Dies ist eine lexikalische Aufgabenstellung, die noch dadurch erschwert wird, daß das Wort *discover* für beide Verben in ihrer unterschiedlichen Bedeutung synonym verwendet werden kann. Verständnisübungen können und müssen Probleme lexikalischer Art ebenso aufgreifen wie solche faktenorientierter, inhaltlicher Art, wie dies in der Linguistik-Vorlesung der Fall war. Der Schüler muß lernen, daß ein und dasselbe Wort nicht immer die gleiche Bedeutung zu haben braucht. Im Verlauf seines weiteren Unterrichts muß er darum über die in unserem Programm vorgestellten Bedeutungsun-

106

terschiede von *find* und *find out* hinaus noch zusätzlich lernen, auch den folgenden Gebrauch von *find* zu differenzieren:

1. Thus we find that semantic criteria alone are inadequate.
2. I found Carter in poor health.
3. Carter was finding the heat intolerable.
4. I find Tutankhamen a silly sort of fellow.

Das Problem der Polysemie (Mehrdeutigkeit von Wörtern) gewinnt vor allem in der literarischen Sprache an Bedeutung; hier kann nämlich lexikalische Mehrdeutigkeit bewußt beabsichtigt sein:

> In my end is my beginning...
> In my beginning is my end...

In diesen beiden Zeilen von T. S. Eliot wird mit der Verwendung von zwei einfachen, alltäglichen Wörtern eine Bedeutungsvielfalt heraufbeschworen, die der Interpretation breiten Raum läßt.

Der Aufbau des Wortschatzes

Unabhängig von der Frage, ob sich unsere Schüler mit Dichtung befassen oder nicht, sind beim Aufbau ihrer Verständnisfähigkeit im Hinblick auf den Wortschatz drei Aufgabenstellungen zu verfolgen:
1. Das Lernen neuer Wörter.
2. Das Lernen neuer Bedeutungen für bereits bekannte Wörter.
3. Die Einsicht, welche Bedeutungen für einen bestimmten Kontext notwendig und angemessen sind.

Mit dieser Aufgabenstellung vor Augen könnte man Verständnisübungen konstruieren, bei denen die Schüler die Bedeutung von Wörtern vor oder nach dem Anhören eines Textabschnitts erschließen müßten. Wenn sie dabei die Chance erhalten sollen, richtig zu raten, dann muß der Kontext entsprechend angelegt sein. Bei der letzten Übung z.B. könnten viele Schüler vermutlich erschließen, was ein Sarkophag ist. Es wird deutlich, daß er aus Stein besteht, daß man ihn in einer Grabstätte findet, daß man ihn öffnen kann und daß sich ein toter Körper darin befindet. Der Kontext stellt also kollokative Informationen zu dem Wort bereit. Applikative Informationen könnten über ein Bild gegeben werden. Implikative Beziehungen lassen sich über beide Arten der Kontextualisierung herstellen. Ein Beispiel: Betrachten Sie die folgenden Sätze aus einem Roman von Mary Webb (*Precious Bane*), der in der Sprache eines walisischen Grenzdialekts des Englischen geschrieben ist:

1. We started swiving, that is reaping, at the beginning of August.
2. The ollern trees that fringed the road dripped with yellow catkins.
3. She was not at all jimp. She was clumsy and thick-bodied.
4. Now for all he was so big, Huglet didna want to wrostle. He hiver-hovered over it a good bit, for he knew Kester was a right proper wrestler.
5. You know me and Jancis have taken together in good sadness.

Satz 1 macht deutlich, daß *reaping* und *swiving* synonym verwendet werden. Wer eines der beiden Wörter kennt, kann die Bedeutung des anderen darum erschließen.

In Satz 2 wird eine hyponyme Beziehung zwischen *ollern* und *tree* veranschaulicht. Wenn man weiß, welche Bäume im walisischen Grenzgebiet gelbe Kätzchen tragen, dann läßt sich dieser Hinweis ziemlich genau interpretieren. Das dritte Beispiel deutet auf eine antonyme Beziehung zwischen *jimp* und den beiden Adjektiven in zweiten Satz hin. *Jimp* bedeutet hier *anmutig* oder *schlank*. Beispiel 4 besagt, daß *hiver-hovering* die Folge von Unschlüssigkeit ist. Die Sätze weisen auch auf eine Ableitungsbeziehung zwischen *wrostling* und *wrestler* hin. Die Benutzung der Wörter *right* und *proper* besagt nicht zwingend, daß Kester ein fairer Kämpfer war.

Die ungewöhnliche Kollokation von *good* und *sadness* in Satz 5 deutet darauf hin, daß der Ausdruck als ganzes eher als ein Idiom im englischen Sinne angesehen werden muß. Der Gesamtzusammenhang, in dem die Wörter auftreten, bleibt jedoch ungewiß, da der Kontext keine Erschließungshilfen bietet.

Diese Beispiele zeigen einige Möglichkeiten auf, mit denen wir einem Schüler helfen können, die Bedeutung eines neuen Wortes zu erfahren. Tritt ein neues Wort zum ersten Mal im Text einer Verständnisübung auf, kann es mit einem Synonym, einem Antonym oder einem übergeordneten Begriff assoziiert werden. Man kann die Schüler anleiten, auf derartige Zusammenhänge zu achten; auch ungewöhnliche Kollokationen könnten Hinweise darauf enthalten, daß ein bekanntes Wort in einer nicht gängigen Bedeutung verwendet wird. Übungen zum Aufbau des Wortschatzes lassen sich, falls notwendig, auch mit anderen Übungstypen verbinden. So wurden z.b. in der Vorlesung über Linguistik (S. 99) einige neue Fachbegriffe eingeführt. Einige weitere erscheinen in der Übung über das Anfertigen von Notizen und die Technik der Zusammenfassung im folgenden Abschnitt.

Das Anfertigen von Notizen und Zusammenfassungen

Diese beiden Übungsformen sollen zusammen besprochen werden. Bei beiden geht es um Verständnisprobleme – ebenso wie beim Beantworten von Fragen. Aber die hier gestellten Aufgaben führen zu stärker koordinierten Schülerreaktionen. Es kommt in besonderer Weise auf das Erkennen und Verstehen logischer Beziehungen zwischen bestimmten Inhalten an sowie auf die Beurteilung der logischen Struktur eines Textes. Beim Niederschreiben von Notizen und Zusammenfassungen müssen die Wörter und Strukturen des Originaltextes vom Schüler durch Symbole oder Paraphrasen ersetzt werden; dabei treten dann auch wieder Probleme faktenorientierter und lexikalischer Implikationen auf.

Das Anfertigen von Notizen ist vor allem für diejenigen wichtig, die einmal in einem fremden Land studieren wollen. Bei der Zusammenfassung ist ein zusätzlicher Wert darin begründet, daß sie dazu zwingt, Inhalte neu zu ordnen und mit eigenen Worten zu umschreiben.

Die folgende Übung ist einem Lehrgang entnommen, der für ausländische Studenten entwickelt worden war und unmittelbar nach ihrer Ankunft in England eingesetzt werden sollte. Die meisten von ihnen studierten naturwissenschaftliche und technische Fächer. Den Wortschatz ihrer jeweiligen Fachgebiete beherrschten sie recht gut, aber es war für sie schwierig, den Vorlesungen zu folgen. Darum wurden für die Übung Kurzversionen derjenigen Stoffe angefertigt, denen sie später im Hörsaal wiederbegegnen würden. Konkret: den Studenten werden kurze Abschnitte aus Fachbüchern vorgelesen, und sie hören Tonbandaufzeichnungen sehr kurzer Vorlesungsabschnitte, die alle charakteristischen Eigenschaften des freien Vortrags aufweisen: zögerndes Sprechen, falsche Satzeinleitungen, Pausen, unvollständige Äußerungen u.a. Die verwendeten Symbole sind einem erweiterten und modifizierten System zur Aufzeichnung von Notizen entnommen, das an einer schweizer Dolmetscherschule benutzt wird.[2] Sie wurden so gestaltet, daß sie einfach angewandt werden können und auch leicht zu lesen sind. Abkürzungstechniken werden in dieser Übung nicht weiter demonstriert; jeder, der ein konsequent aufgebautes Abkürzungssystem verwendet, kann u.U. seine Notizen noch kürzer und noch schneller anfertigen.

„Contrasts" – eine Verständnisübung

In these exercises, you are going to learn to recognise and symbolise a new relationship between sentences. You have already learnt how to use the equals sign and various kinds of arrows to show causes and consequences. You also know how to use different kinds of underlining for emphasis, and a question mark to indicate possibility. Now we are going to study contrasts. Listen to these two sentences:

(1) John's bicycle hit a stone, but he didn't fall off.

(2) Although John's bicycle had hit a stone, he didn't fall off.

Which word in each sentence indicates that something expected didn't happen? ... Yes, the conjunctions but and although contrast what happens with what was expected to happen. They contrast one event with another, one fact with another, or one idea with another. Now write down on Page 1 of your booklet all the expressions you can think of that mean the same as but or although, and which could be used in the sentences about John not falling off his bicycle when it hit a stone. Start the tape again when you have finished writing them down ...

Well, instead of but, we could say however, nevertheless, nonetheless etc. And instead of although, we could say in spite of the fact that, despite the fact that or simply though. Let's symbolise all the words and expressions that can replace but by the three letter word: b, u, t. And all the words or expressions that can replace although by the three letter abbreviation: t, h, o.

Exercise 1. Listen to the following sentences as many times as you like. On page 2 of your booklet, note down the symbol that expresses the relationship between different parts of the sentence. Don't write anything else. Put the appropriate symbol beside the number of the sentence. Be careful. Not all the sentences contain contrastive expressions.

1. The poor nations are getting poorer, whereas the rich nations are getting richer.

2. This kind of measure only provokes discontent.

3. Primitive peoples are often reluctant to change their trading methods in spite of the fact that they are sufficiently advanced to adopt more convenient methods.

4. It would nevertheless be dangerous to conclude that oral contraceptives are harmless.

5. This statement conflicts with the truth.

6. No matter how poor a man may be, he should be allowed to retain his self-respect.

7. Reo-virus type 3 is apparently identical with one involved in plant disease.

8. It is important to remember, however, that the evidence permits an alternative explanation.

9. At Dagenham, too, despite Ford's assurance that no further dismissals would take place, uncertainty persists.

Now turn to page 3 of your booklet to check your answers. Start the tape again when you have finished.

Booklet page 3:

1. tho

2. ⟶ (results in, leads to)

3. tho

4. but

5. ≠ (is different from, not the same as)

6. tho

7. = (is the same as)

8. but

9. tho

Exercise 2. This time try to take short but complete notes on each of the sentences you will hear. Listen to them as many times as you like. Write your notes on page 4 of your booklet.

1. There is very little evidence about the effects of noise, though it has been known for a long time that intermittent noise is a great handicap for the worker.

2. We must contrast this, however, with the behaviour of mason bees, which is quite different.

3. In some cases the worm damages the eyes and blindness is not an uncommon sequel.

4. Although the quantity of work done by the workers in the specially sound-proofed room was not different from that done by workers in the normal room, the quality of their work was much higher.

5. But although all four of the maternally-deprived young monkeys appeared to have returned to normal within a few days, they then regressed for a while.

6. It is possible for children to suffer from protein deficiency where there is no overall food shortage.

7. While it is true that women seem capable of undertaking all the jobs that men perform, in most cultures they do not normally do so.

Now turn to page 4 of your booklet to check your answers.

Booklet page 4:

1. evidence about effects of noise, tho known that intermittent noise = handicap for worker.

110

2. but $\neq$ behaviour of mason bees.

3. sometimes worm damages eyes & $\longrightarrow$ blindness.

4. sound-proofing $\nearrow$ quality but not quantity of work.

5. tho all 4 motherless monkeys $\longrightarrow$ normal in <u>days,</u> then $\swarrow$ for a while.

6. ? children$\longleftarrow$ protein deficiency tho no overall food shortage.

7. tho ? women do all men's jobs, in <u>cultures</u> not normal.

Exercise 3. Now you will hear a short lecture on methods of building suspension bridges. While you are listening, look at the diagrams on page 5 of your booklet. Make short but complete notes on the same page. Listen to the lecture as many times as you like.

„There are er two distinct methods of constructing a cable for suspension bridges ... the wires of which the cable is composed may be twisted into strands the strands themselves being twisted together to form the completed cable ... or they may um be spun separately and clamped together like this ... this method takes much longer for the simple reason that each wire has to be individually adjusted before clamping you can see this it in the diagram here ... whereas yes you see this diagram the strands of twisted wire can be erected as units ... provided of course they are not so heavy as to be unmanageable however on bridges with very long spans there are ... certain advantages in the parallel clamped wires method of spinning the cable ...“

Now turn to page 6 of your booklet to check your notes against the suggested version.
Booklet page 6:
1. 2 methods of constructing cable for suspension bridge
    (i) wires twisted $\longrightarrow$ strands & strands twisted $\longrightarrow$ cable
    (ii) wires separately spun & clamped together
2. but (ii) takes longer $\because$ each wire adjusted individually but ? twisted strands erected as units unless <u>heavy</u>

($\because$ is the symbol for „because“)
3. But (i) better for <u>long</u> spans

Exercise 4. You will now hear another short lecture, this time on radio stars. The numerical figures mentioned in the lecture are on page 7 of your booklet. Make your notes on the same page.

„Now I'm going to tell you a remarkable fact about radio stars ... through optical telescopes they appear just as dim specks of light ... to radio telescopes they appear very bright now why is this? ... well they appear dim to us only because the because they are so far away ... in fact they must be 100 times brighter than the brightest galaxy of 10,000 million stars yes yet they are 10,000 times smaller ... now one of the earliest investigators of radio stars Reber he found that the radio signals were strongest from directions near the Milky Way on the other hand ... he completely failed to detect any signals from bright stars or from other features visible in space ... so despite the fact that the radio sources were in densely populated stellar regions ... despite this ... there were no particular visual objects to which the radio emissions could be ah attributed ...“

Now turn to page 8 of your booklet to check your notes against the suggested version.

Booklet page 8:

1. through optical telescopes, radio stars = dim but to radio telescopes = <u>bright</u>
2. dim •,• <u>far away</u>.
in fact 100 X brighter than galaxy of 10,000 million stars, tho 10,000 X smaller.
3. Reber: radio signals strongest from Milky Way but ←↛ bright stars tho radio sources
in <u>populated</u> regions, not visible.

Exercise 5. Keep your booklet open at page 8. I want you to turn these notes into a summary of the lecture. Look at note 1. Without changing the order of the topics, can you suggest a complete sentence that would give all the information in the note? Stop your tape-recorder if you want to think for a moment ... Are you ready? All right, tell me the first sentence of your summary now ...

Here is my version:

(1) Through optical telescopes radio stars are (or appear) very dim, but to radio telescopes they are extremely bright.

I'll say my version again and I want you to repeat it ... Did you notice that we didn't need to use the articles the *or* a *in the first sentence? Now let's do the same for the second note. It's rather long so we had better make two sentences out of it ... Are you ready? Tell me your next two sentences ...*

Now listen to my version:

(2) They are dim because they are very far away.

(3) In fact, they are 100 times brighter than a galaxy of 10,000 million stars, although they are 10,000 times smaller.

Now try repeating my sentences ... Did you notice that we had to say a galaxy? *It's a singular noun and it needs an article. Now let's do the last note. Again we'll need more than one sentence. See if you can do it in two ... Are your ready? Tell me your last two sentences ...*

Here is my version:

(4) Reber found (or discovered) that the radio signals were strongest from the Milky Way, but they were not coming from bright stars.

(5) Although the radio sources were in extremely densely populated regions, they were not visible.

Now repeat my sentences ... Did you notice that we had to use the definite article three times in these sentences? We talked about the Milky Way, *the* radio signals, *the* radio sources. *Why must we use this article before the last two? ... Well, because we've already mentioned radio stars, and the signals are particular signals coming from these particular sources.*

You have now finished the tape. But there is one more thing I want you to write in your booklet. Look at your own notes on page 7 and then write down on page 9 your own summary of the lecture on radio stars. Don't forget to put in little words like the *and* a *which you have left out in your notes. When you have finished, show your booklet to me. I want to find out if your notes and your summary are better than mine.*

Kommentar zur Übung „Contrasts"

Das geschilderte Verfahren zum Anfertigen von Notizen geht von dem Grundgedanken aus, daß es nur ganz wenige Möglichkeiten gibt, aufeinanderfolgende Inhalte oder Sätze einer zusammenhängenden Darstellung sachlogisch miteinander zu verbinden, auch wenn diese Bezüge auf sehr unterschiedliche Art und Weise sprachlich ausgedrückt werden können. Die Beziehungen, um die es in der Übung ging, waren die der Folgerung, der Gleichwertigkeit und des Kontrasts. Hier könnte man nun andere Übungen anschließen, in denen weitere Beziehungen zur Diskussion stünden, z. B. die der Bedingtheit. Es kann sein, daß die Sprachschüler von der Fülle stilistischer Varianten, die einem Sprecher zur Verknüpfung seiner Aussagen zur Verfügung stehen, zunächst verwirrt werden; das kann so weit gehen, daß sie schließlich überhaupt nicht mehr verstehen, worüber er eigentlich spricht. Ziel solcher Übungen ist es deshalb, daß die Sprachschüler lernen, logische Beziehungen identifizieren und mit Hilfe jeweils eines kennzeichnenden Symbols notieren zu können. Das Einüben einer solchen Hörstrategie ist sicherlich auch dann von Nutzen, wenn es letztlich gar nicht um das Anfertigen von Notizen gehen sollte. Der Zuhörer kann in der Tat lernen, das, was er hört, in vereinfachte logische Grundzusammenhänge einzuordnen.

Um dem Sprachschüler Zeit zu geben, derartige Zusammenhänge zu entdecken, darf er sich jedes Übungsbeispiel so oft anhören, wie er möchte. Im Ernstfall kann er das natürlich nicht. Aber es ist gerade der unbestreitbare Vorzug des Sprachlabors als Übungsgerät, daß es identische Wiederholungen erlaubt. Und im Sprachlabor kann jeder einzelne alles so oft wiederholen, wie er es für nötig hält, ohne die Arbeitsabläufe der anderen Schüler in der Klasse auf irgendeine Art zu beeinträchtigen.

In der Übung wurde der Sprachschüler veranlaßt, nicht nur seine Notizen niederzuschreiben, sondern auch eine Zusammenfassung des Gehörten zu geben. Zweck der schriftlichen Zusammenfassung war es, Unterlagen zusammenstellen zu lassen, auf die der Schüler jederzeit wieder zurückgreifen kann, falls er sich für das Thema *radio stars* interessiert, und die sich durch den Lehrer leicht überprüfen lassen. Die mündliche Zusammenfassung diente lediglich dazu, in die Probleme bei der Umsetzung von Notizen in einen zusammenhängenden Prosatext einzuführen.

Schriftliche Sprechaufforderungen und Schülerantworten kamen auch in der Übung über *finding* und *finding out* (S. 103) vor. Dafür gibt es einen einfachen technischen Grund. Man kann ein Tonbandgerät nicht einfach und unkompliziert den Anforderungen anpassen, die verzweigte Lernprogramme stellen. Solche Programme setzen es sich zum Ziel, Schülern ihren Anlagen und Fähigkeiten nach innerhalb ein und derselben Übung individuelle Hilfen zu geben. Da wir uns in diesem Kapitel mit Übungen zum Hörverständnis, nicht mit Aufgabenstellungen zur Sprachproduktion befassen, dürfte es gegen die Verwendung schriftlicher Antwortreaktionen und Testaufgaben keine grundsätzlichen Einwände geben; wichtig ist nur, daß der Schüler auf angemessene und wirksame Weise auf das, was er gehört hat, reagieren kann.

Diktatübungen

Bei einem Diktat ist das Schreiben die einzig angemessene Schülerreaktion. Allerdings verlangt das Diktat mehr als nur die Fähigkeit, Wörter richtig schreiben zu können und die Sätze korrekt zu interpunktieren. Der Schüler muß zunächst einmal richtig hören, was er niederschreiben soll. Um richtig hören zu können, muß er mindestens vier Probleme des Wiedererkennens lösen:

1. Er muß Lautunterscheidungen vornehmen.
2. Er muß Homophone identifizieren.
3. Er muß Wörter, Ausdrücke und Sätze erkennen.
4. Er muß Intonationsmuster verstehen.

Die erste Aufgabe kann man auf einer frühen Lernstufe üben lassen, indem man Wörter diktiert wie *it* und *eat*, *watched* und *washed*, *place* und *plays*, entweder als Minimalpaare oder in einem größeren Kontext. Welche Laute im einzelnen ein Schüler am ehesten mißverstehen oder verwechseln könnte, hängt z. T. von seiner Muttersprache ab. Dem zweiten Problem kann man begegnen, indem man homophone Paare üben läßt, z. B. *led* und *lead* (das Metall), *their* und *there*, *witch* und *which*,[3] die in einem Kontext auftreten können, der ihre Mehrdeutigkeit aufhebt, etwa:

> Which doctor is he?
> He's a witch doctor, is he?

Eine ähnliche, aber raffiniertere Aufgabenstellung könnte darin bestehen, Wörter voll auszuschreiben, die beim schnellen Sprechen lediglich durch die Phoneme /d/ oder /dʒ/ angedeutet werden.

> D'you like cowboy films?   (do)
> D'you like to come to see one tonight?   (would)
> D'you like the one showing last week?   (did)
> D'you ever seen it before?   (had)
> Felicity's going to come tomorrow.   (is)
> Felicity's going to come last night.   (was)
> Felicity's gone away.   (has)

Dies ist keine traditionelle Rechtschreibeübung, sondern der Versuch, phonologischen Realitäten Rechnung zu tragen.
Das Erkennen von Wörtern und Ausdrücken kann selbst für einen Muttersprachler schwierig sein.[4] Im Englischen besteht beim schnellen Sprechen die Tendenz, Silben vokalisch auslauten zu lassen und ihren Endkonsonanten an den Anfang der folgenden Silbe anzubinden. Daraus resultiert, daß Ausdrücke wie *not at all* oder *time zone* als *not a tall* bzw. *time's own* mißverstanden werden können. Phonetische Mehrdeutigkeiten können auch durch die Reduktion unbetonter Vokale veranlaßt werden. So wird z. B. der wichtigste Teil in den beiden folgenden Sätzen völlig gleich ausgesprochen:

> I asked the way to the station.

> I asked the waiter the time.[5]

Fremdsprachenschüler können beim Üben des Erkennens und Interpretierens phonetischer Erscheinungen, die normalerweise in der Umgangssprache auftreten, viel lernen. Selbst wenn der Sprachschüler beim eigenen Sprechen Silben und Wörter genau auseinanderhalten möchte, so muß er dennoch Muttersprachler verstehen können, die dies nicht tun. Das Diktat scheint eine ideale Übungsform zu sein, die Aufmerksamkeit in besonderer Weise auf diesen Aspekt des Hörverstehens zu lenken.

Das Erkennen von Intonationsmustern kann man dadurch fördern, daß man die Schüler Satzpaare interpunktieren läßt, etwa:

That's your pencil?

That's my pencil.

Eine andere Möglichkeit bestünde darin, diejenigen Silben unterstreichen zu lassen, die den Hauptton tragen.

Verständnisübungen zu Ausdrucksabgrenzungen

In den voranstehenden Abschnitten sind einige Beispiele für Silben und Wörter angeführt worden, deren Übergänge sich beim Sprechen verwischen können. Es gibt aber auch andere Fälle, bei denen Ausdrucksmuster stark markiert werden, weil sie für die Struktur und Interpretation eines Satzes eine wesentliche Rolle spielen. Der Bindestrich in den beiden folgenden Sätzen ist ein graphischer Hinweis darauf, wie die Wörter gruppiert werden sollen. Beim Sprechen können Rhythmus und Intonation ähnliche Informationen übermitteln.

Old Macdonald's got twenty five-year-old sheep.

Old Macdonald's got twenty-five year-old sheep.

Der Fremdsprachenschüler muß lernen, den unterschiedlichen Gebrauch von Rhythmus und Intonation zu erkennen, damit er Bedeutungsunterschiede verstehen kann. In der folgenden kurzen Übung wird das Problem der Gruppierung von Wörtern in Ausdrücken aufgegriffen; ihre Identifizierung wird auf einfache Weise geübt. Dem Schüler werden Zahlen genannt, die er aufschreiben soll. Die Klammern zeigen an, welche Zahlen jeweils zusammengehören und wie sie vom Schüler niedergeschrieben werden müssen.

Write down the sums that you will hear me speak.

1. $2 + 2$
2. $2 + 2 + 4$
3. $(2 + 2) \times 4$
4. $(2 + 4) \times 2$
5. $2 + (4 \times 2$
6. $(8 - 3) + 1$
7. $8 - (4 + 3)^6$

Würde der Schüler diese Aufgaben mündlich statt schriftlich lösen, dann bearbeitete er eine Übung, die das Befolgen von Anweisungen zum Inhalt hätte. Ehe dieser letzte Übungstyp besprochen wird, soll zunächst noch eine Diktatübung aus dem Bereich der Literatur für fortgeschrittene Sprachschüler vorgestellt werden.

Rhythmische Muster – eine Verständnisübung

Die Schüler werden aufgefordert, den folgenden autobiographischen Abschnitt nach Diktat aufzuschreiben:

„So here I am, in the middle way, having had twenty years – twenty years largely wasted ... trying to learn to use words, and every attempt is a wholly new start and a different kind of failure because one has only learnt to get the better of words for the thing one no longer has to say, or the way in which one is no longer disposed to say it. And so each venture is a new beginning, a raid on the inarticulate with shabby equipment always deteriorating in the general mess of imprecision of feeling, undisciplined squads of emotion. And what there is to conquer, by strength or submission, has already been discovered once or twice, or several times, by men whom one cannot hope to emulate – but there is no competition – there is only the fight to recover what has been lost and found and lost again and again: and now, under conditions that seem unpropitious. But perhaps neither gain nor loss. For us, there is only the trying. The rest is not our business."

Vielleicht ahnt der Schüler beim Niederschreiben dieser Zeilen, daß es sich bei dem, was er hört, nicht um Prosa, sondern um Dichtung handelt. Der Abschnitt stammt aus T. S. Eliots *Four Quartets*.

Als nächstes soll der Schüler entscheiden, an welchen Stellen des Originalgedichts wohl Zeilenenden vorkommen könnten. Mit anderen Worten: er soll das Versmaß bestimmen. Je nach Vortrag sind verschiedene Möglichkeiten denkbar; ein Beispiel:

Be/cause one has/ only /learnt	3
To/get the /better of /words	3
For the /thing one nọ/longer /has to/say	4
Or the /way in/which one /is	3
No /longer dis/posed to/say it.	3
And /so /each /venture	3
ΛIs a /new be/ginning ...	3

Die Querstriche zeigen jeweils den Beginn eines Versfußes an, d.h. das Auftreten einer betonten Silbe; das Symbol „Λ" verweist auf eine unbetonte Silbe (Auftakt).[7] Eliot selbst hat seine Verse natürlich anders aufgezeichnet. Er schrieb:

Because one has only learnt to get the better of words
For the thing one no longer has to say, or the way in which
One is no longer disposed to say it. And so each venture
Is a new beginning, a raid on the inarticulate ...

Diese Zeilen können – unter Berücksichtigung des mehrfach auftretenden Auftakts – als Hexameter gelesen werden, d.h. sie enthalten sechs Hebungen.

Man kann die Schüler dazu erziehen, sog. freie Rhythmen ebenso zu erkennen wie die rhythmische Struktur in den Versen von Eliot. Ob sich das in Zeilen mit drei oder sechs Versfüßen niederschlägt und welche Wörter betont werden (wodurch sich gelegentlich Zeilenenden verschieben), hängt einzig von der Vortragsart eines Gedichtes ab, d.h. von einer speziellen lautlichen Interpretation. Geschriebene Zeilen sind dafür kein sicherer Führer – Eliot hat sie beim Vortrag seiner eigenen Verse oft selbst nicht beachtet.

Bei einer Diktatübung dieser Art lernt der Schüler, verschiedene Vortragsarten eines Gedichts aufzuzeichnen; damit erfährt er eine praktische Einführung in die phonologische Struktur von Dichtung und wird so mit Interpretationsproblemen vertraut gemacht.

Das Befolgen von Anweisungen

Die bisher behandelten Texte hatten argumentativen, beschreibenden, erzählenden, unterhaltenden und poetischen Charakter. Das Zahlendiktat (S. 115) war zugleich auch eine Anweisung – der Schüler wurde angewiesen, etwas Bestimmtes zu tun. Es gibt eine Reihe von Anweisungen, die ein Schüler verstehen muß, um sie befolgen zu können: z.B. die Arbeitsanweisungen einer Tonbandübung, die Gebrauchsanweisungen eines Rezepts, die Arbeitshinweise zur Anfertigung eines Strickmusters, Instruktionen für den Gebrauch von Werkzeugen, aber auch Verhaltensregeln für das Auftreten vor Gericht oder Anweisungen in einer Prüfungssituation.

Die nächste und letzte Übung dieses Kapitels beginnt, indem der Schüler angewiesen wird, Anweisungen besonderer Art zu beachten.

„The Armchair Detective" – eine Verständnisübung

Listen. The local vicar, Mr. Wagtail, has been murdered at his house. You are the police officer in charge of the investigations. The first thing every good police officer does is to make a map of the scene of the crime to establish the whereabouts of all people concerned. Get out your notebook, listen to what your sergeant tells you, and make a map.

Sergeant: „Well, sir, I heard the shot at 10 pm. and immediately proceeded to the front door. The lodger, Mr. McHeath, let me in. As you go in, there's this big room on your left running the whole length of the house. It's the sitting room, and that's where the body was. Immediately opposite, across the passage, is the dining room. That's where Mr. McHeath said he was until he heard the shot. Then there's the kitchen beyond the dining room, and at the end of the passage the stairs. When you get upstairs you've got the bathroom on your right, and that's where Mr. Bream, the curate, was. He was making a proper din, banging to be let out. Then next to the bathroom is the Wagtails' bedroom and on the other side of the passage the children's room which Miss Tattle was using as a study. The only other room is the guest room opposite the bathroom ... What? oh yes, all the rooms have got only one door on to the passage, except the Wagtails' bedroom which has got a connecting door to the bathroom ..."

Have you finished your plan, writing down all the names of the rooms and who was in them? But we don't know where one person was. Who is it? ... Yes, Mrs. Wagtail. The sergeant talked about the Wagtails' bedroom and their children's bedroom, so there must be a Mrs. Wagtail. The children were away, but where was she?

Sergeant: „Who, Mrs. Wagtail? In the kitchen of course."

Now check your plan with the sergeant's own. You'll find it on page 2 of your notebook:

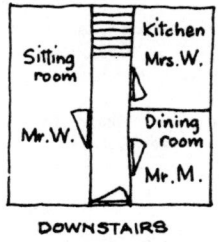

DOWNSTAIRS

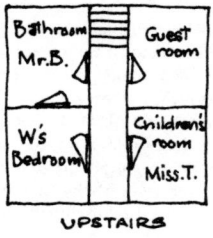

UPSTAIRS

Die nächste Stufe bei der Erarbeitung dieser Übung bestünde darin, daß der Schüler die Mittel, Motive und Möglichkeiten eines jeden Verdächtigen dieses Falles aus deren eigenen Aussagen und aus den Beobachtungen des Polizisten ableiten könnte. Auf dieser Grundlage könnte er dann folgern, wer das Verbrechen begangen haben könnte – oder müßte – und warum. Am Ende der Übung könnte die Abfassung eines Sachberichts oder einer Anklageschrift stehen.

Schlußfolgerungen ziehen und Abschlußbewertungen vornehmen sind Aufgabenstellungen, die für das Sprachverhalten von besonderer Wichtigkeit sind und darum geübt werden müssen. Viele fortgeschrittene Sprachschüler, z.B. auf der Sekundarstufe II, haben Schwierigkeiten, dies in einer Fremdsprache zu tun.[8] Zumindest in ihren schriftlichen Arbeiten sucht man allzu oft vergebens nach logischen Bezügen; darum besitzen diese Arbeiten auch nur wenig logische Struktur. Übungen, wie sie hier vorgeschlagen werden, tragen nicht nur dazu bei, daß schriftliche Gedankengänge konsequenter dargelegt werden, sondern sie beeinflussen gleichzeitig auch Stil und grammatische Richtigkeit auf positive Art und Weise. Tatsächlich scheint es so zu sein, daß ein Schüler, der seine Gedanken klar koordinieren kann, gleichzeitig weniger Fehler im strukturellen Bereich macht und außerdem weniger wörtlich aus der Muttersprache übersetzt. Hier bewegen wir uns schon auf dem Feld, das erst im nächsten Kapitel behandelt werden soll. Das Befolgen von Anweisungen und das hörende Erkennen von geschilderten Sachverhalten sind eindeutig Verständnisübungen. Die Wiedergabe von Schlußfolgerungen und das Erlernen der Fähigkeit, seine eigenen Ideen zu strukturieren, gehören eher in den Bereich der Sprachproduktion.

ANMERKUNGEN

[1] Die Beispiele stammen aus P. Roberts: *Understanding English*. New York: Harper & Brothers 1958.

[2] Die in der Übung S. 109ff. verwendeten Symbole und Abkürzungen lehnen sich an Vorschläge von J.-F. Rozan an: *La Prise de Notes en Interprétation Consécutive*. Genf: Ecole des Interprètes 1965. Diese Vorschläge enthalten auch abgekürzte bzw. kurze Wörter (z.B. *tho, but*) sowie Zeichen, die eine generelle Aussage oder eine Richtungsanzeige symbolisieren, wobei sich deren spezielle Bedeutung jeweils aus dem Kontext ergibt. Bei den Symbolen handelt es sich im einzelnen um:

→	Vorwärtsbewegung auf einen anderen Punkt hin (*leads to, results in, arrives*)
←	Bewegung, die von einem bestimmten Punkt ausgeht (*comes from, receives, suffers from*)
↗	Entwicklung oder Erfolg (*progresses, improves*)
↙	Abstieg oder Fehlschlag (*regresses, decreases*)
=	Gleichheitszeichen (*like, corresponding to, the same as*)
≠	Differenzzeichen (*not the same as, is not comparable*)
—	Unterstreichung für Betonung (*very*)
=	doppelte Unterstreichung für besondere Betonung (*most*)
===	unterbrochene Doppellinien für Verminderung (*very little*)
?	eine Frage, ein Problem

Die in Klammern stehenden englischen Wörter sind selbstverständlich nur beispielhaft gewählt; die entsprechenden Zeichen können auch für andere, ähnliche Begriffe verwendet werden.

[3] In den meisten schottischen und in einigen englischen Dialekten ist das letzte Wortpaar allerdings phonemisch unterschiedlich und nicht homophon.

[4] Vgl. R. J. Wales, C. J. Marshall: *The organization of linguistic performance*. In: J. Lyons, R. J. Wales (Hgg.): *Psycholinguistics Papers*. Edinburgh: Edinburgh University Press 1966.

[5] Vgl. F. R. Morton: *The Language Laboratory as a Teaching Machine*. Publications of the Language Laboratory. Ann Arbor: University of Michigan 1961.

[6] Diese Übung hat Gordon Taylor entworfen.

[7] Zur Technik der metrischen Notation vgl. D. Abercrombie: *A Phonetician's View of Verse Structure*. In: *Studies in Phonetics and Linguistics*. London: Oxford University Press 1965. Und: *Syllable Quantity and Enclitics in English*. In: *In Honour of Daniel Jones*. London: Longman 1964.

[8] Diese Aussage beruht auf Untersuchungsergebnissen, die D. Mansergh im Zusammenhang mit ihrer Diplomarbeit in angewandter Linguistik (Edinburgh 1966) ermittelt hat. Sie darf sicherlich auf die Situation deutscher Sprachschüler übertragen werden.

7 Übungen zur Sprachproduktion

Zum Stellenwert dieser Übungsform

Für Wilhelm von Humboldt ist Sprache „eine Erzeugung", nicht „ein todtes Erzeugtes". Unterrichten wir eine Fremdsprache ausschließlich als Lehrbuchsprache, d.h. als geschriebene oder gesprochene Prosa, die nur innerhalb der engen Grenzen ihrer Strukturen geübt werden kann, dann laufen wir Gefahr, daß unsere Schüler das Interesse an ihr verlieren; Sprache als Kommunikationsmittel kann ihnen auf diese Weise nicht erfahrbar gemacht werden. Mit bestimmten Übungen kann allerdings diesem Effekt begegnet werden. Verständnisübungen zeigen dem Schüler, daß ihn Sprache als lebendiges und kreatives Phänomen umgibt; mit Übungen zum Problemlösen wird er gefordert, sie schöpferisch zu erzeugen, und Übungen zur Sprachproduktion geben ihm Gelegenheit, seine Kreativität zu entwickeln. Drillübungen suggerieren nur allzu leicht, Sprache sei etwas Endliches, faßbar in einer Auflistung von Strukturen, die sich der Schüler automatisch aneignen soll, indem er ihnen möglichst oft in Form des Stimulus-Antwort-Schemas begegnet. Wilhelm von Humboldt schätzt Sprache anders ein; 1836 schrieb er: „Sie ist nämlich die sich ewig wiederholende Arbeit des Geistes, den artikulierten Laut zum Ausdruck des Gedankens fähig zu machen. Sie muß daher von endlichen Mitteln einen unendlichen Gebrauch machen."[1] Sprache ist also etwas Unendliches; sie muß von Schülern und Sprachbenutzern immer wieder geschaffen werden. Wir können zwar Beispiele vorgeben und Regeln bereitstellen, aber wir können dem Schüler die Aufgabe nicht abnehmen, diese Hilfen selbst zu verarbeiten und sich darüber bewußtzuwerden, daß sie Mittel zur Gestaltung seiner eigenen sprachlichen Wirklichkeit sind. Übungen zur Sprachproduktion leiten den Schüler dazu an, wie er Regeln umzusetzen hat, wenn er eigenständige Äußerungen hervorbringen will.

Übungstypen

Zweck einer Übung zur Sprachproduktion ist es, den Schüler zu einer fortlaufenden oder sich entwickelnden sprachlichen Äußerung zu veranlassen. Dabei kann es sich um einen Reim oder ein Gedicht, um einen Abschnitt gesprochener Prosa oder einen Dialog- bzw. Konversationspart handeln. Die in diesem Bereich mögliche sprachliche Aktivität kann durch jeweils eine der folgenden Übungstypen gesteuert werden: 1. Wiederholungen; 2. lautes Lesen; 3. Übersetzungen; 4. Beantworten von Fragen; 5. Rollenspiele; 6. Lernspiele. Im Schwierigkeitsgrad unterscheiden sich diese Übungstypen voneinander; darum werden sie einzeln nacheinander erörtert.

Wiederholungsübungen

Das Wiederholen bzw. Nachsprechen ist keine kreative, sondern eher eine „re-kreative", d.h. erholsame und unterhaltende Übungstätigkeit. Führen solche Übungen schließlich bis zum Auswendiglernen, dann haben sie ihren legitimen Platz im Spracherlernungsprozeß. Das Auswendiglernen wird von vielen Schülern für wichtig gehalten, vor allem im Bezug auf wesentliche Stoffgebiete wie unregelmäßige Verben oder Ant-

worten auf Prüfungsfragen. Sieht man von ihnen einmal ab, bietet sich eine ganze Reihe von Inhalten zum Wiederholen und nachsprechenden Einüben im Sprachlabor an: Reime, Konversationen und natürlich auch richtige Antworten auf Fragen oder Sprechaufforderungen, wie sie dem Schüler in Drillübungen begegnen.
Das Erlernen von Reimen und Konversationen vermittelt dem Schüler ein Gefühl sprachlicher Sicherheit; hier kann er sich in einem Bereich bewegen, in dem er keine Fehler macht und jederzeit weiß, wie es weitergeht. Von hier aus fällt es ihm dann auch weniger schwer, sich in unbekannte Gefilde vorzuwagen und tiefer in die Sprache einzudringen. Meine indischen Primarschüler z. B. führte ich in den Gebrauch der Gegenwart mit dem Lied ein:

> This is the way I get out of bed
> (wash my face, go to school etc.)
> At seven o'clock in the morning.

Nachdem sie das Lied gelernt hatten, konnte ich sie fragen, wann sie selbst aufstehen, sich waschen, zur Schule gehen, Mittag essen usw. – die Antworten kannten sie bereits aus dem Inhalt des Liedes. Natürlich mußte ich dafür sorgen, daß sie auch verstanden, was sie wiederholten, und daß sie richtig wiederholten. Dafür zeichnet der Lehrer verantwortlich; Schüler tragen nämlich ausgesprochen gern vor, was sie gelernt haben, auch dann, wenn ihnen die Inhalte unklar oder gar unbekannt sind. So sang einer meiner Schüler, der über einen ausgesprochenen feinen Sinn für Alliteration und Reim verfügte, mit Überzeugung:

> This is the why I wash my face ...

Er folgte der Strategie, etwas Unbekanntes in Bekanntes umzuwandeln – und das Wort *way* kannte er nicht. Auf diese Strategie dürfen wir nicht hereinfallen, wenn Schüler etwas lesen oder frei aufsagen.
Mit Hilfe von Wiederholungsübungen lassen sich alle Aspekte der Sprache von Lautstrukturen bis hin zu feinsten Stimmunterschieden, in denen Haltungen und Gefühle zum Ausdruck kommen, einführen und nachvollziehen. Zur Illustration der sprachlichen Realisierung unterschiedlicher Einstellungen eignet sich besonders gut das Gedicht „The King's Breakfast" von A. A. Milne. Es vermittelt dem Zuhörer einen bunten Reigen unterschiedlicher Grundeinstellungen – von der verschlafenen Ironie der Kuh über die Leichtgläubigkeit der Magd, die geistvolle Überlegenheit der Königin, den Zusammenhalt aller drei angesichts der eigensinnigen Einwände des Königs bis hin zu dessen vergnügten Antworten und dem abschließenden vorsichtigen Einwand:

> But I do like a little bit of butter for my bread.[2]

Mit diesem Gedicht können geübt werden: sämtliche Laute der englischen Sprache, die Gestaltung eines durchgehend unveränderten rhythmischen Musters, die Intonation in Fragen und Antworten, die Formulierung höflicher Bitten (*Could we have some butter for the royal slice of bread?*) und verneinter Befehlsformen (*Don't forget the butter ...*), die Kontrastierung von *like* und *would like* (*Would you like to try a little marmalade instead? I do like a little bit ...*) und schließlich der Unterschied zwischen Aussagen in der (erzählenden) Vergangenheit und in der Gegenwart (Gespräch).

Wiederholungen dienen also dem Vertrautwerden mit Texten und ihrer Einübung. Aufsagen und Agieren sind aber nicht das gleiche wie die Teilnahme an einem echten Gespräch. Dem Schüler könnte etwas gesagt werden, auf das er durch seine Übungen nicht vorbereitet worden ist. Oder er könnte etwas sagen wollen, zu dessen Einüben ihm nie zuvor Gelegenheit gegeben worden ist.

Übungen zum Lautlesen

Das Sprechen gelesener Texte auf ein Tonband ist der Umkehrungsprozeß eines Diktats. Über das laute Lesen kann der Sprachschüler üben, diejenigen Laute und Ausdrücke *mündlich* voneinander zu unterscheiden, die er in Form von Verständnisübungen *hörend* zu diskriminieren hat (vgl. S. 113), und er kann seine Aussprache im Hinblick auf Wörter vervollkommnen, die gleich geschrieben, aber unterschiedlich ausgesprochen werden (Homographie). Lautes Lesen kann auch – falls dies wünschenswert erscheint – im Bereich der Aussprache und der Lautbildung fördernd wirken (vgl. S. 59 ff.). Nicht zuletzt kann der Schüler mit Übungen dieser Art lernen, gefühlsmäßige Einstellungen über stimmliche Variationen zum Ausdruck zu bringen. Er könnte z. B. aufgefordert werden, ein und denselben Satz so vorzutragen, daß er dem Adressaten unausgesprochene Informationen übermittelt.

Won't you stay for dinner? (Bitte, bleib doch!)

Won't you stay for dinner? (Eigentlich solltest du jetzt gehen!)

Schließlich eignet sich lautes Lesen auch dazu, mit kuriosen Aussprachegewohnheiten bekanntzumachen: mit Wörtern einer fremden Sprache (z. B. Latein), wie sie von Engländern gesprochen werden, und mit englischen Wörtern, denen Ausländer einen besonderen Klang verleihen. Die erste Kategorie ist auf S. 99 f. mit der Aussprache von *data* und *a priori* bereits illustriert worden. Zum Beleg für die zweite Kategorie sei darauf verwiesen, daß manche Ausländer die Namen bekannter Engländer als *Mr. Oneshoe Chee Chee* und *Lord Carjohn* aussprechen – und unter dieser Bezeichnung sind sie in England selbst völlig unbekannt![3]
Im modernen Fremdsprachenunterricht ist die Übungsform des lauten Lesens einigermaßen umstritten. Einige Lehrer meinen, beim lauten Lesen werde zu sehr die geschriebene anstelle der gesprochenen Sprache betont; andere fürchten, daß die frühe Einführung der Schrift der Aneignung einer guten Aussprache im Wege stehen könnte, da die Schüler u. U. dazu verleitet werden, sich mehr auf ihre Augen als auf ihre Ohren zu verlassen. Sicherlich ist richtig, daß es sich beim wirksamen und verständlichen lauten Lesen um eine besondere Fertigkeit handelt, über die selbst viele Muttersprachler nicht verfügen. Es wäre jedoch schade, sie deswegen als Übungsform völlig zu verwerfen. Bei entsprechend guter mündlicher Vorbereitung verhilft das laute Lesen dazu, daß ein Schüler sich an das erinnert, was er zuvor gehört hat. Schrift- und Klangbild ergänzen sich gegenseitig. Und das Sprachlabor ist dafür der ideale Übungsort. Während ein Schüler vorliest, brauchen die übrigen Klassenmitglieder nicht schweigend mitzulesen oder zuzuhören. Sie können im Sprachlabor alle gleichzeitig arbeiten. Liegt eine Modellversion auf Tonband vor, dann können die Schüler ihre eigenen Leistungen damit vergleichen und solche Abschnitte wiederholen, mit denen sie selbst oder der Lehrer noch nicht zufrieden sind.

Übersetzungsübungen

Auch die Übersetzung ist – außer in Dolmetscherschulen – unmodern geworden. Wie das laute Lesen sind auch Übersetzen oder Dolmetschen besondere Fertigkeiten. Es gibt viele Menschen, die zwar zwei Sprachen fließend sprechen können, jedoch nur langsam und unbeholfen übersetzen.

Übersetzungen werden hier nicht als Übungen empfohlen, mit deren Hilfe man sprechen lernen kann. Natürlich sollen unsere Schüler die neue Sprache so früh wie möglich verstehen und sprechen können, ohne ständig auf die Übersetzung zurückgreifen zu müssen. Dennoch können Übersetzungsübungen insofern einen begrenzten Stellenwert haben, als sie geeignet sind, die Aufmerksamkeit des Schülers auf Unterschiede zwischen seiner Muttersprache und der Fremdsprache, die er lernt, zu lenken. Einige dieser Unterschiede berühren angemessenes sprachliches Verhalten in bestimmten Situationen; sie lassen sich vermutlich am besten über Rollenspiele (vgl. S. 123) verdeutlichen. Andere jedoch haben mit Grammatik und Lexik zu tun. Sie können gelegentlich zum Gegenstand einer Übersetzungsübung gemacht werden.

Unterschiede im Bereich von Grammatik und Wortschatz treten in zwei Formen auf. Zunächst besteht das Problem verwandter Begriffe. In zwei Sprachen können Vokabeln oder grammatische Strukturen vorhanden sein, die sich zwar äußerlich ähnlich sind, tatsächlich aber bei der Sprachverwendung voneinander abweichen. Das kann dazu führen, daß die Schüler ein Wort oder eine Struktur analog zu deren Funktion in der Muttersprache unangemessen gebrauchen. Ein zweiter Problemkreis liegt dann vor, wenn in einer Sprache Differenzierungen auftreten, die es in der anderen nicht gibt. Solche Unterschiede könnten von den Schülern entweder gar nicht erkannt oder aber verkannt werden.

Das Problem verwandter Begriffe kann durch einen Vergleich des Französichen und Bengalischen mit dem Englischen verdeutlicht werden. In allen drei Sprachen gibt es eine Perfektform, die sich von der einfachen Vergangenheitsform deutlich unterscheidet. In vielen Fällen können Verben im Perfekt der einen Sprache direkt in die gleiche Zeitform der anderen Sprache übersetzt werden. Aber nicht immer! Ein Engländer benutzt das Perfekt, um die Dauer eines Prozesses zu veranschaulichen: *I have been waiting for a long time.* Ein Franzose bedient sich zum gleichen Zweck der Gegenwart: *J'attends depuis longtemps.* Ebenso formuliert ein Engländer im Perfekt, wenn er die Unmittelbarkeit einer Handlung verdeutlichen möchte: *I have just passed my exam.* Im Bengalischen wird in dieser Situation die Vergangenheitsform vorgezogen: *Ami ekhoni egjamin pash korlam.*

Im Bereich des Vokabulars kennen sowohl Franzosen als auch Engländer das Wort *smoking*; der Franzose verwendet es jedoch – ebenso wie die Deutschen – zur Bezeichnung eines Abendanzugs (*dinner jacket* im Englischen). Sowohl im Bengalischen als auch im Englischen existiert das Wort *panting*; im Bengalischen bezieht es sich auf Hosenstoff, d.h. es ist inhaltlich völlig anders besetzt als im Englischen.

Der zweite Bereich, in dem Unterschiede auftreten können, betrifft Wörter einer Sprache, denen in einer anderen Sprache zwei oder mehr Begriffe entsprechen. Dies kann durch einen Vergleich des Spanischen und Bengalischen mit dem Englischen verdeutlicht werden. Im Englischen gibt es nur das eine Verb *to be*. Im Spanischen treten, je nach sprachlicher Umgebung, zwei Formen auf, *ser* und *estar*:

Soy profesor. (I am a teacher.)
Estoy en Calcuta. (I am in Calcutta.)

Auch in der gleichen Sprachumgebung können die beiden Verben in unterschiedlicher Bedeutung verwendet werden:

Soy gordo. (I am fat by nature.)
Estoy gordo. (I am fat at the moment.)

Im Bengalischen kann das Verb *to be* sogar auf vierfache Weise zum Ausdruck gebracht werden. Wo *to be* im Englischen der Zustandsbeschreibung dient, darf im Bengalischen überhaupt kein Verb auftreten:

Ami kushi. (I happy = I am happy.)

In den folgenden Fällen wird jeweils ein unterschiedliches Verb verlangt:

Ami Kolkatae thaki. (I am in Calcutta.)

Brishti hochhe. (Rain is = it is raining.)

Cha achhe. (Tea is = there is some tea.)

Im Englischen und Spanischen besteht ein Unterschied bei der Verwendung der Wörter *teacher* und *professor*. Ein Professor ist im Spanischen ein *catedratico*, während ein Lehrer jedweder Art als *profesor* bezeichnet wird, auch der Landschullehrer, der ebenfalls unter der Bezeichnung *maestro* bekannt ist. Im Spanischen gibt es also für das eine englische Wort *teacher* zwei Begriffe. Für den Vorgang des Essens, Trinkens und Rauchens gibt es im Bengalischen dagegen nur das eine Verb *khaoa*.
Unregelmäßigkeiten und Ungereimtheiten sind im Bereich der Hyponyme keine Seltenheit. So deckt im Spanischen *profesor* sämtliche Lehrer bis hin zum *maestro* ab, aber es gibt keinen Oberbegriff für Lehrer an Universitäten, die im Englischen *lecturers* (oder *dons* in Oxford und Cambridge) genannt werden können. Ähnlich verhält es sich auch im Bengalischen; hier gibt es keinen übergeordneten Begriff, mit dem grüner Pfeffer und anderes Gemüse erfaßt werden könnte, während Nüsse zur Kategorie *phol* (Früchte) zählen.

Rollenspiele

Das Rollenspiel verlangt vom Schüler mehr als nur Wiederholen oder lautes Lesen. Er muß vielmehr in einem Gespräch eine Rolle übernehmen und sich entsprechend sprachlich angemessen verhalten. Welche Rollen und Situationen übenswert sind, hängt davon ab, warum ein Schüler eine Fremdsprache lernt. Touristen wollen lernen, wie man nach dem Weg fragt, eine Hotelbuchung vornimmt, Fahrkarten kauft usw. Geschäftsleute und Piloten dagegen sind an Situationen interessiert, die unmittelbar mit ihren Berufen in Verbindung stehen.
Um welche Rolle es sich auch im einzelnen handeln mag: der Schülerpart einer Konversation kann im Sprachlabor eingeübt werden. Man kann Stichwörter in der Mutter- oder Fremdsprache vorgeben. Bilder und Geräuscheffekte können zum Einsatz gelangen. Gelegentlich reicht bereits der Kontext dazu aus, eine mögliche Antwort zu suggerieren. Modelle vollständiger Konversationen können auf Tonband bereitgestellt werden, damit der Schüler sich an ihnen orientieren kann. Ziel aller Rollenspielübungen

aber sollte es sein, einen Schüler so weit zu bringen, daß er im Verlauf eines Gesprächs jederzeit in der Lage ist, das zu äußern, was er vorbringen möchte. In der folgenden, relativ einfachen Übung werden Bilder zur Steuerung der Schülerantwort verwendet.

„Shopping" – eine Übung zur Sprachproduktion

Taped instructions and answers

1.

Ex. 1.   *Look at picture 1.*
How many oranges are there?

_____

2.

Look at picture 2.
How many eggs are there?

_____

3.

Look at picture 3.
How many loaves of bread are there?

_____

4.

Look at picture 4.
How much cheese is there?

_____

5.

Look at picture 5.
How many bottles of milk are there?

_____

6.

Look at picture 6.
How many tins of coffee are there?

_____

Ex. 2.   How much does one orange cost?

How much do the eggs cost?

How much does one loaf of bread cost?

How much does half a pound of cheese cost?

How much does a bottle of milk cost?

How much does the tin of coffee cost?

Ex. 3.   *Now play the part of a customer. Look at picture 1. Listen.*

Voice: Good morning. Can I help you?
Student: *I'd like 5 oranges. How much is that?*
Look at picture 2.

Voice: Good morning, can I help you?
Student: *I'd like half a dozen eggs. How much is that?*
Look at picture 3.

Voice: Good morning. Can I help you?
Student: *I'd like two loaves of bread. How much is that?*
Look at picture 4 etc.

124

Ex. 4.	*Now play the part of the shopkeeper. Look at picture 1.*(ping!)
Student:	*Good morning. Can I help you?*
Voice:	I'd like 5 oranges. How much is that?
Student:	*That'll be 20p.*
	Look at picture 2.(ping!)
Student:	*Good morning, can I help you?*
Voice:	I'd like half a dozen eggs. How much is that?
Student:	*That'll be 12p.*
	Look at picture 3.(ping!)
Student:	*Good morning, can I help you?*
Voice:	I'd like two loaves of bread. How much is that?
Student:	*That'll be 16p.*
	Look at picture 4 etc.

Ex. 5.	*Now play the part of the customer again. Look at pictures 1 and 2.*
Voice:	Can I help you?
Student:	*I'd like five oranges, please.*
Voice:	Anything else?
Student:	*Yes, I also want half a dozen eggs.*
	How much is that?
	Look at pictures 3 and 4.
Voice:	Can I help you?
Student:	*I'd like two loaves of bread, please.*
Voice:	Anything else?
Student:	*Yes, I also want half a pound of cheese.*
	How much is that?
	Look at pictures 5 and 6.
Voice:	Can I help you?
Student:	*I'd like two bottles of milk, please.*
Voice:	Anything else?
Student:	*Yes, I also want a tin of coffee. How much is that?*
Voice:	Do you want a big tin or a small tin?
Student:	*A small tin.*

Ex. 6.	*Now play the part of the shopkeeper.*(ping!)
Student:	*Can I help you?*
Voice:	I'd like five oranges, please.
Student:	*Anything else?*
Voice:	Yes, I also want half a dozen eggs.
	How much is that?
Student:	*That'll be 32p altogether.*
	Now look at pictures 3 and 4.(ping!)
Student:	*Can I help you?*
Voice:	I'd like two loaves of bread, please.
Student:	*Anything else?*

Voice:	Yes, I also want half a pound of cheese.
	How much is that?
Student:	*That'll be 40p altogether.*
	Now look at pictures 5 and 6.(ping!)
Student:	*Can I help you?*
Voice:	I'd like two bottles of milk, please.
Student:	*Anything else?*
Voice:	Yes, I also want a small tin of coffee.
	How much is that?
Student:	*That'll be 30p altogether.*
Voice:	Here you are. 30p exactly.
Student:	*Thank you. Good morning.*

Analyse der Übung „Shopping"

Das in dieser Übung angebotene Sprachmaterial hält sich in ziemlich begrenztem Rahmen. Sowohl *I would like* als auch *I want* werden als Möglichkeiten genannt, um nach etwas zu fragen. Durchgehend wird eine kleine Zahl zählbarer und nicht zählbarer Substantive verwendet. Ebenso wird der Schüler dazu angehalten, ein wenig zu rechnen und Gesprächsausdrücke wie *good morning, please* und *thank you* zu benutzen. Die Bilder und die Stimme des Tonbandsprechers sind die einzigen Steuerungshinweise darauf, was als nächstes gesagt werden soll; ist ein Schüler sich darüber im unklaren, was sprachlich von ihm verlangt wird, dann kann er die erwarteten richtigen Antworten dem Tonband entnehmen. Gelegentlich durchbricht die Tonbandstimme das Übungsmuster, um sicherzustellen, daß der Schüler seine Antworten nicht rein mechanisch gibt.

Abwechselungsreichere und anspruchsvollere Rollenspielübungen lassen sich entwerfen, wenn man die auf S. 123 dieses Kapitels vorgeschlagenen Elemente zur Steuerung der Schülerantworten berücksichtigt. Aber es gibt natürlich – ebenso wie bei den Wiederholungsübungen – eine bestimmte Grenze, bis zu der hin man Schülerantworten vorausplanen und einüben lassen kann. Das Rollenspiel dient zur Einführung in Grundsituationen und kann mit einigen Standardantworten in solchen Situationen vertraut machen. Sie tragen dazu bei, die Unabhängigkeit des Schülers bei der Sprachverwendung zu fördern; er soll eine Situation einschätzen und die in ihr auftretenden Antworthilfen richtig deuten lernen, um sich damit auf echte Koversationen vorzubereiten. Früher oder später wird er erkennen, daß er nicht immer nur in vorgeplante Rollen schlüpfen kann. Er muß lernen, er selbst zu sein und für sich selbst zu sprechen.

Das Beantworten von Fragen

Diese Übungsform führt den Schüler einen Schritt weiter zum Ziel des freien Sprechens hin. Im vorangegangenen Kapitel wurden Fragen verwendet, um das Verständnis zu überprüfen. Sie können aber auch dazu dienen, persönliche Informationen über einen Schüler einzuholen. In der nächsten Übung wird dieser Aufgabe eine lange Reihe von Sprechaufforderungen vorgeschaltet, mit denen biographische Daten eines Dritten erfragt und eingeübt werden; auf diese Weise entsteht ein Modell, nach dem der Schüler sich dann bei der Beschreibung seines eigenen Tagesablaufes richten kann. Um Platz einzusparen, werden im folgenden linearen Programm die jeweils aufeinanderfolgenden vier Phasen – Sprechaufforderung, Schülerantwort, richtige Antwort und Wiederholung der richtigen Antwort – nicht ausgeführt. Auch würden längere Schülerantworten im Sprachlabor in kürzere Sätze unterteilt werden müssen. Die Fragen (Sprechaufforderungen) liegen dem Schüler bei der Arbeit schriftlich vor. Er nimmt seine Antworten auf Tonband auf, und vom Tonband hört er auch die jeweils richtigen Antworten.

„Time and Place" – eine Übung zur Sprachproduktion

1. I have a friend called Rao. He is a Madrasi, but he lives .... Calcutta.
   He lives in Calcutta.
2. But he comes .... Madras.
   He lives in Calcutta but he comes from Madras.
3. He lives .... a house.
   He lives in a house.
4. His house is .... Rashbehari Avenue.
   His house is in Rashbehari Avenue.
5. He .... Rashbehari Avenue.
   He lives in Rashbehari Avenue.
6. The number of his house is 63. So, he lives .... 63, Rashbehari Avenue.
   He lives at 63, Rashbehari Avenue.
7. Notice that we say:
   (i)   He lives .... Calcutta.
          He lives in Calcutta.
   (ii) He lives .... a house.
          He lives in a house.
   (iii) He lives .... Rashbehari Avenue.
          He lives in Rashbehari Avenue.
   (iv) He lives .... 63, Rashbehari Avenue.
          He lives at 63, Rashbehari Avenue.
8. We talk about living .... a town, or a street, or a building, but living .... an address.
   This is the rule: We live *in* a town, or a building or a street, but we live *at* an address.
9. So, my friend .... Calcutta, but he .... Madras.
   He .... 63, Rashbehari Avenue.
   My friend lives in Calcutta, but he comes from Madras. He lives at 63, Rashbehari Avenue.
10. He is a bank clerk. He works .... a bank.
    He works in a bank. (We could also say, he works at a bank, but let's use *in*).
11. So, he works .... bank.
    He works in a bank.

12. Don't forget to use the indefinite article *a* here.
    (i)   He lives .... house.   *He lives in house.*
    (ii) He works .... bank.   *He works in a bank.*

13. His house is two miles .... bank.
    His house is two miles from the bank.
    Notice that this time you must use the definite article *the*. We have already
    mentioned that he works in a bank, and the next time we mention the bank, we
    must use the definite article.

14. So, my friend lives .... but he ....
    He..........................63, ...He.. bank. His
    house .... bank.
    My friend lives in Calcutta but he comes from Madras. He lives at 63, Rashbehari
    Avenue. He works in a bank. His house is two miles from the bank.

15. He has to.............................. bed at 6 a.m.
    He has to get out of bed at 6 a.m.
    We can also say: he has to get up.
    Let's use the shorter phrase and say:

16. He gets.............. 6 a.m.
    He gets up at 6 a.m.

17. He gets up at 6 o'clock .... morning.
    He gets up at 6 o'clock in the morning..
    Don't forget to use the definite article with *morning*.

18. So, he gets up at 6 o'clock in the morning. He has to start work at 9 o'clock. His
    house is two miles .... bank, so he has to .... home
    at 8.15.
    His house is two miles from the bank, so he has to leave home at 8.15..
    We can also say: he leaves his house at 8.15. But let's use the word *home*.

19. So, he .... at 6 o'clock .... morning.
    He .... 8.15 to go .... bank.
    He gets up at 6 o'clock in the morning. He leaves home at 8.15 to go to the bank.

20. He takes a tram to the bank.
    He goes .... bank .... tram.
    He goes to the bank by tram.

21. Can you remember which prepositions we use after different verbs?
    (i)   He lives .... Calcutta.
                                      He lives in Calcutta.
    (ii)   He lives .... a house.
                                      He lives in a house.
    (iii) He lives .... 63, Rashbehari Avenue.
                                      He lives at 63, Rashbehari Avenue.
    (iv)   He works .... a bank.
                                      He works in a bank.
    (v)   He goes .... the bank.
                                      He goes to the bank.

22. So, my friend .... 8.15. He ....
    bank .... tram. He .... to the bank at 9 o'clock.
    He leaves home at 8.15. He goes to the bank by tram. He gets to the bank at 9 o'clock.

23. Could we also say: *He goes to the bank at 9 o'clock?* Yes or no?
    No, this would mean the same as he leaves home at 9 o'clock.

24. But we know that he leaves home at ....
    He leaves home at 8.15.

25. What we want to say is something that means the same as he reaches the bank at
    9 o'clock. So we must say:
    He .... to the bank at 9 o'clock.
    He gets to the bank at 9 o'clock.

26. Banks like their employees to be on time. So he never .... to the
    bank ....
    He never gets to the bank late.

27. He is .... the bank all day long.
    He is at (or in) the bank all day long.

28. He is at the bank .... 9 a.m. .... 5 p.m.
    He is at the bank from 9 a.m. until 5 p.m.
    ('We could also say from 9 a.m. to 5 p.m., up till 5 p.m., or till 5 p.m. But let's use
    until.)

29. He is .... bank .... 9 o'clock ....
    morning .... 5 o'clock .... afternoon.
    He is at the bank from 9 o'clock in the morning until 5 o'clock in the afternoon.

30. But he doesn't have much work to do after 3 o'clock and he usually finishes his
    work at or before 4.30. He usually finishes his work .... 4.30. (See if you can use
    only one preposition which means the same as *at or before.)*
    He usually finishes his work by 4.30.

31. Here *by* means the same as *at or before.*
    So, my friend usually finishes his work .... 4.30, but he has to stay ....
    bank .... 5 o'clock.
    He finishes his work by 4.30 but he has to stay at the bank until 5 o'clock.

32. At 5 o'clock he .... the bank.
    At 5 o'clock he leaves the bank.

33. Can you remember which verbs are followed by which prepositions?
    (i)   He goes .... the bank.
          He goes to the bank.
    (ii) He gets .... the bank.
          He gets to the bank.
    (iii) He is .... the bank.
          He is at the bank.
    (iv) He stays .... the bank.
          He stays at the bank.

(v) He leaves .... the bank.
He leaves the bank.

34. The verb *leave* doesn't take any preposition here. *Go* and *get* are both followed by *to*. *Be* and *stay* are followed by *at* (or *in*).
At 5 o'clock he goes (or *returns*, or *comes*) *home.*

35. It is unnecessary to say: *He goes back home* (or *he comes back home*). If my friend leaves his spectacles in the bank, he will go .... to the bank to fetch them.
He will go back to the bank.

36. Here we have to use the word *back* to show that he is returning to the bank. But when we speak of *going home* or *coming home* these phrases by themselves carry the meaning of *returning*. We don't need to use the word *back*.
So my friend leaves .... 5 o'clock.
He goes .... at 5 o'clock.
He leaves the bank at 5 o'clock. He goes home at 5 o'clock.

37. He .... home at 5.45.
He gets (or *reaches*, or *arrives* or *returns*) *home at 5.45.*

38. Have you noticed when we have to use prepositions and articles and when we don't use them?
    (i)   He goes .... bank.   *He goes to the bank.*
    (ii)   He comes .... bank.   *He comes to the bank.*
    (iii) He gets .... bank.   *He gets to the bank.*
    (iv)   He goes .... home.   *He goes home.*
    (v)   He comes .... home.   *He comes home.*
    (vi)   He gets .... home.   *He gets home.*

39. After verbs like *go, come* and *get* we do not use any preposition before the word *home*, and the word *home* is not preceded by any article.
Would it ever be possible to say: *He is going to the home*? Yes or no?
Yes. We can say *he is going to the home* but it means something very different. It would mean that he was going to an institution such as a Children's Home. We could also say *he is going to the home of a friend*. In either case, *the home* is somebody else's home (or Home). It's not his own home.
Let's get back to my friend.

40. So, my friend gets .... bank at 9 o'clock. He is .... bank .... 9 .... morning .... 5 .... afternoon. He usually finishes his work .... 4.30, but he has to .... bank .... 5. At 5 he .... home. He .... home at 5.45.
My friend gets to the bank at 9 o'clock. He is at the bank from 9 in the morning until 5 in the afternoon. He usually finishes his work by 4.30, but he has to stay at the bank until 5. At 5, he goes home. He gets home at 5.45.

41. Then he .... a short rest.
He has a short rest.

42. Then he .... bath.
He has a bath (or his bath).

130

43. He .... evening meal at 9.30.
    He has (or eats) his evening meal at 9.30.

44. Notice that we say:
    (i) He .... rest. *He has a rest.*
    (ii) He .... bath. *He has a bath (or his bath).*
    (iii) He .... meal. *He has a meal (or his meal).*
    It would be wrong to say:
    He takes bath.
    He takes rest.
    He takes meal.

45. So, my friend .... home at 5 o'clock. He .... at 5.45. He
    .... rest, he .... bath, and he .... dinner at 9.30.
    My friend goes home at 5 o'clock. He gets home at 5.45. He has a rest, he has a bath,
    and he has his dinner at 9.30.

46. He has his dinner at 9.30 .... evening.
    He has his dinner at 9.30 in the evening.

47. Then he .... bed.
    Then he goes to bed.

48. Notice that we say:
    (i) He goes .... bank. *He goes to the bank.*
    (ii) He goes .... home. *He goes home.*
    (iii) He goes .... bed.   *He goes to bed.*

49. Would it ever be possible to say: *He goes to the bed?* Yes or no?
    Yes. We could say *he goes to the bed,* but it would mean something quite different.

50. Imagine that my friend is very nervous. He is afraid that thieves may be hiding un-
    der his bed. So every evening he goes .... bed and looks underneath it.
    He goes to the bed and looks underneath it to see if any thieves are hiding there.

51. After that he .... bed.
    He goes to bed.

52. *Go to bed* means the same as going to sleep. But *go to the bed* means approaching a
    particular bed, without any intention necessarily of sleeping in it.
    So, my friend .... bed at or before 11.30 p.m.
    He goes to bed.

53. He .... dinner .... 9.30 .... evening and .... bed ....
    11.30 .... night.
    He has his dinner at 9.30 in the evening and goes to bed by 11.30 at night.

54. Notice that we say:
    (i) 9 o'clock .... morning
         9 o'clock in the morning.
    (ii) 5 o'clock .... afternoon
         5 o'clock in the afternoon.
    (iii) 9.30 .... evening
         9.30 in the evening.

(iv) 11.30 .... night
11.30 at night.

55. Would it ever be possible to say:
    (i)   at the morning   Yes or no? .... *No.*
    (ii) at the evening   Yes or no? .... *No.*
    (iii) at the night   Yes or no? .... *No.*
    (iv) in the night   Yes or no? .... *Yes.*
It would be wrong to say *at the morning; at the evening; at the night.* But we could say *in the night.* However, it would mean something different.

56. My friend goes to bed by 11.30 .... night, but he often wakes up .... night, thinking that he can hear noises coming from under his bed.
He goes to bed at 11.30 at night but he often wakes up in the night. Here you can see that *in the night* means the same as *during the night.*

57. So, my friend .... home at 5 o'clock. He .... 5.45. He
.... rest, then he ....
He .... at 9.30 .... evening. He
.... 11.30 .... Sometimes
he wakes up .... When he finally goes to sleep,
he sleeps .... 6 o'clock the next morning.
My friend goes home at 5 o'clock. He gets home at 5.45. He has a rest, then he has a bath. He has his dinner at 9.30 in the evening. He goes to bed by 11.30 at night. Sometimes he wakes up in the night. He sleeps until 6 o'clock the next morning.

58. He .... home early .... Saturday afternoons.
He comes (or goes, or gets, or returns) home early on Saturday afternoons.

59. He doesn't .... bank ....Sundays.
He doesn't go to the bank on Sundays.

60. Have you noticed which prepositions are used with different kinds of time expression?
    (i)   He starts work .... 9 o'clock.
                  He starts work at 9 o'clock.
    (ii) He works .... morning.
                  He works in the morning.
    (iii) He works .... Saturday mornings.
                  He works on Saturday mornings.
    (iv) He works .... Mondays.
                  He works on Mondays.
    (v) He doesn't work .... night.
                  He doesn't work at night.

61. We use the preposition *on* with the names of the days of the week. So, my friend doesn't work .... afternoons.
.... he stays .... home all day.
He doesn't work on Saturday afternoons. On Sunday(s) he stays at home all day.

62. Notice that we say:
    (i)   He goes .... bank.   *He goes to the bank.*
    (ii) He goes .... home.   *He goes home.*
    (iii) He stays .... bank.   *He stays at the bank.*
    (iv) He stays .... home.   *He stays at home.*

63. Can you remember the whole story about my friend?
    My friend .... Calcutta but he .... Madras.
    He .... 63, Rashbehari Avenue. He works
    .... His house is two miles .... He ....
    ...... 6 o'clock .... morning. He ....
    .... breakfast and ....home at 8.15. He
    .... tram. He ....bank
    at 9 o'clock. He always .... there on time. He is
    .... bank all .... He often
    finishes his work .... 4.30 but he doesn't ....
    .... bank .... 5 o'clock. He .... home
    at 5 o'clock. He ...... home at 5.45. Then he .... rest. Next, he
    .... He .... at 9.30 .... evening and
    .... 11.30 .... night.
    He doesn't work ....
    and he stays .... Sundays.

    *My friend lives in Calcutta but he comes from Madras. He lives at 63, Rashbehari
    Avenue. He works in (or at) a bank. His house is two miles from the bank. He gets up
    (or gets out of bed) at 6 o'clock in the morning. He has (not takes!) his breakfast and
    leaves home at 8.15. He goes to the bank by tram. He gets to (or reaches, or arrives at)
    the bank at 9 o'clock. He always gets there on time. He is at the bank all day (long).
    He often finishes his work by 4.30 but he doesn't leave the bank until (or before) 5
    o'clock. He goes (or returns) home at 5 o'clock. He gets (or reaches, or arrives, or
    comes) home at 5.45. Then he has a short rest. Next, he has a (or his) bath. He has his
    dinner (or evening meal) at 9.30 in the evening and goes to bed by 11.30 at night. He
    doesn't work on Saturaay afternoon(s) and he stays at home all day (long) on Sun-
    days.*

    Now see if you can answer the questions on the tape. Speak your answers aloud.
    (i)   Where do you come from?
    (ii)   Where do you live (in what city or village, street and house)?
    (iii) Where do you work or study?
    (iv)   How far is where you live from where you work or study?
    (v)   How do you get there?
    (vi)   When do you leave home in the morning?
    (vii) When do you get up?
    (viii) When do you get home?
    (ix)   What do you do in the evening?
    (x)   When do you go to bed?
    (xi)   What do you do on Saturday afternoons and Sundays?

    Now write down on the last page of this booklet a full description of your daily rou-
    tine in continuous prose. Show it to your teacher when you have finished it.

Analyse der Übung „Time and Place"

Der strukturelle Schwerpunkt der voranstehenden Übung ist der Gebrauch von Präpositionen und Artikeln in Verbindung mit Zeit- und Ortsangaben im Präsens. Unter inhaltlichen Gesichtspunkten soll die Verwendung dieser Zeitform als Ausdruck sich wiederholender, gewohnheitsmäßig ausgeführter Handlungen verdeutlicht werden; ebenso geht es um die Unterschiede zwischen *go* und *get*, *at night* und *in the night*, *home* und *the home* usw. Die Aufmerksamkeit des Schülers wird auch auf stilistische Feinheiten sowie auf grammatische Fehler gelenkt; der bewußte Einbezug von Fehlern in das Übungsgeschehen wird uns im folgenden Kapitel, wenn es um das Lösen von Problemen geht, noch besonders beschäftigen. Die Negativbeispiele sind nicht erfunden worden, sondern stellen Fehler dar, die bengalische Studenten – für sie wurde das Programm entwickelt – in ähnlichen Situationen tatsächlich gemacht haben; es lag darum nahe, daß diese Fehler auch bei der Erarbeitung des Programms auftreten würden. Die Fragen ohne Antwortsteuerung am Ende der Übung sind das eigentliche Ziel des Programms. Fehler, die hier noch auftauchen sollten, kann der Lehrer natürlich nur beim sporadischen Mithören entdecken, es sei denn, die Antworten werden in schriftlicher Form verlangt.

Man könnte nun fragen: Warum werden persönliche Auskünfte mit Hilfe der Interviewtechnik im Sprachlabor verlangt, wenn niemand zuhört und der Schüler auch kaum eine Chance hat, bei möglichen Fehlern sofort verbessert zu werden? Zugegebenermaßen ist dies nicht eine ideale Lernsituation. Aber die so verbrachte Lernzeit ist auch nicht vertan. Beim Erlernen einer jeden Fertigkeit gibt es Zeiten, wenn der Lernende selbständig üben muß. Das kann deshalb notwendig werden, weil der Lehrer andere Schüler zu betreuen hat. Es kann aber auch bewußt vom Lehrer so geplant sein. Er möchte, daß der Schüler sich seiner eigenen Leistungen bewußt wird, daß er vorträgt, was er gut beherrscht, und daß er seine Schwächen kennenlernt und überwindet. Es ist gängige Praxis, daß die Schüler schriftliche Arbeiten selbständig erledigen; dem Lehrer wird lediglich das fertige Endprodukt zur Beurteilung übergeben. Wir könnten darum das Sprachlabor als Mittel einplanen, dem Schüler Gelegenheit zu geben, auch das Sprechen selbständig zu üben. Das fertige Endprodukt wäre hier die Tonbandaufzeichnung derjenigen Leistung, die der Schüler für gelungen hält.

Überdies gehören persönliche Fragen zu einem Inhaltsbereich, den man besser selbständig erarbeitet, da er einem auch im freien Gespräch des Alltags häufig begegnet. Das Sprachlabor eignet sich gut als unabhängiger Übungsort, weil es hier möglich ist, sich anzuhören, wie andere ähnliche Fragen beantworten. Individuelle Gegebenheiten kann man in Tonbandübungen natürlich nicht vorausplanend einbeziehen.

Beim Üben der Beantwortung von Fragen erhält der Schüler die freie Wahl darüber, was er sagen möchte und wie er es zum Ausdruck bringen will. Bei allen anderen bisher erörterten Übungstypen war es möglich, die Schülerantworten eindeutig zu steuern und die richtigen Antworten vorzugeben. Steht jedoch im voraus bereits fest, was ein Schüler sagen wird, dann kann er keine neuen Informationen übermitteln. In einem solchen Fall kommuniziert er nicht; er übt lediglich ein, wie man kommuniziert. Die Beantwortung von Fragen zur Person hingegen erlaubt eine freie Antwortwahl und damit freie Kommunikation. Die Fragen brauchen sich nicht nur auf biographische Details zu beziehen. Geübt werden können außerdem mündliche Beschreibungen, Definitionen, Erklärungen, Diskussionsbeiträge, gedankliche Ableitungen und Schlußfolgerungen.

Man kann den Schüler auffordern, ein Bild oder eine Bildserie zu beschreiben. Man kann ihn ein Modell erklären lassen. Man kann ihm schriftliche Unterlagen geben, z. B. einen Fahr- oder Flugplan, und ihn bitten, Auskünfte über Reiserouten zu geben. Man kann ihm eine Landkarte vorlegen und nach Orten und Entfernungen fragen. Man kann ihn veranlassen, Definitionen zu geben oder ein Gedicht zu interpretieren. Man kann ihn das Erzählen von Geschichten oder Witzen üben lassen. Er kann dazu aufgefordert werden, Folgerungen abzuleiten oder Einschätzungen vorzunehmen; dies ist z. B. in der Verständnisübung „The Armchair Detective" (S. 117) erfolgt. Kurz: mit Fragen läßt sich jegliche Art sprachlicher Aktivität auslösen. die im Erfahrungsbereich der Sprachschüler liegt. In jedem einzelnen Fall können Beispiele zur Analyse und Imitation im Sprachlabor vorgegeben werden. Sobald aber die Fragen gestellt werden, muß der Schüler wissen, daß er jetzt auf sich selbst gestellt und auch für seine sprachlichen Leistungen selbst verantwortlich ist. Er kann den Lehrer zwar bitten, ihm zu helfen, aber nur seine Endfassung wird peinlich genau auf Fehler und Unvollkommenheiten hin überprüft. Nach der Korrektur kann die Endfassung noch einmal vom Schüler auf Tonband aufgezeichnet werden, oder aber der Lehrer spricht den Text selbst vor, um dem Schüler die Möglichkeit zu geben, eine Modellversion seiner eigenen Worte imitieren zu können. Tonbänder mit derartigen Modellversionen können dann auch von anderen Schüler abgehört werden; darauf ist in Kapitel 3 bereits hingewiesen worden. Ein Schüler kann sicherlich mit Recht stolz darauf sein, wenn ein von ihm verfaßter Text nicht nur ihm selbst, sondern auch anderen zugänglich ist.
Üben vollzieht sich in Kreisen, die aufeinander bezogen sind: vom Hören zum Imitieren, vom Rollenspiel zum Beantworten von Fragen, von ersten Entwürfen eines Textes bis hin zur revidierten Endfassung und schließlich wieder zurück zur Imitation. Die ersten Stufen bereiten den Schüler darauf vor, selbständig arbeiten zu lernen. Die letzte Stufe trägt dazu bei, mögliche Unvollkommenheiten seiner selbständigen Arbeit zu bereinigen. Die im Mittelpunkt stehenden Übungen bieten dem Schüler Mittel, ein Motiv und Gelegenheit zum Kommunizieren.

Lernspiele als Übungen

Es gibt sehr viele Spiele, die man im Klassenraum durchführen kann; einige wenige eignen sich auch zum Einsatz im Sprachlabor. Mit Lernspielen lassen sich eine Vielzahl sprachlicher Erscheinungen einüben: von der Rechtschreibung über die Zeichensetzung bis hin zu Strukturen und Vokabular.[4]
Spiele eignen sich besonders gut zum Üben einer ganz speziellen Form sprachlicher Aktivität. In den vorangegangenen Abschnitten und Kapiteln haben wir im einzelnen erörtert, wie man Schüler veranlassen kann, Fragen zu beantworten. Die Möglichkeit, auch selbst Fragen zu stellen, ist in unseren Übungen bisher noch nicht allzu oft geboten worden. Spiele bieten sich dazu an, dem Schüler beizubringen, wie man sinnvolle Fragen formuliert. Auch mit Drilltechniken kann man natürlich üben lassen, indirekte in direkte Fragen oder Aussagen in Fragen umzuwandeln; auf diese Weise lernt der Schüler in erster Linie die Formen der Fragestellung kennen. Aber die Fragen, die dabei entstehen, bleiben Scheinfragen, weil die Antworten schon feststehen, ehe die Fragen gestellt werden; in vielen Fällen wird sogar überhaupt keine Antwort gegeben. In Lernspielen dagegen stellt der Schüler Fragen, um Informationen einzuholen. Diese Informationen besitzen sicherlich keinen allzu großen Wert, aber die Freude am Spiel ist in der Regel

Grund genug, den Schüler zu motivieren, nachdrücklich auf seinen Fragen zu bestehen. Das folgende Spiel ist eine Variation von „I spy":

> One, two, three
> What can I see?
> Something in this room,
> Beginning with *B*.

Hier muß der Schüler Fragen stellen, die mit *Yes* oder *No* zu beantworten sind, also *Is it a . . .? Is it the . . .?* usw. „Animal, Vegetable or Mineral" zwingt zu Alternativfragen wie *Is it big or small?* usw.

Schwierigere Spiele wie „Alibi" und „Coffee pot" veranlassen zur Bildung von Fragen, die mit *wh-* beginnen; Sprachspiele wie „Rumours" oder „Consequences" führen automatisch zur Formulierung indirekter Fragen.

Hier sollen zwei Spiele für das Sprachlabor vorgestellt werden. Eins davon übt die Bildung von Aussagesätzen, das andere Frageformen. Bei der ersten Übung werden die Bilder von Seite 124 wieder herangezogen. Der Schüler beginnt:

1. I went to the market this morning and I bought five oranges.

2. I went to the market this morning and I bought five oranges and half a dozen eggs.

3. I went to the market this morning and I bought five oranges, half a dozen eggs and two loaves of bread.

4. etc.

Die Zeitbestimmungen und die Zeitformen können verändert werden (*I'm going to the market tomorrow; I've just been to the market; I must go to the market to buy . . .* usw.). Der Unterschied zwischen zählbaren und nicht zählbaren Substantiven kann durch die Verwendung von *some* besonders herausgestellt werden; man braucht also nicht unbedingt bestimmte Mengen angeben zu lassen. Die Einkaufsliste kann beliebig verlängert werden. In jedem Fall formuliert der Schüler Aussagen oder Versprechen und muß ein Intonationsmuster verwenden, das der Aufzählung verschiedener Dinge in einem relativ langen Satz gerecht wird.

Bei der zweiten Übung müssen Fragen gestellt werden. Es handelt sich um eine Sprachlaborübung, die auf das Spiel „Twenty Questions" zurückgeht.[5]

„Five Questions" – eine Übung zur Sprachproduktion

„I am thinking of someone. I will give you five questions to try to guess who it is. Look at the prompts in front of you on page 1 of your booklet and ask me a question about each of them. I will tell you the answer. When you think you know, don't bother to ask any more questions, but check your answer by looking at the picture on page 2."

Booklet page 1.	*Taped response and answer.*

1.   *Is it a man or a woman?*

It's a woman.

2. British : American?

3. Filmstar : Public figure?

4. 40+ : 40 – ?

5. Buckingham Palace :
   10, Downing Street?

Is she British or American?
She's British.
Is she a filmstar or a public figure?
She's a public figure.
Is she over forty or under forty?
She's over forty.
*Does she live in Buckingham Palace
or at 10, Downing Street?*
She lives in Buckingham Palace.

„Well, you have probably guessed by now. To check your guess, look at the picture on page 2 of the booklet. Then ask me some more questions to find out what I'm thinking of now. This time it's a thing."

Booklet page 2.   *Taped response and answer.*

1. Veg. : min.?

Is it vegetable or mineral?
It's a mineral.

2. ←metal : ← stone?

Is it made of metal or stone?
It's made of metal.

3. ◯ : ▢ ?

Is it round or square?
It's round.

4. 1971 : 1972?

Was it made in 1971 or 1972?
It was made in 1971.

5. Cu. : Ag.?

Is it made of copper or silver?
It's made of copper.

If you haven't guessed by now, turn over the page and you will see that you are looking at a penny.

Booklet page 3.

Kommentar zur Übung „Five Questions"

Mit Spielen kann man Sprachstrukturen oder die Aussprache üben lassen. Aber eigentlich sind sie weniger eine Übungsform; sie bewirken vielmehr, daß die Schüler echte sprachliche Aktivitäten entfalten. Widmet sich ein einzelner Schüler im Sprachlabor einem Spiel, dann befindet er sich in einer ähnlichen Situation, als wenn er sich eine Geschichte oder ein Gedicht anhörte. Er wendet Sprache an – in dem einen Fall produktiv, im anderen rezeptiv. Damit sind wir bis zu den Grenzen dessen vorgestoßen, was im Sprachlabor geleistet werden kann. Mit der Hörschulung auf der einen, Sprachspielen auf der anderen Seite lassen sich dem Schüler sinn- und zweckvolle sowie unterhaltsame Kommunikationserfahrungen in einer neuen Sprache vermitteln.

Anhand des Spiels „Five Questions" können die Grenzen von Tonbandgerät und Sprachlabor bei der Umsetzung didaktischer Anliegen besonders gut verdeutlicht werden. Im Sprachlabor muß der Schüler alle vorgeplanten Lernschritte nacheinander durchlaufen; er kann keine Frage überspringen, er kann die Reihenfolge der Fragen nicht bestimmen, und er kann auch keine eigenen, zusätzlichen Fragen stellen. Sicherlich ist es denkbar und wohl auch möglich, durch eine differenziertere Technik zu ermöglichen, dem pädagogisch Wünschenswerten zu entsprechen. Die Erfahrung hat jedoch gelehrt, daß mit der Bereitstellung von Spezialgeräten und Sonderanfertigungen nur eng begrenzte Lernziele verfolgt werden können; überdies steht der damit verbundene technologische und finanzielle Aufwand in keinem vertretbaren Verhältnis zum didaktischen Ertrag. Die Anerkennung der Grenzen des Sprachlabors ist darum der Suche nach komplizierteren Apparaturen und einer Technik, die möglichst „alles" leisten kann, vorzuziehen.

Grenzen der Übungsarbeit

Wir haben Zweck, Ziele und Möglichkeiten der Übungsarbeit im Fremdsprachenunterricht erörtert; es bleibt die Aufgabe, die Grenzen fremdsprachlicher Übungen zu benennen. Sie können unter vier Problemstellungen diskutiert werden: dem Problem 1. der Auswahl, 2. der Anordnung, 3. der Rückmeldung und 4. der Selbstkontrolle. Diesen Aspekten soll nun in den folgenden Abschnitten im einzelnen nachgegangen werden.

Das Problem der Auswahl

Es gehört sicherlich zu den Aufgaben des Lehrers oder des Lehrbuchautors, dasjenige Sprachmaterial auszuwählen, das im Sprachlabor dargeboten werden kann, und diejenigen sprachlichen Aktivitäten zu bestimmen, die ausgeübt werden sollen. Die Kriterien für die Auswahl lassen sich leicht bestimmen: Interesse, Altersangemessenheit, Berücksichtigung von Vorkenntnissen und Herkunft sowie des Sprachbedarfs der Schüler. Aber leider können gerade die interessantesten und wesentlichsten Sprachaktivitäten im Sprachlabor nicht zufriedenstellend ausgeführt werden. So kann man dort z. B. längst nicht alle Spiele durchführen. Gerade für die schönsten Spiele wie etwa „Felicity's Cat", „Murder", „Hangman" oder „Ghosts" ist das Sprachlabor einfach nicht flexibel genug. Ebenso lassen sich im Labor keine echten Gespräche, Diskussionen oder Vorträge bzw. Vorlesungen nachvollziehen. In tatsächlichen Kommunikationssituationen sind wir sehr oft darauf angewiesen, das Gesicht eines Sprechers und sein Mienenspiel zu sehen; wir müssen wissen, in welcher Umgebung er sich befindet, wenn er etwas sagt. Gespräche im Sprachlabor finden – auch dann, wenn Bilder benutzt werden – zwischen Menschen statt, die Papiertüten über ihre Köpfe gestülpt haben. Sie können zwar gut hören, aber sie sehen nicht mehr als Bilder und kleingedruckte Buchstaben auf dem Papier vor ihrer Nase. Diese Tatsache schränkt volles Verstehen, Verständnis und Spontaneität im freien sprachlichen Wechselspiel erheblich ein. Mit Übungen läßt sich die wirkliche Sprachanwendung darum nur simulieren; sie leisten einen indirekten, keinen direkten Beitrag zur Sprachbenutzung. Sprechaufforderungen und Schülerantworten im Sprachlabor sind wie Stimmen in der Wüste – Wegbereiter für die ,,wahre'' Welt, die noch kommen wird.

Das Problem der Anordnung

Sowohl der Inhalt der Tonbandübungen als auch die erwarteten Leistungen in den Schülerantworten müssen so angeordnet und aufeinander bezogen sein, daß sie das Lernen erleichtern. Welche Prinzipien sollten dafür geltend sein? Die herkömmliche Lösung, eine strukturelle Progression zugrundezulegen, dürfte unseren Anforderungen kaum genügen. Bei Übungen geht es, wie wir gesehen haben, mehr um Aktivitäten als um Strukturen; die Frage, welche Aktivitäten einfacher sind als andere und damit die Frage nach einer logisch begründbaren Abfolge bestimmter Aktivitäten – diese Frage läßt sich leider nicht eindeutig beantworten.

Mit Sicherheit wäre es falsch, Verständnisübungen einer starren strukturellen Progression unterwerfen zu wollen. Vermeintlich komplexe Strukturen kann man u. U. ebenso leicht verstehen wie einfache Sätze. Und scheinbar einfache Strukturen können erheblich größere Interpretationsprobleme aufwerfen als Strukturen, die dem Lernenden noch unbekannt sind. Die Zeile von T. S. Eliot *My end is in my beginning* ist in der Oberflächenstruktur identisch mit *My pen is in my hand* – ein Satz, der im frühen Anfangsunterricht gängig ist, in dem die Schüler bereits die Bedeutung sämtlicher Hauptwörter ,,kennen'', die in den beiden angeführten Sätzen auftreten. Die Vertrautheit mit der strukturellen Form jedoch erleichtert keineswegs das Verstehen der Aussage von Eliot. Sie kann in ihrer vollen Bedeutung nur im Kontext des ganzen Gedichts erfaßt und erfahren werden.

Selbst bei Übungen zur Sprachproduktion braucht die Überlegung, welche von zwei Strukturen die komplexere ist, keineswegs die Reihenfolge zu beeinflussen, in der sie eingeführt werden. Es ist wesentlich natürlicher und unter Kommunikationsgesichtspunkten hilfreicher, die Struktur *Would you mind opening the window?* vor der einfachen Imperativform *Open the window!* darzubieten. Wenn der erste Satz schwieriger erscheint als der zweite, dann vielleicht ebensosehr wegen seiner Länge wie seiner strukturellen Komplexität. Dennoch gibt es keinen Grund, in einem Unterricht, der den Erwerb umgangssprachlicher Fähigkeiten zum Ziel hat, mit der Einführung von Konditionalformen bis zum dritten Lernjahr zu warten, wie dies in den meisten Lehrbüchern auf der Grundlage einer strukturellen Progression geschieht.

Da es keine objektiven Kriterien zur Festlegung einer bestimmten Anordnung von Sprachlaborübungen gibt, müssen wir uns auf Intuition, Erfahrung und Experimentieren verlassen. Der Erfolg unseres Unterrichts hängt davon ab, ob es uns gelingt, unsere

Schüler mit den richtigen Übungsformen in richtiger Dosierung zur richtigen Zeit und in der richtigen Reihenfolge bekanntzumachen.

Das Problem der Rückmeldung

Der Begriff „Rückmeldung" (*feedback*) stammt aus dem Bereich der Kommunikationswissenschaft. Bei Steuerungsprozessen zeigt er die Differenz zwischen einem geplanten Soll-Wert (*input*) und dem tatsächlich erreichten Ist-Wert (*output*) an und sorgt damit dafür, daß notwendige Korrekturen eingeleitet werden können. Überträgt man diesen Begriff auf den Spracherlernungsprozeß, dann wäre der Ist-Wert eine Schüleräußerung, die auf eine Sprechaufforderung hin erfolgt. Der Soll-Wert wäre die auf Tonband aufgezeichnete erwartete richtige Antwort sowie sämtliche weiteren Korrekturmaßnahmen im Fall einer falschen Schülerantwort. Einem echten Rückmeldesystem kommt im Sprachunterricht ein verzweigtes Programm am nächsten. Hier wird durch die Schülerantwort bestimmt, welcher Lernschritt als nächstes geübt werden muß, d. h. die Schülerarbeit wird durch den jeweiligen Ist-Wert gesteuert. Die Lernschritte eines verzweigten Programms lassen jedoch einen wichtigen Aspekt außer acht. Um Soll-Werte erfahren zu können, muß der Schüler seine Antwortauswahl aus vorgeplanten Alternativen treffen. Eigene Antworten oder Alternativen darf er nicht verwenden. Nun setzen sich aber gerade freiere Übungsformen zum Ziel, den Schüler zu kreativem Sprachverhalten zu führen. Wird dieses Ziel erreicht, etwa durch die Beantwortung „offener" Fragen, dann kann der Schüler keine unmittelbare Rückmeldung über die Richtigkeit seiner Äußerungen mehr erhalten. Anders formuliert: seine Ist-Werte erfahren bis zum Ende der Übung keine Korrektur – er wird mit ihnen allein gelassen. Man kann diese Situation, in der sich Fehler einstellen und verfestigen könnten, natürlich durch angemessene Vor- und Nachbereitung mehr oder weniger unter Kontrolle halten. Dennoch bleibt die Gefahr bestehen, daß sich die Ist-Werte den Soll-Werten nicht annähern. Ein Schüler könnte einen Beispielsatz falsch deuten, eine vorgegebene richtige Antwort mißverstehen oder durch verzweigte Programmschritte nach einer falschen Antwort verwirrt werden. Unsere Schüler müssen *lernen*; Steuermechanismen brauchen das nicht. Maschinen kann man vorprogrammieren, auf Rückmeldungen hin automatisch zu reagieren. Schüler hingegen müssen lernen, wie man in einer neuen Sprache richtig spricht, und sie müssen lernen, die neue Sprache hörend richtig zu verstehen. Dieser Prozeß kann nicht völlig fehlerfrei verlaufen.

Die „Probleme", von denen im nächsten Kapitel die Rede sein wird, sollen dazu beitragen, die Differenz zwischen Soll-Wert und Ist-Wert zu verringern. Die Wirksamkeit einer Rückmeldung hängt aber letztlich davon ab, inwieweit ein Schüler in der Lage ist, das Problem der Selbstkontrolle zu meistern. Als oberstes Lernziel sollte gelten, daß jeder Schüler befähigt wird, sein eigenes System der Rückmeldung zu vervollkommnen, d. h. daß er selbsttätig und selbständig weiterlernt. Bis dieses Ziel erreicht ist, gibt es keine Garantie dafür, daß freiere Übungsformen Fehler eher verringern oder gar ausschließen könnten als streng gesteuerte Drillübungen.

Das Problem der Selbstkontrolle

Mit dem Begriff „Selbstkontrolle" (*self-monitoring*) wird der Prozeß des Vergleichs und der Korrektur einer Schülerantwort anhand einer auf Tonband vorgegebenen Modellantwort bezeichnet. In vielen Beiträgen der Fachliteratur ist immer wieder darauf hingewiesen worden, daß Sprachschüler kaum dazu in der Lage sind, ihre eigene Aussprache mit einem Tonbandmodell zu vergleichen. Das ist im Anfangsunterricht auch gar nicht erstaunlich, wenn das Ohr des Schülers noch ebenso wenig trainiert ist wie seine Sprechwerkzeuge. Bei Strukturmusterübungen ist die Selbstkontrolle übrigens weniger problematisch, auch wenn es dann und wann vorkommen dürfte, daß die Endung eines Wortes oder eine Schwachform nicht erkannt werden.

Um Selbstkontrolle zu ermöglichen, sind die folgenden Voraussetzungen zu erfüllen:

1. *Das Üben von Lautunterscheidungen.* Von Anfang an kann man das Ohr des Sprachschülers durch entsprechende Übungen daran gewöhnen, Laute, Wörter und Intonationsmuster voneinander zu unterscheiden. Derartige Übungen können im Klassenraum und im Sprachlabor spielerisch durchgeführt werden, und zwar sowohl mit Kindern als auch mit Erwachsenen. Einige Beispiele für Lautunterscheidungsübungen sind in früheren Kapiteln angeführt worden. Es sollte auch nicht vergessen werden, daß häufiges Hören ebenfalls dazu beiträgt, Laute voneinander unterscheiden zu lernen. Wenn Schüler nicht richtig zu hören verstehen, dann könnte das ganz einfach daran liegen, daß ihnen nicht ausreichend Gelegenheit gegeben worden ist, ihr Gehör zu trainieren.

2. *Die Präsenz des Lehrers.* Häufige Hör- und Lautunterscheidungsübungen helfen dem Schüler, Laute und andere sprachliche Erscheinungen in der Fremdsprache erkennen zu lernen. Damit hat er aber noch nicht gelernt, seine eigene Lautproduktion mit der eines Muttersprachlers zu vergleichen. Viele Schüler entwickeln ein hervorragendes Hörverstehen, können aber nur schlecht reproduzieren. Zur Entwicklung der Selbstkontrolle ist es darum wesentlich, daß der Lehrer – vor allem im Anfangsunterricht – bei der Übungsarbeit präsent ist, damit er auf Fehler aufmerksam machen und Hilfestellungen leisten kann. Ein Sprachlaborprogramm kann solche gezielten Hilfen von sich aus nicht geben; nur in ganz wenigen außergewöhnlichen Fällen kommen einige Schüler ohne den Lehrer zurecht. Die bloße Vorgabe einer richtigen Antwort reicht darum nicht aus, erfolgreiches Lernen zu garantieren.

3. *Das Training eines ,,inneren Ohrs".* Es genügt durchaus nicht, daß der Schüler lernt, seine eigenen Leistungen mit denen eines Muttersprachlers zu vergleichen. Unser Ziel muß darin bestehen, ihn so weit zu fördern, daß er seine Sprachproduktion mit einem Modell vergleichen kann, über das er in seinem Inneren verfügt und das ihm sagt, ob er etwas richtig oder falsch ausgesprochen hat. Selbstkontrolle in diesem Sinn bedeutet, ein sensibles Gespür für alle Aspekte der Sprache zu haben und sich in sie einfühlen zu können. Auch hier trägt die Spracherfahrung, d. h. konkret die Hörpraxis im Sprachlabor, wesentlich dazu bei, dieses Ziel des Lernprozesses zu erreichen.

4. *Die Strategie der allmählichen Annäherung.* Man kann nicht erwarten, daß Schüler von Anfang an eine perfekte Aussprache haben. Wenn es die Dauer des Lehrgangs erlaubt, sollte der Lehrer darum dafür sorgen, daß sie über verschiedene Stufen allmählich zur Standardaussprache hingeführt werden. Das bedeutet, daß zunächst nur Fehler korrigiert werden, die eine Verständigung verhindern, z. B. falscher Rhythmus; erst dann werden Unterschiede zwischen Konsonanten bzw. Vokalen erarbei-

tet. Als letztes werden Erscheinungen der normalen Sprechgeschwindigkeit wie Assimilation und der gezielte Einsatz der Intonation behandelt.

Weder Drillübungen mit intoleranter Antwortdetermination noch freiere Übungsformen, die dem Schüler die Formulierung seiner sprachlichen Äußerungen selbst überlassen, können also letzte Antworten auf die Lernprobleme bei der Sprachaneignung sein – das sollte durch die voranstehenden Ausführungen deutlich werden. Gegenüber Drillübungen besitzen Verständnisübungen und Übungen zur Sprachproduktion jedoch den Vorteil, daß sie sprachliche Erscheinungen nicht isoliert, sondern in einem Gebrauchskontext präsentieren. Auf diesem Wege scheint eher gewährleistet zu sein, daß das, was geübt wird, sich leichter in den echten sprachlichen Alltag übertragen läßt.

ANMERKUNGEN

[1] Aus: *Über die Verschiedenheit des menschlichen Sprachbaues*.
[2] Vgl. J. Dakin: *Songs and Rhymes for the Teaching of English*. London: Longman 1968. Zu dieser Veröffentlichung gibt es eine Tonaufzeichnung, die auch das erwähnte Gedicht enthält.
[3] Es handelt sich um Mr. Winston Churchill, wie er in der Nachkriegszeit in Hongkong genannt wurde, und um Lord Curzon in bengalischer Benennung.
[4] Vgl. hierzu W.R. Lee: *Language-Teaching Games and Contests*. London: Oxford University Press 1972. Eine noch umfangreichere Sammlung enthält eine Arbeit von P.A. Lee-French: *Dissertation for the Diploma in English as a Second Language*. Leeds University 1964.
[5] Die Idee zu dieser Sprachlaborübung stammt von P. Treacher.

8 Übungen zum Problemlösen

Zum Zweck dieser Übungsform

Die bisher behandelten Übungen verfolgen in erster Linie das Ziel, den Schüler mit der Sprache vertraut zu machen, sich in sie hineinzufinden und sie anwenden zu lernen. Sie leiten ihn dazu an, Wörter und Strukturen kennenzulernen und zu gebrauchen. Ein Schüler kann sich mit Lesetexten beschäftigen, gesprochene Sprache anhören oder auch Regeln ableiten – aber keine dieser Übungen führt automatisch, zwingend oder notwendig zu derartigen Sprachaktivitäten. Übungen zum Problemlösen hingegen verfolgen in erster Linie das Ziel, den Schüler zu sprachlichen Einsichten zu führen. Sie leiten dazu an, neue Regeln zu formulieren oder bekannte Regeln zu modifizieren. Sie geben dem Schüler Gelegenheit, sprachliche Muster und Unregelmäßigkeiten zu entdecken, wie sie dem Muttersprachler bewußt sind. Anfangs mag er dabei zu wenig sehen oder gar mehr in die Sprache „hineinsehen", als sich tatsächlich in ihr findet.

Ashim und die Pluralendung

Wie sich Probleme beim Fremdsprachenlernen aus der Sicht von Schülern darstellen, ist in Kapitel 2 am Beispiel von Shanace (S. 21) und Jeeto (S. 26) dargestellt worden. Auch der Hinweis auf Ashim (S. 26) zeigte, welcher Art diese Probleme sein können. Die hier erörterten Übungen sollen dazu beitragen, derartige Probleme zu lösen. Ashim war ein siebenjähriger Schüler, der seit sechs Wochen Englisch gelernt hatte. Seit vier Wochen hatte er Gelegenheit gehabt, Pluralendungen zu üben. Als man ihn in seiner Muttersprache fragte, welche Bedeutung diesen Endungen zukomme, zeigte er auf ein Auto und sagte: „Man sagt *car*, wenn es ein Mann ist, und *cars*, wenn es eine Frau ist." In Ashims Muttersprache – dem Bengalischen – gibt es ebenso wie im Englischen Pluralendungen. Sie werden jedoch nicht verwendet, wenn Gegenstände usw. gezählt werden. Pluralendungen treten nur dann auf, wenn es um mehr als ein Objekt geht und dabei keine genaue Zahl angegeben wird. Es erstaunt darum in keiner Weise, daß Ashim den Unterschied zwischen *one car* und *two cars* im Englischen nicht verstanden hat. Ungewöhnlich ist lediglich seine Interpretation der Pluralendungen. Im Bengalischen gibt es nämlich genau so wie im Englischen kein grammatisches Geschlecht; es wird noch nicht einmal zwischen männlichen und weiblichen Formen beim Pronomen unterschieden.

In seinem Englischunterricht hatte Ashim gelernt, daß *he* für einen Mann und *she* für eine Frau steht. Daraus scheint er geschlossen zu haben, daß dieser Unterschied nicht nur bei Pronomen, sondern auch bei zählbaren Substantiven besteht. Hier – so Ashim – wird das *s* jedoch nicht am Anfang (*s-he*), sondern am Ende des Wortes hinzugefügt (*car-s*).[1] Wenn dem wirklich so wäre, würden wir nicht von männlich und weiblich, sondern von maskulin und feminin sprechen. Hätte Ashim Spanisch gelernt, würde eine ähnliche Beobachtung der Formen von Pronomen, Artikeln und einiger Substantive zu der richtigen Erkenntnis geführt haben, daß es zwischen den zwei Wörtern für *Bank* einen Geschlechtsunterschied gibt: *el banco* (Bank zum Sitzen und für Geldgeschäfte), *la banca* (Abstraktum: Bankwesen). Ashims Fehler bestand also nicht darin, daß er ein Konzept für das grammatische Geschlecht erfunden hatte, das er zur Erklärung formaler Veränderungen in der neuen Sprache heranzog. Er hätte es nur nicht für das Englische anwenden dürfen, wo es ebenso wenig wie in seiner Muttersprache gültig ist. Hätte er Spanisch oder Französisch gelernt, würden wir seine Einsicht gelobt haben.

Ashims Fehlverhalten beweist nichts anderes, als daß Schüler die Sprache tatsächlich „erfinden", daß Sprachenlernen ein kreativer Prozeß ist, der aus Erfahrungen resultiert. Von anderen Schülern unterscheidet sich Ashim nicht durch seine lebhafte Fantasie, sondern durch seine schlechte Beobachtungsgabe. Eigentlich hätte ihm nämlich der Unterschied zwischen *boy* und *boys*, *girl* und *girls* auffallen müssen. Da diese Formveränderung offensichtlich nichts mit dem grammatischen Geschlecht in der Konzeption von Ashim zu tun haben kann, muß er umdenken. Übungen zum Problemlösen setzen sich genau dies zum Ziel. Ashim erhält darum die Aufgabe, weitere gleichartige Beispiele zu erarbeiten. Dabei zeigt sich dann, ob er die Regel verstanden hat, und wenn nicht, warum er ihr nicht auf die Spur kommt.

Voraussetzungen für das Lösen von Problemen

Die erfolgreiche Lösung eines Problems setzt voraus, daß man stufenweise voranschreitet und dabei mögliches Fehlverhalten eines Lernenden jederzeit in Rechnung setzt.

1. *Der Schüler muß wissen, daß er einen Fehler gemacht hat.* Der Fehler von Ashim und Shanace war ein Interpretations- bzw. Verstehensproblem. Alle Fehler, die bei der Erarbeitung der fiktiven Sprache *Novish* (vgl. Kapitel 2) aufgetreten sein könnten, gehören zu den Analyse- oder Sprachproduktionsproblemen, mit denen auch Jeeto zu kämpfen hatte. Im Unterrichtsalltag ist es durchaus nicht leicht, Schülern zu verdeutlichen, daß sie einen bestimmten Fehler gemacht haben. Zunächst einmal können solche Fehler bei der Eigenarbeit im Sprachlabor auftreten und unentdeckt bleiben. Sie können einem Schüler aber auch unterlaufen und sogar zur sprachlichen Gewohnheit werden, ohne eine erfolgreiche Kommunikation zu beeinträchtigen. Alle Fehler, die Jeeto gemacht hat, haben nicht verhindern können, daß wir ihre Äußerungsabsichten verstanden haben. Jeder Sprecher von *Novish* würde uns trotz möglicher Fehler verstehen. Shanace und Ashim können dem inhaltlichen Verlauf unserer Geschichten sehr wohl folgen, auch wenn sie nicht alle Einzelheiten mitbekommen. Nur dann, wenn die Kommunikation zusammenbricht, wird unmißverständlich deutlich, daß ein Fehler vorliegen muß.

2. *Der Schüler muß die Bedeutsamkeit eines Problems erkennen.* Ashim war ständig mit einem Problem vom Typ *boy – boys* konfrontiert, aber er erkannte es nicht. Selbst kontrastive Übungen und Lernspiele zum Gebrauch von Pronomen und Pluralformen konnten nicht erreichen, daß ihm die Bedeutung dieser sprachlichen Erscheinung bewußt wurde. Das Erkennen der Bedeutsamkeit einer Hypothese, ihrer Verifizierung oder Falsifizierung, ist nicht einfach eine Sache des gesunden Menschenverstandes und auch nicht der logischen Ableitung. Es beruht zum Teil auf Konventionen und teilweise auf gefühlsmäßigen Wahrnehmungen. Ashim hatte ganz bestimmte Beispiele als relevant und andere als irrelevant angesehen. Wir müssen darum versuchen, ihn dahin zu bringen, daß er unsere Konventionen anerkennt, damit er auf dieser Grundlage die Möglichkeit erhält, die korrekte Lösung eines Problems zu erarbeiten.

3. *Der Schüler muß eine Hypothese formulieren.* Bei der Konstruktion von Aufgaben zum Problemlösen hat sich der Lehrer zu fragen, welche falschen Schlußfolgerungen ein Schüler möglicherweise ziehen könnte. Dennoch ist es denkbar, daß ein Schüler eine Hypothese formuliert, die vom Lehrer nicht berücksichtigt worden ist. Darum ist es erforderlich, daß der Lehrer Aufsicht führt, wenn Problemübungen erarbeitet werden. Er muß herauszufinden versuchen, mit welcher Hypothese sich ein Schüler befaßt; Aufgabe des Schülers ist es, die vom Lehrer vorgeplanten Ableitungsstrategien nachzuvollziehen. Bei der Korrektur falscher Hypothesen kann der Lehrer auf neue und weitere Tatbestände aufmerksam machen und den Schüler dahin führen, daß er sein Problem noch einmal überdenkt. Beim Durchschauen sprachlicher Zusammenhänge spielt die Logik ebensowenig eine Rolle wie beim Erkennen der Bedeutsamkeit eines Problems. Und deshalb muß man damit rechnen, daß es Grenzen gibt, über die hinaus dem Schüler keine Lernhilfen mehr geboten werden können. Man kann ihm dann nur noch sagen, daß er sich richtig oder falsch verhalten hat. Wir versuchen ja zu erreichen, daß der Schüler sich unserer Sicht der Dinge anschließt, daß er unser Wissen um die Bedeutung bestimmter Beispiele und Modelle übernimmt. Dazu braucht er ein gewisses Einfühlungsvermögen; besitzt er es nicht, dann bleiben ihm auch alle unsere Hinweise, Definitionen und Erklärungen unverständlich.[2] Es ist nicht die verbale Form einer Regel oder einer Definition, die sich ein Schüler anzueignen hat, sondern deren Bedeutung für das sprachliche Verhalten. Das Ziel ist Regelkönnen, nicht Regelkennen.

4. *Der Schüler muß Regeln anwenden können.*[3] Nahezu alle Schüler in Ashims Klasse konnten die Regel über die Pluralendung richtig aufstellen. Aber als sie ihre selbsterfundenen Regeln anwenden sollten, richteten sie ihr Sprachverhalten nur mehr oder weniger zufällig danach aus. Wurden sie aufgefordert, Bleistifte vom Tisch zu holen, dann brachten sie gewöhnlich nur einen Bleistift. Sollten sie Bleistifte zählen, tauchte das Plural-*s* entweder auf oder wurde weggelassen – völlig willkürlich. Fragte man sie schließlich, ob es *one pencils* oder *one pencil* bzw. *two pencil* oder *two pencils* heißen müsse, konnte man sie damit völlig durcheinanderbringen. Die Entdeckung einer richtigen Regel führt also nicht unmittelbar auch zu ihrer richtigen Anwendung. Das Problem ist immer nur der Ausgangspunkt. Hat der Schüler es richtig gelöst, muß er Gelegenheit zum Üben erhalten. Eine Aufgabenstellung zum Problemlösen kann die bewußte Regelkenntnis des Lernenden entwickeln helfen; ein Schüler kann die Schwierigkeiten kennenlernen, mit denen er sich auseinanderzusetzen hat. Dadurch wird er in die Lage versetzt, sie auch selbst zu benennen, und dieser Vorgang kann dazu beitragen, die eigenen Lernstrategien und die Sprachausübung entsprechend auszurichten. Was letztlich aber zählt, ist nichts anderes als die Frage, ob es gelingt, die Regeln unbewußt richtig anwenden zu können.

Regeln und die sprachliche Wirklichkeit

Wenn ein Schüler sich nicht nach den Regeln richtet, die er durch Problemübungen erkannt hat, drängt sich die Frage auf, ob Aufgabenstellungen zum Problemlösen dann nicht vielleicht überflüssig seien.
In Fällen wie denen von Ashim, dessen Sprachanwendungsverhalten ernsthaft gestört ist, dürfte die Antwort ziemlich klar sein. Es hat nicht viel Sinn, seine Äußerungen le-

diglich zu korrigieren; wir müssen uns gleichzeitig auch darum bemühen, ihm zu verdeutlichen, *warum* sie falsch sind. Aber mit Übungen zum Problemlösen kann man noch mehr erreichen. Sie können Fehlschlüsse nicht nur verhindern helfen, sondern sie tragen auch dazu bei, Fehlverhalten zu korrigieren. Nehmen wir an, wir geben einem Schüler ausführlich Gelegenheit zum Hören der Fremdsprache, ehe wir ihn auffordern, eine bestimmte Struktur zu bilden oder eine bestimmte Unterscheidung vorzunehmen. Problemübungen können dabei eine Mittelstellung zwischen Spracherfahrung und Sprachanwendung einnehmen. Sie helfen dem Schüler, seine Erfahrungen gedanklich zu ordnen, ehe er sich Übungen zuwendet, mit deren Hilfe er dann diese Erfahrungen in Sprachanwendungssituationen sicher zu beherrschen lernt.

Man könnte einwenden, daß die Vorgabe einer Lehrbuchdefinition oder einer einfachen Regel aus der Grammatik weniger zeitaufwendig und dabei genau so wirkungsvoll sei wie eine Problemübung. Das mag für einige Schüler zutreffen. Regeln im Lehrbuch sind allerdings nicht so formuliert, daß jüngere Sprachschüler sie ohne weiteres verstehen könnten; Problemübungen hingegen werden so angelegt, daß die Schüler ihre Beobachtungen mit eigenen Worten zusammenfassen können. Hinzu kommt, daß die Schwierigkeit für den Sprachschüler ja nicht darin besteht, eine Regel auswendig zu lernen, sondern ihre Auswirkungen zu erfahren. Wenn Problemübungen einen Schüler dazu bringen, seine eigenen Regeln zu formulieren, dann hat er das befriedigende Gefühl, die Sprache in den Griff zu bekommen und ihre Gesetzmäßigkeiten zu verstehen. Überdies wird er seine eigenen Regeln vermutlich länger und besser behalten als eine Regel aus seinem Lehrbuch. Und schließlich wird er dabei lernen, auch dann nach Regeln zu suchen, wenn ihn sein Lehrbuch einmal im Stich läßt. Anders gesagt: Lernstrategien müssen genau so gelehrt werden wie Strukturen oder Fertigkeiten, damit der Schüler selbständig weiterlernen kann.

Sinn und Zweck von Übungen zum Problemlösen dürften deutlich geworden sein. Es ist aber noch ein Hinweis auf ihre Grenzen zu geben. Nicht immer gelingt es, einen Sprachschüler mit Hilfe von Problemübungen zu den richtigen Schlußfolgerungen zu führen. Selbst dann, wenn ein Problem an sich korrekt gemeistert worden ist, kann der Schüler dennoch falsche Schlüsse gezogen haben. Verallgemeinerungen sind wertvolle Hilfen, um Sprachaktivitäten zu steuern. Aber ebenso wie Regeln in der Grammatik sind sie oft auch falsch, zumindest im Detail. Nimmt ein Schüler darum eine Regel zu wörtlich, dann kann er mit den Ausnahmen einer Regel nicht fertig werden. Dies wird bei der Regel zur Pluralbildung im Englischen nicht so deutlich, weil hier jede mögliche Ausnahme in die Regel eingebaut werden kann. Dies kann natürlich nur schrittweise erfolgen, indem jede neue Ausnahme zur Kenntnis genommen und eingeübt wird. Deshalb wohnt der Tendenz zur Regelsuche ständig die Gefahr inne, Fehler zu machen:

Ashim's hairs are black.
One nose, two nose, three nose.
I have two ears, two eyes and only one no.

Wie steht es aber mit weniger klaren Fällen, mit Regeln, die den Strukturgebrauch ebenso beschreiben wie die Strukturbildung? Es ist nicht leicht, handfeste und gültige Regeln zu formulieren, die für den Gebrauch der Zeiten oder für die verschiedenen Funktionen des Artikels und der Modalverben im Englischen eindeutig richtig sind. Hier kommt man nicht umhin, mehrere *ad hoc*-Lösungen anzubieten und sich dabei damit abzufinden, daß sie nicht immer stimmen. Und schlimmer noch: es gibt einige Bereiche, für die wahrscheinlich überhaupt keine Regeln aufgestellt werden können.

Selbst Ashim wird im Laufe der Zeit lernen, den Unterschied zwischen Singular und Plural bei Substantiven im Englischen zu erkennen, denn es gibt wahrnehmbare Anhaltspunkte in Form einzelner und zählbarer Objekte, auf die sie sich beziehen. Die Behandlung zeitlicher Zusammenhänge im Englischen unter dem Gesichtspunkt der grammatischen Zeit und des Aspekts, benennbarer Anlässe (*since, until, at, on, by* usw.) und meßbarer Intervalle (*for, during, in, within* usw.) mag für einen Ausländer nicht einsichtig sein; dennoch haben die Engländer das Gefühl, daß die Behandlung von Zeitbestimmungen in ihrer Sprache auf einem Konzept beruht, das – bei hinreichender Spracherfahrung – erklärt oder selbst erfahren werden kann. Die Regeln jedoch, die in den folgenden Sätzen gebrochen werden, sind weithin irrational. Diese Schüleräußerungen können bei der Verwendung von Verben des Mögens entstehen:

I like breeding a pig.
I am liking to learn English.
I like to do my homework tomorrow.
I want that he should come.
I dislike to play the tennis, usw.

Hier reagiert ein Engländer oder ein Englischlehrer gewöhnlich so, daß er sagt: „You just don't say that." Und dann weist man dem Schüler Drillübungen zu. Solche Schwierigkeiten lassen sich mit Problemübungen angehen. Allerdings wird der Schüler dabei – ebenso wie bei Ausspracheproblemen – nur Fakten der sprachlichen Wirklichkeit entdecken können. Problemübungen vermitteln ihm die Sprache so, wie sie ist; sie können ihm nicht verdeutlichen, *warum* sie sich so äußert, wie sie nun einmal existiert.

Anwendungsprobleme

Anhand einiger Beispiele sollen nun die Prinzipien der Konstruktion von Problemübungen veranschaulicht werden. Das wesentlichste Kennzeichen einer Problemübung dürfte es sein, daß im Gegensatz zu einer Drillübung sowohl richtige als auch falsche Beispiele auftreten können. Dem Schüler wird Gelegenheit gegeben, selbst Fehler zu machen oder Fehler von anderen zu korrigieren. In beiden Fällen werden Beherrschung oder Verständnis von Regeln getestet. Bei einigen Übungen kann man dem Schüler ein Problem anhand seiner eigenen Fehler am besten veranschaulichen. Wir können Situationen erfinden, in denen fehlerhaftes Lernen zum totalen Zusammenbruch der Kommunikation führt. Auf diese Weise wird der Schüler mit der Tatsache konfrontiert, daß er noch einmal – und auf anderen Wegen – nachdenken muß. Solche Probleme haben meist mit Sprachanwendungen oder Sprachbeziehungen zu tun und treten auf, wenn Unterschiede zwischen der Mutter- und der Fremdsprache bestehen. Verschiedene Quellen möglicher Fehler dieser Art sind in Kapitel 7, S. 122, bereits angeführt worden. Ein weiterer Inhaltsbereich, für den sich Problemübungen gut eignen, sind Farbbezeichnungen in verschiedenen Sprachen. Im Vergleich zum Englischen gibt es im Bengalischen keine speziellen Wörter für grau und schwarz, und auch der Unterschied zwischen grün und blau ist anders als im Englischen oder Deutschen. Das führt dazu, daß etwas als braun bezeichnet wird, was wir grau nennen würden. In solchen Fällen fühlt sich ein Schüler in aller Regel sehr unsicher. Er hat gelernt, Farben nach den Konventionen seines eigenen Sprachsystems zu sehen und zu benennen, und diese Sichtweise ist für ihn natürlich und notwendig. Robert Graves hat diesen Tatbestand mit der Zeile umschrieben: *The cool web of language winds us in.*[4] Wir interpretieren das Geschehen in der Welt so, wie es sich aus der Sicht unserer Sprache ergibt. Darum ist es oft schwierig, Standpunkte und Ansichten anderer Völker zu verstehen.

Für bengalische Schüler, die Englisch lernen, sind Farbbezeichnungen darum ein lohnendes Übungsfeld zum Problemlösen. Der Schüler könnte die Aufgabe erhalten, die Farben bestimmter Objekte zu benennen, wobei es darauf ankommt, daß falsche Angaben zu Konsequenzen führen, an denen der Schüler sein Fehlverhalten eindeutig erkennen kann. Ähnlich würde man auch vorgehen, um einem bengalischen Schüler den Unterschied zwischen *eat* und *drink* im Englischen klarzumachen. Im Bengalischen wird für beide Vorgänge nur ein Verb benutzt, aber es wird zwischen *hungry* und *thirsty* unterschieden. Mit dem folgenden verzweigten Lernprogramm kann dieses Problem aufgegriffen und behandelt werden.

Dieses Beispiel illustriert das *Prinzip* der Konstruktion einer Problemübung, das bei entsprechender Modifikation der Inhalte auch bei Aufgabenstellungen für Schüler anderer Sprachräume, die Englisch lernen, gültig ist.

| 1. | | You're very hungry. $\longrightarrow$ 2 |

---

2.   What do you say?
       I want to eat. $\longrightarrow$ 5
       I want to drink. $\longrightarrow$ 3

---

3.   Here's some water. Are you happy now?
                                No, I'm still very hungry. $\longrightarrow$ 4
                                No, I'm still very thirsty. $\longrightarrow$ 4

---

4.   I want to drink. $\longrightarrow$ 7
       I want to eat. $\longrightarrow$ 5

---

5.   Here's a plate of rice. Are you happy now?
                                No, I'm still very hungry. $\longrightarrow$ 6
                                No, I'm still very thirsty. $\longrightarrow$ 6

---

6.   I want to eat. $\longrightarrow$ 9
       I want to drink. $\longrightarrow$ 7

---

7.   Here's a glass of milk. Are you happy now?
                                No, I'm still very thirsty. $\longrightarrow$ 8
                                No, I'm still very hungry. $\longrightarrow$ 8

---

8.   I want to drink. $\longrightarrow$ 11
       I want to eat. $\longrightarrow$ 9

---

9.   Here's some dal (lentils). Are you happy now?
No, I'm still very thirsty. ⟶ 10
No, I'm still very hungry. ⟶ 10

---

10.   I want to eat. ⟶ 13
I want to drink. ⟶ 11

---

11.   Here's a bottle of coca cola. Are you happy now?
No, I'm still very hungry. ⟶ 12
No, I'm still very thirsty. ⟶12

---

12.   I want to drink. ⟶15
I want to eat. ⟶ 13

---

13.   Here's some fish curry. Are you happy now?
No, I'm still very thirsty. ⟶ 14
No, I'm still very hungry. ⟶ 14

---

14.   I want to drink. ⟶ 15
I want to eat. ⟶ 17

---

15.   Here's a cup of tea. Are you happy now?
No, I'm still very hungry. ⟶ 16
No, I'm still very thirsty. ⟶ 21
Yes, but I'm very hungry. ⟶ 2

---

16.   Try eating something. ⟶ 2

---

17.   Here's a chupati. Are you happy now?
No, I'm still very thirsty. ⟶ 18
No, I'm still very hungry. ⟶ 19
Yes, but I'm very thirsty. ⟶ 2

---

18.   Try drinking something. ⟶ 2

---

19.   You have had enough to eat. Write down the names of all the things you have been eating:

....
....
....
.... ⟶ 20

---

20. You have been eating:

        rice
        dal
        fish curry
        and a chupati

    Now you're very thirsty. ⟶ 2

---

21. You have had enough to drink. Write down the names of all the things you have been drinking:

        ....
        ....
        ....
        ....
        ....
        .... ⟶ 22

---

22. You have been drinking:

        water
        milk
        coca cola
        and tea

    You have NOT been „drinking" dal and fish curry.
    You have been ....-ing dal and fish curry. ⟶ 23

---

23. Yes, you've been *eat*ing dal and fish curry.
    You have been ....-ing rice and chupaties.
    You have been ....-ing milk and tea.
    But you haven't been ....-ing coffee.
    But you haven't been ....**-ing doi** (yoghurt). ⟶ 24

---

24. You have been *eat*ing rice and chupaties.
    You have been *drink*ing milk and tea.
    You haven't been *drink*ing coffee.
    You haven't been *eat*ing doi.
    Now go to bed.

Problemübungen zum Erkennen von Absichten

Der Kommentar im voranstehenden Lernprogramm könnte auch, falls nötig, in der Muttersprache der Schüler gegeben werden. Am Ende könnte man die Aufgabe stellen, eine Regel zu formulieren, in der die Schüler die gewonnenen Einsichten zusammenfassen. Sie werden dann später noch herausfinden, daß der Unterschied bei der Verwendung der Verben *eat* und *drink* sich nicht in erster Linie aus Bezügen zu festen und flüssigen Nahrungsmitteln ergibt, sondern mit der Art ihres Verzehrs zu tun hat. Dickflüssige Nahrungsmittel wie Linsen, Yoghurt und Curry werden mit einem Löffel gegessen. Aber auch flüssige Nahrungsmittel wie Suppen oder Soßen *essen* wir mit dem Löffel; wir *trinken* nur aus Tassen, Gläsern, Schalen usw.

Ein ähnliches Verfahren kann gewählt werden, wenn es um die Beantwortung von Fragen geht, wie sie am Ende des *Novish*-Programms (Kapitel 2) gestellt worden sind, z.B.

1. „Won't you have some more tea?"
    „Yes, please" – i.e. I'd like another cup of tea.
    „No, thanks" – i.e. I've had enough.

2. „Won't you stay a little longer?"
    „Yes, I'd love to" – i.e. I want to stay.
    „No, I'm sorry I can't" – i.e. I have to go.

3. „Isn't it raining?"
    „Yes, it is" – i.e. it is raining.
    „No, it isn't" – i.e. it is dry.

4. „I am a fool, aren't I?"
    „Yes, you are" – i.e. I agree that you are a fool.
    „No, you're not" – i.e. I disagree that you are a fool.

5. „You've finished this programme, haven't you?"
    „No, not yet" – i.e. I still have some more to do.
    „Yes, I have" – i.e. I am ready to do a new programme.

Ein weiteres Problem beim Erkennen der Absicht eines Sprechers kann sich daraus ergeben, auf Äußerungen reagieren zu müssen, die etwas anderes beabsichtigen als das, was sprachlich zum Ausdruck kommt. So wie der höfliche und durstige Japaner die erste der fünf angeführten Fragen immer mit *Nein* beantworten würde und damit erreicht, daß er noch ein Glas Tee bekommt, so würde der höfliche, aber unter Zeitdruck stehende Bengale die zweite Frage als Bitte formulieren und dabei zu erkennen geben, daß ihm am Bleiben seines Gastes nicht gelegen ist: *esho* (= komme du). Das bedeutet: *Geh bitte!* Der ebenfalls höfliche Gast würde erwidern: *ashchi* (= ich komme), und d.h., daß er geht und wahrscheinlich nie zurückkehrt. Der Bereich von Höflichkeitsfloskeln – ernst, spaßig oder ironisch gemeint – bietet eine Fülle von Anregungen für die inhaltliche Gestaltung von Übungen zur Sprachproduktion und zum Problemlösen.

„Unnecessity" – eine Übung zum Problemlösen

Wir wenden uns nunmehr einem strukturellen Problem zu, ohne dabei aber Inhaltsfragen außer acht zu lassen. Es geht um Fragen der Auswahl – aber der Schüler muß die Strukturen selbständig (ohne Vorgabe) einsetzen, und er wird angeleitet, über seine Antworten kritisch nachzudenken.

You are answering your friend's questions about an interview for a job. Complete the answers indicated on page 1 of your booklet:

Q. Did you send your application by registered post?
A. *No, I didn't need to do so.*

Q. Did you enclose any photographs?
A. *No,* ....

Q. Did you take all your certificates with you?
A. *No,* ....

Q. Did you get there on time?
A. *Yes, but* ....

Q. Did you put on a tie?
A. *No,* ....

Did you notice the answer to the question about punctuality? It was:
„Yes, but I needn't have done so".
What's the difference between this and all the other answers? They were all:
„No, I didn't need to do so".
Think about it as long as you like. Write down a rule if you can. Then answer the following questions.

1. Did you send your application by registered post? Yes or no?
   .... *No, you didn't.*

2. Why didn't you send it by registered post? ....
   You didn't need to do so, it wasn't necessary.

3. Did you put on a tie? Yes or no? ....*No, you didn't.*

4. Why not? ....*It wasn't necessary, you didn't need to do so.*

5. Did you get there on time? Yes or no? .... *Yes, you did.*

6. Was it necessary for you to get there on time? Yes or no?
   .... *No, it wasn't necessary, you needn't have done so, because
   the interviews were all postponed till next week.*

7. Need you have gone there at all? .... *No, you needn't have done so,
   it wasn't necessary.*

Can you work out the rule yet? Try to do so, then complete the blanks on page 2 of your booklet. Read through it first.

1. You did go to the interview but it wasn't necessary.
   ....

2. You didn't take all your certificates because it wasn't necessary.
   ....

3. You didn't send any photographs because it wasn't necessary.
   ....

4. You did take a taxi in order not to be late but it wasn't necessary.
   ....

Fill in the blanks with either: *I didn't need to do so* or, *I needn't have done so.*
Now show your rule to the teacher and, if he agrees with it, try to use it in the following exercises ....

152

Derartige Übungen könnten sich auf synonyme Beziehungen konzentrieren oder aus Lückenaufgaben bestehen, bei denen aus dem Kontext zu erschließen ist, ob es sich jeweils um einen notwendigen oder nicht notwendigen Vorgang handelt, z.B.:

1. You ....all the questions, which would have saved you a lot of trouble.
2. You ....all the questions, which saved you a lot of trouble.

Sicherlich wird der Schüler weitere Problemübungen erarbeiten müssen, ehe er die Bildungsregeln dieser beiden Modalkonstruktionen mit eigenen Worten beschreiben kann. Vermutlich wird er zunächst noch versuchen, Strukturen zu bilden wie

> I needn't to do so.
> I needn't have to do so.
> I needn't have do so, usw.

Eine Problemübung, die auf diese Fehler eingeht, müßte zur Bildung von Regeln führen, die sich mit der Verteilung von Kategorien wie *infinitive, past participle* u.a. befassen.

„Achievement" – eine Übung zum Problemlösen

Bei der folgenden Übung geht es ebenfalls um ein Verteilungsproblem, und zwar um den Gebrauch von zwei Modalverben. Diesmal jedoch erhält der Schüler keine semantischen, sondern syntaktische Antworthilfen.

„Complete the blanks on page 1 of your booklet, with the verbs could *or* managed to:

When I was small, I was very active. I could run quickly, I ....jump, I ....skip, and I ....climb trees. But there was one very tall tree in the park which, for a long time, I ....climb. Then one day, I ....get to the top at last.

Did you get the last sentence right? *„One day I managed to get to the top at last."* What's the difference between *could* and *managed to* in this story? See if you can work it out before you answer the following questions:

1. When you were small did you skip? Yes or no? ....
2. Did you run about? Yes or no? .... *Yes, you were very active, you could skip and run about.*
3. Did you climb that tree in the park? Yes or no? ....
4. Did you climb other trees? Yes or no? .... *Yes, you could climb trees, and you even managed to climb that one one day.*
5. Did you often climb trees? Yes or no? ....
6. Had you ever climbed that tree before? Yes or no? .... *Yes, you often climbed trees, but you had never climbed that one before.*
7. Could you climb well? .... *Yes, you could climb quite well.*
8. Then why didn't you climb that one before? .... *You couldn't climb it because it was too high,* or *too difficult.*

Do you understand the rule about *could* and *managed to* now? Write it down if you do, and then fill in the blanks on page 2. Read all the sentences first:

1. I often used to skip. I .... skip very well.
2. I often used to sing, but I .... sing very well.
3. I often climbed the tree in the park again. After the first time, I .... climb it quite easily.
4. I often used to run races. I .... run very fast.
5. On two occasions, I .... win the first prize for the 100 metres.

Now show your rule to your teacher and then do the following exercises ...."

Bei den an dieser Stelle folgenden Übungen könnte es um hyponyme Beziehungen zwischen *could, managed to* und *was able to* gehen, wobei *was able to* in Sprechaufforderungen verwendet werden müßte, während in den Schülerantworten entweder *could* oder *managed to* einzusetzen wäre, je nachdem, ob eine frühere allgemeine Fähigkeit oder eine Leistung angesprochen wird, die zu einem bestimmten Anlaß erbracht worden ist:

Replace the underlined verb in these sentences with *could* or *managed to*.

1. I <u>was able to</u> finish today's test in time.
2. I <u>was able to</u> speak English correctly before I came on this course, etc.

Eine weitere Problemübung könnte überprüfen, ob der Schüler die erarbeiteten Regeln in einem Kontext anzuwenden versteht, der nicht eindeutig ist. Er könnte z.B. aufgefordert werden, die Bedeutung des Adverbs *once* in den folgenden Beispielsätzen zu identifizieren:

I once could stand on my head.

I once managed to stand on my head.

Probleme bei der Benutzung des Perfekt

Es liegt in der Natur von Problemen, daß sie sich endlos zu erneuern scheinen. Kaum ist das eine gelöst, ergibt sich ein anderes. Dies gilt insbesondere für den Gebrauch der Zeiten im Englischen. Einige Übungen, die in vorangegangenen Kapiteln angeführt worden sind, befaßten sich mit dem englischen Perfekt. Sie überließen es aber dem Schüler, im einzelnen herauszufinden, was diese Zeitform bedeutet und wann sie anzuwenden ist. Beides kann er mit Hilfe von Problemübungen ermitteln. Hier sollen die Lernziele einer solchen Übungsreihe dargestellt werden. Die Übungen sind so aufeinander abgestimmt, daß der Schüler stufenweise zum Verständnis der Struktur geführt wird. Die Übungen brauchen nicht unmittelbar nacheinander erarbeitet zu werden. Es ist sogar sicherlich angebrachter, auf jeder einzelnen Stufe so lange zu verweilen, bis ihr Lernstoff vom Schüler gut beherrscht wird; erst dann sollte man zur nächsten Übung übergehen. An keiner Stelle der Übungsreihe kann man behaupten, der Schüler beherrsche nunmehr den Gebrauch dieser Zeit. Er wird vielmehr schrittweise in die korrekte Verwendung eingeführt, so wie er auch zur Beherrschung des Lautsystems langsam an das Sprechvorbild eines Muttersprachlers gewöhnt worden ist.

1. Stufe: Verteilungsprobleme. Keine Zeitform existiert in Isolation. Sie ist Teil eines Systems. Der Schüler sollte das Perfekt darum im Vergleich zu anderen Zeiten erarbeiten, besonders im Gegensatz zur Vergangenheitsform, mit der das Perfekt am häufigsten verwechselt wird. Ziel der ersten Übungsstufe ist es darum, die Tatsache zu verdeutlichen, daß in bestimmten Kontexten nur eine der beiden Zeitformen benutzt werden kann:

1. The messenger has just arrived.
2. The messenger arrived a few moments ago.

In diesen beiden Sätzen können die Zeitformen nicht vertauscht werden. Im ersten Satz könnte *not yet* oder *already* an die Stelle von *just* treten. Am Ende des zweiten Satzes ließe sich *yesterday, last week* oder *a few minutes before* einsetzen. Der Zeitgebrauch hängt also von Zeitbestimmungen ab. Da die Zeiten selbst nicht austauschbar sind, drückt sich in ihnen hier auch kein Bedeutungsunterschied aus. Sie sind nichts anderes als Verteilungsvarianten wie *since* und *for*. Es gibt natürlich noch andere sprachliche Umgebungen, in denen beide Zeiten auftreten können. Die Aufgabe des Schülers besteht darin, angeben zu müssen, ob in solchen Fällen die gleiche Bedeutung zum Ausdruck kommt oder nicht.

2. Stufe: „Since" und „for". Eine derartige sprachliche Umgebung könnten Aussagen vor einer Zeitbestimmung sein, die mit der Präposition *for* eingeleitet wird:

3. I lived in Edinburgh for four years.
4. I have lived in Edinburgh for four years.

An dieser Stelle tritt noch eine weitere Zeitform in Erscheinung:

5. I have been living in Edinburgh for four years.

Werden hier unterschiedliche Dinge ausgesagt? Der dritte Satz macht deutlich, daß ich nicht mehr in Edinburgh wohne; der vierte und fünfte Satz drücken aus, daß ich noch dort bin. Die beiden letzten Sätze könnten hier also synonym verwendet werden. Dies gilt aber nicht notwendigerweise für die folgenden Beispiele:

6. I have written letters all morning.
7. I have been writing letters all morning.

Der siebte Satz könnte bedeuten, daß ich noch dabei bin, Briefe zu schreiben. Der sechste Satz bringt entweder zum Ausdruck, daß ich das Briefeschreiben endgültig beendet habe, oder aber, daß ich es nur unterbrochen habe. Ziel von Problemübungen auf dieser Lernstufe müßte es sein, den Schüler in den unterschiedlichen Gebrauch der Präpositionen *since* und *for* einzuführen; dabei muß er erkennen lernen, welche Auswirkungen *for* auf die Wahl bestimmter Zeitformen hat.

3. Stufe: Impliziter Zeitbezug. In den vorangegangenen Beispielen war ein expliziter Zeitbezug gegeben; es wurden Adverbien oder Zeitbestimmungen verwendet. Was passiert, wenn sie nicht auftreten?

8. Napoleon has won the battle of Borodino.
9. Napoleon won the battle of Borodino.

Aus beiden Sätzen geht hervor, daß die Schlacht vorüber ist. Aber der erste Satz vermittelt eine Atmosphäre der Unmittelbarkeit – sei es, daß die Schlacht tatsächlich gerade beendet worden ist oder daß der Sprecher in seinen Zuhörern den Eindruck erwecken möchte, sie sollten sich vorstellen, dies sei der Fall. Hier besteht ein stilistischer Unterschied zwischen der Verwendung der beiden Zeitformen. Ziel von Problemübungen auf dieser Stufe ist es, dem Schüler die Wirkungen des Zeitgebrauchs bei erzählenden oder beschreibenden Texten zu verdeutlichen.

4. Stufe: Andauernde Handlungen. Im Gegensatz zu den beiden letzten Sätzen wird in den Beispielen 10 und 11 mit dem Perfekt angedeutet, daß etwas noch nicht zu Ende geführt worden ist.

10. Natasha married Pierre.
11. Natasha has married Pierre.

In beiden Fällen sind die Hochzeitsfeierlichkeiten bereits vorüber; die Ehe selbst besteht mit Sicherheit allerdings nur noch im zweiten Fall. Dem ersten Satz könnten wir nämlich hinzufügen, daß später eine Scheidung folgte. Die im zweiten Satz gewählte Zeitform läßt dies nicht zu; man kann nicht sagen *Natasha has married Pierre but she has divorced him since then.* Ziel von Problemübungen auf dieser Stufe muß es sein, den Schülern zu verdeutlichen, daß Handlungen des Gelobens, Zustimmens, Annehmens, Schwörens (etwas zu tun), der Demütigung, des Erschreckens, der Überraschung usw. im Perfekt einen noch andauernden Zustand beschreiben. Seltsamerweise trifft dies nicht für *living* zu:

12. I have lived in Edinburgh too.

In diesem Satz kommt zum Ausdruck, daß ich nicht mehr dort wohne.

5. Stufe: Auszuführende Handlungen. Mit dem Perfekt kann man andererseits sagen, daß etwas noch nicht erledigt oder getan worden ist.

13. Lady Macbeth persuaded me to murder Duncan.
14. Lady Macbeth has persuaded me to murder him.

Der erste Satz macht mit Sicherheit klar, daß ich den Mord bereits begangen habe; mit dem zweiten Satz wird ausgedrückt, daß ich ihn noch ausführen muß. Ziel von Problemübungen auf dieser Stufe ist es, dem Schüler klarzumachen, daß andere Handlungsarten – wie z.B. das Überzeugen oder Verführen von Personen, etwas zu tun – mit dem Perfekt als noch unerfüllt beschrieben werden.[5]

6. Stufe: Freie Variation. In einigen Kontexten können die beiden Zeitformen in freier Variation auftreten, und sie sind dann sogar auch mit anderen Zeiten austauschbar. So könnte jemand über das Geständnis von Macbeth sagen:

15. He told us the truth.
16. He has told us the truth.
17. He has been telling us the truth.
18. He is telling us the truth.

Hier übt die Wahl der Zeit keinerlei Einfluß auf den Inhalt der Feststellung aus. Alle Sätze beziehen sich auf ein Geständnis, das bereits abgelegt worden ist, und sie bringen zum Ausdruck, daß der Berichterstatter das Geständnis für wahr hält. Ist es zu jener Zeit, da es abgelegt worden ist, wahr gewesen, dann bleibt es auch jetzt und in Zukunft wahr. Auf dieser Lernstufe muß der Schüler erfahren, wann er seine Zeitformen frei wählen kann.

156

7. *Weitere Verteilungsprobleme.* Es gibt noch weitere Kontexte, in denen nur eine Zeitform auftreten kann.

    19. Are you still going to the Capitol?
       No, I've been.
    20. Is Desdemona still your wife?
       No, she was.
    21. It's time you got your tenses sorted out.

No, I went wäre als Antwort auf Frage 19 ebenso unmöglich wie *No, she has been* auf Frage 20. Auch im dritten Satz kann das Perfekt nicht verwendet werden, weil hier die Vergangenheitsform kurioserweise auf eine Handlung in der *Zukunft* verweist. Ziel von Problemübungen auf dieser Lernstufe ist es, das Wissen der Schüler zu vervollständigen und Lücken zu schließen; sie müssen lernen, wie man Fragen mit Kurzformen richtig beantwortet und wie man idiomatische Ausdrücke versteht bzw. anwendet.

Die Beispiele der sieben Stufen sollten zeigen, welche Lerninhalte mit Problemübungen erarbeitet werden können. Auf exemplarische Weise sollte deutlich werden, daß eine Zeitform wie das Perfekt nicht nach wenigen Unterrichtsstunden beherrscht werden kann. Der Schüler muß vielmehr schrittweise mit dem Problem vertraut gemacht werden: zunächst lernt er die Form der Zeit und ihre Beziehung zu Präpositionen und Adverbien der Zeit kennen, danach werden ihm die Implikationen in Verbindung mit verschiedenen Verbklassen bewußt gemacht, und schließlich macht man ihn auch mit Unregelmäßigkeiten des Perfektgebrauchs bekannt. Auf jeder Stufe wird es notwendig sein, den Lernstoff mit Hilfe von Verständnis- und Sprachproduktionsübungen ausführlich zu üben. Die Einführung in die verschiedenen Lernstufen erfolgt über Problemübungen. Jede Stufe verlangt nämlich vom Schüler, bereits bekanntes Wissen über den Perfektgebrauch zu überdenken und mit dem neuen Lernstoff in Einklang zu bringen.

Ob und inwieweit Problemübungen dazu beitragen können, einen Sprachschüler mit neuen Konzepten der Sprachverwendung vertraut zu machen, kann der Leser im nächsten Abschnitt an sich selbst überprüfen. Um das Prinzip zu veranschaulichen, wird wiederum eine nicht gängige Fremdsprache – das Bengalische – herangezogen; als Lerntechnik dient ein lineares Programm. Auf einfache Weise soll in den unterschiedlichen Gebrauch des Perfekt und der Vergangenheitsform eingeführt werden.

Die Verneinung im Bengalischen – eine Problemübung

Stellen Sie sich vor, Sie wohnten in Calcutta und lernten Bengalisch. Dabei hilft Ihnen ein bengalischer Freund. Er gestattet Ihnen, Fragen auf deutsch zu stellen, antwortet aber immer in seiner Muttersprache, um Ihre Hörverstehensfertigkeit in der neuen Sprache zu entwickeln. Nach einiger Zeit bemerken Sie, daß irgendetwas ungewöhnlich ist, wenn Ihr Freund Fragen in der Verneinung beantwortet. Um der Sache auf den Grund zu gehen, stellen Sie eine Reihe gezielter Fragen. Denken Sie bitte jeweils über die Antworten Ihres Freundes in Ruhe nach, ehe Sie zur nächsten Frage übergehen.

1.	Soll ich auf bengalisch sprechen? – *hā*.
	Wirst Du mir auf deutsch antworten? – *na*.
Sagen Sie bitte, was *hā* und *na* Ihrer Meinung nach bedeuten könnten.

2. *Ja* und *nein*. Sie fragen weiter:
	Wenn ich Dir Geld gebe, besorgst Du mir dann ein paar Früchte? – *hā, kinbo*.
	Wenn ich Dir Geld gebe, kaufst Du mir dann eine deutsche Zeitung? – *na, kinbo na*.
In welcher Zeitform stehen wohl die Verben in den Antworten? Wie würden Sie das zweite Auftreten von *na* in der zweiten Antwort übersetzen?

3. Bei der Zeit handelt es sich um das Futur. Die Übersetzung von *na* lautet entweder *nein* oder *nicht*. Das Verb *kena* heißt natürlich *kaufen*.
	Kaufst Du oft Früchte? – *hā, kini*.
	Hast Du irgendeine deutsche Zeitung? – *na, kini na*.
	Hast Du Whisky? – *na, kini ni*.
In welcher Zeitform stehen die Verben in diesen Antworten? Wie würden Sie *ni* in der letzten Antwort übersetzen?

4. *kini* ist die 1. Person Singular Präsens von *kena*. Ihr Freund sagt, daß er wohl oft Früchte kauft, nicht aber eine deutsche Zeitung. Im letzten Satz müßte *ni* als *nicht* übersetzt werden. Sind *ni* und *na* also frei austauschbar, wie es z.B. im Englischen bei *not* und *n't* der Fall ist? Das sollen die folgenden Fragen ergeben.
	Hast Du gerade Früchte im Haus? – *hā, kinechi*.
	Hast Du Yoghurt da? – *na, kini ni*.
In welcher Zeitform stehen die Verben in diesen beiden Antworten?

5. *kinechi* ist die 1. Person Singular im Perfekt. Ihr Freund hat also Früchte gekauft. Was würde er sagen, wenn er keine gekauft hätte? Vervollständigen Sie seine Antwort im Perfekt:
	na,

6. *na, kini ni*. Ja – *kini ni* ist die Verneinungsform im Perfekt! Was dabei überrascht, ist die Tatsache, daß das Verb im Präsens zu stehen scheint. *ni* und *na* können also nicht beliebig ausgetauscht werden. Sie verweisen auf einen Wechsel der Zeitform. *kinechi na* wäre darum ungrammatisch. Weiter:
	Hast Du heute Kräuter gekauft? – *hā, kinlam*.
	Hast Du die FAZ von heute? – *na, kinlam na*.
	Hast Du irgendwelche älteren Ausgaben der *Welt*? – *na, kini ni*.
In welchen Zeiten stehen die drei Verben?

7. *kinlam* ist die 1. Person der Vergangenheitsform dieses Verbs. Diese Zeit wird gewählt, wenn eine Handlung in der unmittelbaren Vergangenheit durchgeführt worden

ist. Denken Sie daran, wenn Sie die folgenden Sätze ins Bengalische übersetzen. Das bengalische Verb für *lesen* oder *erarbeiten* hat den Stamm *por*; dieses Verb kann in allen Beispielsätzen mit den entsprechenden Endungen benutzt werden.

1. Ich lese (oft). – *ami*
2. Ich arbeite nicht. – *ami*
3. Ich werde (es) lesen. – *ami*
4. Ich werde (es) nicht erarbeiten. – *ami*
5. Ich habe (es bereits) gelesen. – *ami*
6. Ich habe (es noch) nicht gelesen. – *ami*
7. Ich habe (es gerade) gelesen. – *ami*
8. Ich las (es vor kurzem) nicht. – *ami*
9. Ich las (es damals) nicht. – *ami*

8.
1. *ami pori.*	6. *ami pori ni.*
2. *ami pori na.*	7. *ami porlam.*
3. *ami porbo.*	8. *ami porlam na.*
4. *ami porbo na.*	9. *ami pori ni.*
5. *ami porechi.*	

Können Sie jetzt eine Regel für den Gebrauch der Vergangenheitsform und des Perfekt sowie für die Verwendung von *ni* und *na* im Bengalischen formulieren? Die in Klammern stehenden Zeitbestimmungen in den Sätzen von Lernschritt 7 geben für den korrekten Zeitgebrauch wertvolle Hinweise!

---

9. Sie werden herausgefunden haben, daß *ni* nach einer offenbar im Präsens stehenden Form sowohl die Vergangenheit als auch das Perfekt verneint. *pori ni* ist hinsichtlich der Zeitform darum nicht eindeutig und kann auch nicht als Variante von *pori na* gelten. Letzte Frage: Wie würde Ihr Freund die folgende Frage negativ beantworten?

Liest Du deutsche Zeitungen? – *na, ami* ......

---

10. Ihr Freund würde sagen:

na, ami pori ne.

Ist *ne* mit *ni* oder *na* frei austauschbar?

---

11. In einigen Dialekten kann *ne* anstelle von *na* benutzt werden, nicht aber anstelle von *ni*, wenn die Präsensformen auf gewohnheitsmäßige Handlungen verweisen.

Die Anlage von Problemübungen

Bei dem im letzten Abschnitt dargestellten bengalischen Problem geht es um eine der schwierigsten Aufgaben des Fremdsprachenlehrens überhaupt: einem Leser bzw. Sprachschüler, der über kein Vorwissen in der zu lernenden Fremdsprache verfügt, etwas überzeugend zu verdeutlichen. Auch wenn unser Beispiel sicherlich nicht optimal genannt werden kann, läßt sich an ihm dennoch einiges über Anlage und Konstruktion von Problemübungen ablesen.

1. Der Schüler beginnt mit Bekanntem. Ein echter Sprachschüler des Bengalischen würde die meisten der herangezogenen Zeitformen bereits kennen. Neu und verwirrend ist ihre Behandlung in der Verneinung. Ähnlich verhält es sich auch bei der Problemübung zu *could* und *managed to* (S. 153); der Schüler sollte mindestens eines dieser beiden Verben vor Beginn der Übung kennen, am besten alle zwei. Die Fehler, die ihm unterlaufen könnten, werden in Kontexten auftreten, in denen er sie beide benutzt, obwohl nur eines von beiden angemessen ist.

2. Die Übung beginnt mit einer Reihe von „Fallen". Zunächst werden dem Schüler einige Testaufgaben gestellt. Löst er sie nicht, dann wird ihm klar, daß es für ihn etwas zu lernen gibt. Die Testaufgaben müssen darum solche Aspekte einer Form oder des Sprachgebrauchs aufgreifen, bei denen der Schüler mit Sicherheit Fehler machen wird. Macht er beim Problemlösen einen Fehler, dann erhält er nicht nur die Chance, ihn selbst korrigieren zu können, sondern er erfährt überdies, warum er sich geirrt hat. Mit Problemübungen wird ein Prinzip verwirklicht, das bereits angesprochen worden ist: um den Unterschied zwischen *richtig* und *falsch* erkennen zu können, muß man gelegentlich etwas falsch machen.

3. Der Schüler kann seine Beobachtung beschreiben und mit eigenen Worten eine Regel formulieren. Es ist aus mehreren Gründen wichtig, daß man die Schüler dazu ermutigt, ihre Erfahrungen in eigene Worte zu fassen. Ein Schüler könnte mit der üblichen grammatischen Terminologie nicht vertraut sein. Ein anderer könnte meinen, er hätte eine Regel, die wir ihm vorgeben, verstanden; erst der Zwang, sie selbst formulieren zu müssen, kann mögliche Mißverständnisse aufklären. Schließlich erinnern sich Schüler auch besser an ihre eigenen Regeln als an die ihres Lehrbuchs, und sie werden versuchen, künftig auch ohne besondere Anleitung Regeln abzuleiten.

Unmittelbares Ziel von Problemübungen ist es, Verständnis für Prinzipien zu wecken und das Formulieren von Regeln einzuüben. Problemübungen übernehmen Mittler- oder Hilfsfunktionen beim Sprachenlernen. Erfolg wird man aber letztlich nur dann haben, wenn man Regeln nicht mehr buchstabengetreu folgt, sondern wenn sie überflüssig werden. Das ist dann der Fall, wenn sich ein Schüler sprachlich richtig verhält, ohne über das *Warum* und *Wie* seiner Äußerungen nachdenken zu müssen.

ANMERKUNGEN ●

[1] Ashim konnte alle Wörter, um die es hier geht, lesen; wie die meisten indischen Kinder buchstabierte er sie jedoch alphabetisch und nicht lautlich, also „S, H, E" – *she.*

[2] „If language is to be a means of communication, there must be an agreement not only in definitions but in judgements." L. Wittgenstein: *Philosophical Investigations.* Oxford: Blackwell 1958.

[3] Wittgenstein befaßt sich in seinem in Anmerkung 2 genannten Buch eingehend mit dem Unterschied zwischen Regelkennen'*(knowing a rule)* und Regelkönnen *(following a rule).*

[4] Zu diesem Themenkreis gibt es eine Fülle von Literatur. Vgl. z.B. E. T. Hall: *The Silent Language.* Greenwich, Conn.: Fawcett Publications 1961. J. B. Carroll: *Linguistic Relativity, Contrastive Linguistics and Language Learning.* In: IRAL, 1/1963. J. Nicholls: *A Survey of Writing and Experiment in the Field of Ethnolinguistics.* Linguistische Diplomarbeit, Edinburgh 1965.

[5] Eine Zusammenstellung „performativer Verben" und ihr unterschiedlicher Gebrauch in verschiedener grammatischer Umgebung findet sich bei J. L. Austin: *How to do Things with Words.* London: Oxford University Press 1962.

9 Einsatzmöglichkeiten des Sprachlabors

Prinzipien und Persönlichkeitsfragen

Am Anfang des Buches standen zwei Fragen: 1. Was kann im Sprachlabor getan werden? 2. Sind Laborübungen wirksamer als die Arbeit im Klassenraum? Was man im Sprachlabor tun kann, ist in mehreren Kapiteln erörtert worden. Dabei wurde auf Zweck, Möglichkeiten und Grenzen verschiedener Übungsformen eingegangen. Die zweite Frage ist bisher unbeantwortet geblieben. Der Effektivität der Sprachlaborarbeit muß man mit Hilfe empirischer Untersuchungen noch nachgehen. Unabhängig davon aber darf jeder Lehrer seine eigenen Experimente durchführen und sich auf seine Erfahrungen, die er dabei sammelt, verlassen. Selbst wenn die bereits vorliegenden Forschungsergebnisse[1] in sich schlüssiger wären als sie sind – sie müssen notwendigerweise einen ganz entscheidenden Faktor unberücksichtigt lassen: die Vorlieben und Fähigkeiten einzelner Lehrer und Schüler. Einige Lehrer haben z. B. das Gefühl, daß das Sprachlabor ihrem Unterrichtsstil und ihrer Persönlichkeit ganz und gar nicht entspricht; andere hingegen sind davon begeistert, seine Arbeitsmöglichkeiten voll ausschöpfen zu können. Einige Sprachschüler sind begeistert, daß sie selbständig mit Hörmaterialien arbeiten können; andere hingegen werden mit den Geräten im Sprachlabor überhaupt nicht fertig.

Da das Lehren und Lernen in gleicher Weise von Persönlichkeitsfragen wie von Prinzipien abhängig ist, wird es auf die zweite Frage immer nur relative Antworten, immer nur Teilantworten geben können. Unter dieser Voraussetzung soll in diesem Kapitel versucht werden, eine solche Teilantwort zu geben. Sie kann sich nicht auf wissenschaftliche Untersuchungsergebnisse stützen. Sie basiert lediglich auf Erfahrungen nach dem Prinzip von Versuch und Irrtum, und es waren in erster Linie die Irrtümer, die ständig zu Modifikationen der individuellen Einschätzung des Sprachlabors beigetragen haben.

Die Effektivität des Sprachlabors

Die Frage der Effektivität der Laborarbeit muß unter zwei Aspekten angegangen werden: 1. Sollten Sprachschüler, denen es nicht um den Erwerb von Sprechfertigkeiten geht, das Sprachlabor benutzen? 2. Profitieren diejenigen vom Sprachlabor, denen es auf das Sprechen einer Fremdsprache ankommt? Viele der in diesem Buch behandelten Prinzipien und Übungsmaterialien befaßten sich mit Problemen eines Sprachschülers beim Hören und Sprechen. Das Sprachlabor ist als ein Medium geschildert worden, das Modelle der gesprochenen Sprache bereitstellt bzw. das gesprochene Wort des Schülers steuert. In vielen Teilen der Welt jedoch, in denen Englisch oder eine andere Sprache als Fremd- oder Zweitsprache gelehrt werden, kommen die Schüler vornehmlich mit dem geschriebenen Wort in Berührung. Einige Experten behaupten, dadurch werde das Labor nicht überflüssig: um lesen und schreiben zu können, so sagen sie, müsse man zunächst einmal sprechen lernen, und das Sprachlabor sei ein wirkungsvolles Mittel, sich in der Rede zu üben.

Der erste Teil dieser Behauptung ist zweifelhaft. Michael West hat sich mit dieser Frage beschäftigt und meint, man solle möglichst früh die Lese- und die Sprechfertigkeit voneinander trennen und separat entwickeln.[2] Auf diese Weise könne man sich das Lesen gezielt und schneller aneignen. Um verstehen zu können, was man liest, braucht man nicht unbedingt jedes einzelne Wort zu kennen; auch strukturelle Gegebenheiten kann man oft aus dem Kontext erschließen.

Das soll nicht heißen, daß das Sprachlabor zur Ausbildung des Lesens keinen Beitrag leisten könnte. Für Sprachschüler, die an gesprochener Sprache interessiert sind und sie auch bereits beherrschen, sind auf Tonband aufgenommene Texte von nicht unerheblichem Wert. Blinde Kinder haben mit Hilfe von Spezialtonbandgeräten das Lesen gelernt, indem sie beim Hören die Blindenschrift abtasteten. Andere, die glücklicherweise über ihr Sehvermögen verfügen, haben davon profitiert, beim Abhören von Tonbändern mitlesen zu können. Das Tonbandgerät vermag die Fertigkeit des Lesens auditiv zu unterstützen; dies kann gerade im Anfangsunterricht eine wertvolle Hilfe sein. Das stille und selbständige Lesen setzt erst später ein. Wenn man das Lesen und Schreiben lernen will, mag das Sprachlabor nicht wichtig erscheinen. Aber beim Sprechenlernen können Lesen und Schreiben eine wertvolle Lernhilfe sein. Sicherlich lernen Kinder in ihrer Muttersprache zu sprechen, ehe sie lesen und schreiben können. Sie haben aber auch mehr Zeit dafür zur Verfügung als wir beim Sprachunterricht, und ihr auditives Gedächtnis ist wohl wesentlich ausgeprägter als das älterer Schüler. Die größte Schwierigkeit beim Sprachlaboreinsatz konzentriert sich auf das Problem des Erinnerns. Durch wiederholtes Üben kann man dem Schüler helfen, sich an das zu erinnern, was mündlich im Kontaktunterricht eingeführt worden ist. Hat er aber kein besonders gutes auditives Gedächtnis, wird er wahrscheinlich das, was er im Labor hört, eher vergessen als das, was er schriftlich erarbeitet hat. Das Kennzeichen der gesprochenen Sprache ist ihre Einmaligkeit und Flüchtigkeit. Regeln, Beispiele und Schülerantworten in schriftlicher Form kann man immer wieder einsehen oder auch verbessern, wenn dies notwendig werden sollte. Mit der Schrift läßt sich das Sprechen nicht nur unterstützen, wie in vielen Beispielen gezeigt worden ist; die Schrift kann das Sprechen sogar überflüssig machen.

Nun könnte man einwenden, daß schriftliche Übungen dem Sprachschüler zwar helfen, sich zu erinnern, ihm aber keine Möglichkeit zum Sprechen bieten. Das kann – wenn auch aus anderen Gründen – das Sprachlabor allerdings auch nicht. Wenn wir unter „Sprechen" die spontane Konversation, das Ziel all unserer Bemühungen, verstehen, dann kann genau dies nicht mit einem Tonbandgerät verwirklicht werden. Freies Sprechen läßt sich im Sprachlabor nur simulieren. Und wenn wir der Meinung sind, simulierte Rede sei durchaus der Mühe wert, dann sollten wir uns auch nicht vor dem Argument verschließen, daß es mindestens ebenso wirksam sein könnte, im schriftlichen Bereich ebenfalls zu simulieren.

Das Sprechen einer Sprache, sagt Wittgenstein, ist Teil einer Aktivität oder eine Form des Lebens. Die Erarbeitung einer Übung im Sprachlabor ist sicherlich eine Aktivität, aber es ist schwierig, sie zu wirklichem Leben zu erwecken. Auch das Durcharbeiten eines verzweigten Programms, die Durchführung von Projektarbeit im Klassenraum oder eine Filmvorführung können, jeweils auf ihre Weise, den Schülern die Sprache zu erfahrbarer Wirklichkeit werden lassen.

Zwei Argumente sind bisher erörtert worden:

1. Es gibt Sprachaktivitäten, z. B. das Lesen und das Schreiben, bei denen das Sprachlabor sinnvollerweise nur Randaufgaben übernehmen kann.

2. Es gibt keine Sprachaktivitäten, die man dem Sprachlabor vollständig übertragen könnte; immer muß gleichzeitig auch die Möglichkeit gegeben sein, schriftliche Texte oder Übungen bzw. den Lehrer oder einen Sprecher der Fremdsprache konsultieren zu können.

Unsere Ausgangsfrage ist immer noch nicht beantwortet. Gibt es irgendeine sprachliche Arbeit, die man effektiver im Sprachlabor als im Klassenraum durchführen kann? Wenden wir uns noch einmal verschiedenen Übungsformen zu.

1. Hörübungen. Man darf bezweifeln, daß Sprachschüler im Klassenraum ausreichend Gelegenheit zum Hören der Fremdsprache erhalten. Der Lehrer kann ihnen zwar vorlesen, Geschichten erzählen, Anweisungen oder Erklärungen geben und mit ihnen interessante Fragen diskutieren. Aber wenn er kein Muttersprachler ist, dann bietet das Sprachlabor die einzige Möglichkeit, Originalstimmen der Fremdsprache ausreichend lange zu hören. Das ist von besonderer Wichtigkeit, wenn zum Lernziel der Schüler dazugehört, Muttersprachler verstehen oder imitieren zu können. Außerdem kann der Schüler das Tonbandgerät jederzeit anhalten und sich schwierige Stellen so oft anhören, wie er möchte. Steht ein Tonbandarchiv zur Verfügung, kann jeder einzelne sich das auswählen, was er hören möchte, und er kann dabei seinen individuellen Hörgewohnheiten folgen. Begrenzt werden könnte diese Hörarbeit im Sprachlabor nur durch die akustische Qualität der Bänder und das Fehlen entsprechender visueller Eindrücke – sie lassen sich nur durch das Fernsehen, den Film oder das wirkliche Leben einbringen. Gleicht man diese beiden Schwächen jedoch soweit wie möglich durch die Gestaltung der Hörmaterialien aus, dann vermag das Sprachlabor bessere und wirksamere Hörgelegenheiten zu bieten als der Klassenraum. Leider ist dieser Aspekt der Laborarbeit in der Vergangenheit sehr vernachlässigt worden, und die Verlage bieten nur wenig Materialien zur gezielten Ausbildung des Hörverstehens an.

2. Verständnisübungen. Um das Verständnis des Gehörten sichern zu können, ist es notwendig, daß sich Sprachschüler ein und dieselbe Stelle mehrfach und in wechselnder Unterteilung anhören können. Im Klassenraum bringt das Probleme mit sich, denn ein Lehrer kann sich nicht wie ein Tonbandgerät endlos wiederholen; selbst wenn er es täte, kann er dabei nicht auf die Bedürfnisse, Interessen und Lerngewohnheiten einzelner Schüler Rücksicht nehmen. Auch wenn Verständnisübungen den gleichen Beschränkungen wie einfache Hörübungen unterliegen, ist ihre Erarbeitung im Sprachlabor durch nichts anderes zu ersetzen. Im Angebot der Lehrmittelhersteller finden sich Lehrgänge dieser Art, die jeder Lehrer für seine Zwecke heranziehen oder adaptieren kann.

3. Übungen zur Sprachproduktion. Das Sprachlabor bietet Gelegenheit, Wiederholungsübungen und Rollenspiele so oft durchzuführen, wie ein Sprachschüler sie für notwendig erachtet; der Erfolg dieser Arbeit hängt jedoch weitgehend davon ab, ob er in der Lage ist, sich selbst zu korrigieren. Er kann selbständig mit seinen eigenen Materialien arbeiten, und er hat im Sprachlabor wesentlich mehr Zeit zum Üben als im Klassenraum, in dem neben ihm auch andere Schüler vom Lehrer berücksichtigt werden müssen. Für Ausspracheübungen und zum Training der Sprechgeläufigkeit dürfte das Sprachlabor darum der Arbeit im Klassenraum überlegen sein. Bei anspruchsvolleren Übungen, wie sie in Kapitel 7 erörtert worden sind, ist diese Überlegenheit des Sprachlabors nicht mehr von vornherein gegeben. Wenn es um die Entwicklung spezifischer Sprachfertigkeiten geht, kann u. U. auch eine schriftliche Arbeit Gelegenheit zu individueller Übung geben, vielleicht sogar in einer zweckmäßigeren, weniger zeitaufwendigen und nachhaltigeren Form. Ein Nachteil des Sprachlabors liegt darin begründet, daß die lineare Anlage des Tonbandprogramms keine individuelle Anpassung an die Bedürfnisse unterschiedlicher Sprachschüler erlaubt – es sei denn, man produzierte genau so viele Tonbänder, wie es Sprachschüler gibt. Hinzu kommt, daß sich die gängigen Tonbandgeräte kaum dazu eignen, verzweigte Programme darzubieten; in schriftlicher Form ist ihre Erstellung wesentlich einfacher und billiger. Gerade verzweigte Programme aber lassen sich besser als irgendwelche anderen Übungsformen dazu verwenden, individuelle Lerngewohnheiten einzelner Schüler zu berücksichtigen und dafür zu sorgen, daß sie aus ihren Fehlern lernen können. Mit solchen Programmen kann man Rede und Gegenrede der wirklichen Kommunikation wesentlich realitätsnäher simulieren, als es mit einfachen Tonbandprogrammen möglich ist. Verzweigte Programme und Übungen zur Sprachproduktion sind bisher allerdings auf dem Lehrmittelmarkt nicht allzu weit verbreitet.

4. *Übungen zum Problemlösen.* Auch im Hinblick auf diese Übungsform gelten die gleichen Vor- und Nachteile des Sprachlabors, die bereits erwähnt worden sind – vielleicht mit der Ausnahme, daß andere Aspekte des Sprachenlernens wichtiger sind, z. B. die Notwendigkeit der Abwechslung, die Betonung kognitiver Prozesse, die visuelle Darbietung und die verzweigte Progression. Nur im Hinblick auf Ausspracheprobleme ist die auditive Erarbeitung von gleicher Wichtigkeit. Übungen zum Problemlösen sind von Lehrern schon immer improvisiert worden. Allerdings sind Materialien dieser Art bisher noch nicht kommerziell produziert worden.

5. *Drillübungen.* Diese Übungsform ist weit verbreitet und wird in vielen Verlagsprogrammen angeboten. Es gibt Tonbänder für Ausspracheübungen und für die Erarbeitung von Strukturen. Wir haben jedoch zu zeigen versucht, daß mit Hilfe von Strukturmusterübungen nicht viel mehr erreicht werden kann als das Aneinanderreihen von Silben. Das Sprachlabor bietet dem Schüler zwar die Möglichkeit, dieser Tätigkeit selbständig und intensiv nachzugehen; dennoch dürfte der Strukturgebrauch besser und einsichtiger über Drillübungen im Klassenraum zu erlernen sein. Und der Inhalt derartiger Übungen wird von den Schülern länger behalten, wenn sie ihre Antworten in schriftlicher Form geben müssen. Allerdings darf in diesem Zusammenhang nicht verschwiegen werden, daß es durchaus Schüler gibt, denen rein mechanisches Üben im Sprachlabor Freude macht, auch wenn ihre Lehrer es für langweilig halten. Sie glauben, daß sie durch die Laborarbeit Sicherheit und Vertrautsein mit der mündlichen Sprachausübung gewinnen.

Zwei Strategien für den Laborgebrauch

Die voranstehenden Ausführungen über die Effektivität des Sprachlabors in verschiedenen Übungsbereichen mögen dem einen oder anderen vielleicht widersinnig erscheinen. Sprachlaborarbeit wurde gerade für solche Arbeitsgebiete als besonders lohnend bezeichnet, für die am wenigsten Tonbandmaterialien zur Verfügung stehen. Und mit denjenigen Materialien, die es gibt und die in der täglichen Praxis verwendet werden, sind allzu oft keine Resultate erzielt worden, die den zeitlichen Aufwand und die Kosten ihres Einsatzes rechtfertigen könnten. Wer darum seine eigenen Labormaterialien entwickeln möchte, dem seien hier zwei Strategien vorgeschlagen. Wer dazu ganz sichergehen möchte, ist gut beraten, dem Wort des Polonius zu folgen: „Dein Ohr leih jedem (Tonband), wen'gen deine Stimme" (Hamlet, 1. Aufzug, 3. Auftritt).[3]

Ein Lehrer, der sich die Zeit nimmt, eigene Hör- und Verständnisübungen zu erstellen, kann mit großer Sicherheit davon ausgehen, daß sich die Vorzüge des Sprachlabors in seiner Unterrichtsarbeit positiv auswirken werden. Werden zusätzlich einfache Nachsprechübungen zum Einsatz gebracht, dann sind die wesentlichsten Gesichtspunkte einer Laborstrategie berücksichtigt, die für Sprachschüler aller Art und jeden Alters wesentlich sind. In dieser Strategie wird das Sprachlabor als die Kombination einer Hörbibliothek (Phonothek) und eines Übungsgeräts für das individuelle Wiederholen verstanden. Es bietet dem Schüler die Möglichkeit, gesprochene Sprache zu hören, sein Hörverständnis zu entwickeln und durch Nachsprechübungen Sicherheit im Mündlichen zu gewinnen. In diesen drei Bereichen ist das individuelle Üben besonders wichtig. Es kann im Sprachlabor intensiver durchgeführt werden als im Klassenraum, und der Schüler arbeitet mit größerer Eigenverantwortlichkeit. Eine gut vorbereitete und angemessen überwachte Sprachlaborarbeit wird darum in der Regel erfolgversprechender ausfallen als ähnliche Aktivitäten im Klassenraum. Die medienfreie Zeit im Klassenraum dient besser der Vorbereitung von Laborstunden und der Entwicklung von Fertigkeiten wie die der Konversation, die sich nicht ohne weiteres an das Sprachlabor abtreten lassen. Um die angeführten Aufgaben durchführen zu können, benötigt man ein HSA-Labor, wie es in Kapitel 1, S. 9 f., beschrieben worden ist. Bei Hör- und Verständnisübungen braucht der Schüler seine eigene Stimme allerdings nicht aufzuzeichnen. Auch bei Nachsprechübungen ist das Aufnehmen der Schülerstimme auf Tonband nicht unbedingt notwendig. Es muß lediglich gewährleistet sein, daß jeder einzelne einen Abschnitt so lange wiederholen kann, bis er mit seiner Leistung zufrieden ist. Die Minimalausstattung eines Schülerplatzes besteht darum aus einem Tonband- oder Kassettengerät, auf dem Tonbänder individuell abgehört, d. h. jederzeit angehalten und auch zurückgespult werden können.

Kann man von diesen Vorteilen der optimalen Individualisierung keinen Gebrauch machen, dann besteht die nächstbeste Lösung aus dem Einsatz eines Tonbandgerätes im Klassenraum (mit oder ohne die Anschlußmöglichkeit von Kopfhörern); auf diese Weise lassen sich das Chorsprechen und Hörverstehensübungen in Gruppen gezielt steuern. Auch hier werden – wie beim Klassenunterricht – individuelle Lernleistungen verlangt, aber die Schüler können ihre speziellen Probleme nicht gemäß ihrer unterschiedlichen Lerngewohnheiten erarbeiten.

Diese Laborstrategie ist ökonomisch sowohl im Hinblick auf die Ausnutzung des Sprachlabors als auch hinsichtlich der dazu notwendigen Geräte; ein mit den Schülerplätzen verkabelter Lehrertisch ist dabei überflüssig. Die Alternative besteht darin, sämtliche Möglichkeiten eines HSA-Labors voll auszuschöpfen. Da entsprechendes Tonbandmaterial auf dem Lehrmittelmarkt nicht allzu weit verbreitet ist, wird der Lehrer nicht umhinkönnen, selbst Laborübungen dieser Art zu erstellen. Einige Hinweise sind dazu in den voranstehenden Kapiteln gegeben worden. Viele der Übungsvorschläge sind sicherlich ebenso gut im Klassenraum zu verwirklichen; man kann sie aber genauso wirksam auch im Sprachlabor zum Einsatz bringen.

An dieser Stelle muß darauf hingewiesen werden, daß sich die Arbeit im Klassenraum und das Üben im Sprachlabor gegenseitig nicht ausschließen, sondern vielmehr ergänzen. Ein Lehrer, der ein Sprachlabor verwenden kann, ist in der gleichen Situation wie jemand, der Zugang zu einer guten Bibliothek hat. Bei beiden Einrichtungen hängt es entscheidend davon ab, *wie* man sich ihrer bedient. Sowohl die Arbeit in einer Bibliothek als auch das Üben im Sprachlabor bedürfen der Vor- und Nachbereitung. Sowohl eine Bibliothek als auch ein Sprachlabor geben dem Lehrer die Möglichkeit, sein methodisches Vorgehen abwechslungsreicher zu planen.

Vielleicht täte man gut daran, *Abwechselungsreichtum* zu einem Lernprinzip zu erheben. Lehrbuchautoren scheinen manchmal davon auszugehen, daß alle Schüler auf die gleiche Art und Weise lernen und daß darum nur relativ wenig Übungstechniken angeboten zu werden brauchen. Die Erfahrung lehrt das Gegenteil. Schon von frühem Lernalter an reagieren einzelne Schüler auf verschiedene Übungswege sehr unterschiedlich; alle aber profitieren von einer abwechselungsreichen Übungsgestaltung. Einige fühlen sich besonders zur Sprachlaborarbeit hingezogen und widmen sich Tonbandübungen intensiver, als wenn sie die gleichen Übungen im Klassenraum durchführen müßten. Selbst formale Drillübungen können interessant oder effektiv sein, wenn sie nicht gehäuft angeboten werden. Jedes Vorgehen wird in seiner Wirksamkeit eingeschränkt, wenn es zu ausschließlich gewählt wird. Wer sich im Sprachunterricht nur auf Drills oder nur auf das Sprachlabor verläßt, wird die meisten seiner Schüler langweilen und einige sogar unnötigerweise enttäuschen.

Das Sprachlabor trägt auf dreifache Weise zum Abwechslungsreichtum im Sprachunterricht bei. Es bietet die Möglichkeit, ähnliche Lernmaterialien entweder im Klassenraum oder im Sprachlabor erarbeiten zu lassen. Wenn das Labor nicht zur toten Routine werden soll, kann man die Übungszeit auf verschiedene Weise und mit vielfältigen Programmformen abwechslungsreich gestalten. Und schließlich erlaubt das Sprachlabor den Schülern, die Aufgabenstellungen und das Vorgehen beim Üben und Lernen selbst zu bestimmen. Im nächsten Abschnitt soll erörtert werden, ob die Individualisierung der Arbeit wünschenswert ist und wie sie praktisch realisiert werden kann.

Der Wert des individuellen Übens

Wir sind der Frage nachgegangen, auf welche Weise das Sprachlabor eine Hilfe beim Sprechenlernen sein kann. Der erste Teil dieses Prozesses – das Lernen – vollzieht sich individuell, der zweite Teil – das Sprechen – hingegen nicht. Über den Wert des Sprachlabors als Raum für das individuelle Üben ist in der Literatur vieles richtig ausgesagt worden. Im Gegensatz zum Klassenunterricht kann ein Schüler ständig sprechen. Er kann nach seinen individuellen Lerngewohnheiten vorgehen und sein Lernmaterial selbst auswählen. Dies ist zumindest der theoretische Anspruch. In der Praxis der HSA-Arbeit allerdings erlaubt es der Vier-Phasen-Drill dem Schüler höchstens bis zu einem Viertel der Zeit, mündlich aktiv zu werden. Den Rest der Zeit verbringt er damit, auf die nächste Sprechaufforderung zu warten, sich die richtige Antwort und seine eigene Sprechleistung anzuhören oder eine bestimmte Stelle auf dem Tonband zu suchen. In einigen Sprachlabors darf er sein Tonbandgerät nicht selbst bedienen, und in fast allen Labors erarbeitet jeder Schüler das gleiche Programm wie auch die anderen Schüler der Klasse, ohne Rücksicht auf seine besonderen Fähigkeiten, Bedürfnisse und Interessen. Kommerziell produzierte Tonbandmaterialien beschränken eher die Möglichkeiten für das individuelle Üben, als daß sie sie voll ausschöpften. Das ist auch verständlich, weil die Produktion unterschiedlicher Materialien zum gleichen Lerninhalt wirtschaftlich kaum vertretbar ist. Ein Tonband kostet ohnehin schon mehr als ein Buch, und die Mittel zur Anschaffung sind überall beschränkt.

Der einzelne Lehrer – vorausgesetzt er verfügt über genügend Zeit und einen ausreichenden Vorrat an Leerbändern – befindet sich in einer anderen Situation als ein Verleger. Er kann Materialien anfertigen, die nicht unbedingt von allen Schülern benutzt werden müssen. Er kann Alternativversionen des gleichen Materials für verschiedene Schüler präparieren. Er kann seine Stundenplanung so vornehmen, daß einzelne Schüler so weit wie möglich individuell arbeiten können. Dies ist im Hinblick auf den erforderlichen Einsatz und die dazu benötigte Zeit ohne Zweifel ein sehr aufwendiges Vorgehen. Die Frage ist, ob es sich im Hinblick auf das, was gelernt werden soll, lohnt. Da bisher der individuellen Arbeit im Sprachlabor nur Lippenbekenntnisse gezollt worden sind, kann man diese Frage nicht mit Sicherheit beantworten. Man sollte aber nicht vergessen, daß gerade jene Funktion, von der behauptet wird, sie sei einer der typischen Vorzüge des Sprachlabors, bisher am wenigsten ausgeschöpft worden ist.

Es muß also noch viel über den Wert des individuellen Übens erforscht werden. Dabei ist zu beachten, daß isoliertes Lernen nicht notwendigerweise für alle Zwecke gleich effektiv sein muß. Jeder einzelne lernt zwar für sich selbst und auf sich selbst gestellt, aber er kann dabei von einer Gruppe positiv unterstützt werden. Die in diesem Buch behandelten Übungsformen lassen sich sämtlich auch von Schülergruppen erarbeiten. Bei der Partner- oder Gruppenarbeit können sich die Schüler gegenseitig helfen, verbessern und – vielleicht am wichtigsten – erklären, wenn sie etwas nicht verstanden haben. Echte Konversation ist im Sprachlabor nicht möglich. Sie kann nur mit dem Lehrer oder in Schülergruppen eingeübt werden. Echte Konversationen enden, wenn die Schüler das Sprachlabor betreten. Nur hin und wieder wird es vielleicht möglich, sie auch im Sprachlabor zu führen, wenn Schüler gelernt haben, Tonbandmaterialien in Gruppen zu erarbeiten.

Ausblick

Die wirksame Verwendung des Sprachlabors setzt voraus, daß man bereit ist, Kompromisse zu schließen. Man muß einen Mittelweg einschlagen können zwischen Einfallsreichtum und der Fähigkeit, Mühen und Schwierigkeiten zu ertragen. Das Sprachlabor entlastet den Lehrer nicht, sondern bürdet ihm zusätzliche Arbeit auf. Und er wird dabei selten sicher sein können, daß er auf einem anderen Weg und mit anderen Mitteln nicht vielleicht besser vorangekommen wäre. Gerade weil das Sprachlabor ein teures und zeitaufwendigeres Medium ist, müssen wir immer wieder fragen, was mit ihm besser erreichbar ist als auf andere Weise. Mit jeder Antwort auf diese Frage entdecken wir immer mehr über die Bedingungen, die den Lernprozeß fördern. Jede Frage, die wir nicht beantworten können, zeigt uns, wie wenig wir noch über die Gesetzmäßigkeiten des Sprachenlernens und die Lernbedingungen unserer Schüler wissen. Wittgenstein beschreibt die Aufgabe des Sprachschülers mit den Worten: „To imagine a language means to imagine a form of life."

Irgendwie muß ein Schüler also auf der Grundlage dessen, was wir ihm darbieten, sich unsere Sprache vorstellen lernen – ihre Regeln und Unregelmäßigkeiten, die Form des Lebens, die sie widerspiegelt und erzeugt. Und wenn wir die Fehler und Schwierigkeiten unserer Schüler verstehen oder von den uns zur Verfügung stehenden Mitteln den bestmöglichen Gebrauch machen wollen, dann müssen wir uns die Schüler selbst als eine unbekannte Form des Lebens vorstellen, als Individuen mit einer eigenen, sich entwickelnden Form von Sprache, in der sich ihr eigenes Werden dokumentiert.

ANMERKUNGEN

[1] Eine kritische Bestandsaufnahme vorliegender Forschungsergebnisse zur Sprachlaborarbeit findet sich bei R. Olechowski: *Das Sprachlabor.* Theorie, Methode, Effektivität. Wien: Herder [2] 1973. Ebenso: A. Schödel u. O. Stille: Tonträger und Sprachlabor im Englischunterricht. Frankfurt: Hirschgraben 1973.
[2] M. West: *Learning to Read a Foreign Language.* London: Longman 1926. Neuauflage 1941.
[3] Bei Shakespeare heißt es: „Give every man thine ear but few thy voice." Dakin wandelt ab: „Give every tape thine ear but few thy voice."